경관이 만드는 도시

경관이 만드는 도시 랜드스케이프 어바니즘의 이론과 실천

초판 1쇄 펴낸날 2018년 10월 15일

지은이 찰스 왈드하임
옮긴이 배정한·심지수

펴낸이 박명권
펴낸곳 도서출판 한숲
출판신고 2013년 11월 5일 제2014-000232호
주소 서울시 서초구 방배로 143 2층
전화 02-521-4626 **팩스** 02-521-4627
전자우편 klam@chol.com
디자인 윤주열 **출력·인쇄** 한결그래픽스

ISBN 979-11-87511-15-1 93610

::책값은 뒤표지에 있습니다.
::파본은 바꾸어 드립니다.

::이 도서의 국립중앙도서관 출판예정도서목록(CIP)은 서지정보유통지원시스템 홈페이지(http://seoji.nl.go.kr)와
　국가자료공동목록시스템(http://www.nl.go.kr/kolisnet)에서 이용하실 수 있습니다. (CIP제어번호 : CIP2018031982)

LAND SCAPE AS URBAN ISM

경관이 만드는 도시

랜드스케이프 어바니즘의 이론과 실천

찰스 왈드하임 지음   배정한·심지수 옮김

Charles Waldheim

한숲

LANDSCAPE AS URBANISM

Korean translation copyright © 2018 by Hansoop Publishing(Landscape Architecture Korea)
Korean translation rights arranged with Princeton University Press
through EYA(Eric Yang Agency)

차례.

서문 · · · · · · · · · · · · · ·   6

한국어판 서문 · · · · · · · · · · ·   7

감사의 글 · · · · · · · · · · · · ·   8

서론 _ 형에서 장으로 · · · · · · · · 10

1. 어바니즘으로서 경관 · · · · · · · · 26

2. 자율성, 불확정성, 자기조직화 · · · · · 48

3. 계획, 생태, 그리고 경관의 부상 · · · · 68

4. 포스트-포디즘 경제와 물류 경관 · · · · 90

5. 도시의 위기와 경관의 기원 · · · · · · 110

6. 도시의 질서와 구조적 변화 · · · · · · 132

7. 농경 어바니즘과 조감의 주체 · · · · · 152

8. 조감 재현과 공항 경관 · · · · · · · 172

9. 건축으로서 경관 · · · · · · · · · 196

결론 _ 경관에서 생태로 · · · · · · · 218

옮긴이 후기 _ 랜드스케이프 어바니즘과 현대 조경 · · · 228

주석 · · · · · · · · · · · · · · 239

그림 크레디트 · · · · · · · · · · · 262

서문

경관이 동시대 도시의 모델이자 매체로 부상하고 있다. 이러한 주장은 21세기로의 전환기 이래로 전개되어 온 "랜드스케이프 어바니즘landscape urbanism" 담론과 실천을 통해 가능해졌다. 이 주제에 대한 최초의 전문 해설서라 할 수 있는 이 책은 랜드스케이프 어바니즘 이면의 역사적, 이론적, 문화적 조건을 광범위하게 다룬다. 『경관이 만드는 도시』는 경관이라는 매체를 통해 도시를 사고하는 종합적 이론을 제시한다. 조경가가 우리 시대의 어바니스트urbanist라는 최근의 주장을 다시 표명하고, 경관이 다양한 학문 체계와 전문 직능의 정체성을 가로지르는 설계의 매체라는 점을 설명하고자 하는 것이다. 이 책은 19세기와 20세기에 도시의 형성을 담당한 조경, 도시계획, 도시설계 등 여러 전문 직능의 생성 과정을 탐색한다. 이 책은 또한 19세기에 산업 도시의 설계를 생태적·사회적 기능과 조화시키고자 "새로운 예술"로 탄생한 조경landscape architecture 전문 직능의 기원을 해명한다. 이 책은 랜드스케이프 어바니즘 담론의 기원이 신자유주의 경제의 상황 속에서 혁신적 건축 문화와 대중적 환경주의가 교차하는 지점에 있다고 본다. 이러한 맥락에서 경관과 관련된 실천 행위가 도시 예술urban arts 전반에 걸쳐 생태적 사고를 가속화시켰으며, 랜드스케이프 어바니즘은 도시계획이 설계에서 사회과학으로 초점을 옮기고 도시설계가 타운 계획이라는 전통적 모델에 다시 전념하는 가운데 생겨난 공백의 영역을 차지하며 성장하고 있다.

한국어판 서문

경관이 현대 도시의 모델로, 그리고 매체로 떠오르고 있다. 이러한 주장은 21세기에 접어들면서 부상하기 시작한 랜드스케이프 어바니즘 담론과 실천을 통해 전개되어 왔다. 한국어판 『경관이 만드는 도시: 랜드스케이프 어바니즘의 이론과 실천』은 한국의 독자들을 위해 이 주제를 전문적으로 다룬 첫 번째 책이라고 할 수 있다. 계속 진행되고 있는 동아시아의 도시화 맥락 속에서 한국의 여러 설계 부지와 주제는 랜드스케이프 어바니즘의 담론과 실천에 크게 기여해 왔다. 이러한 점에서 이 책의 내용은 한국 도시의 현재와 미래에 시의적절하고 적합한 의미를 지닌다.

『랜드스케이프 어바니즘』(도서출판 조경, 2007)에 이어 한국어로 출간되는 『경관이 만드는 도시: 랜드스케이프 어바니즘의 이론과 실천』(한숲, 2018)은 랜드스케이프 어바니즘의 형성 배경으로 작용한 역사적, 이론적, 문화적 조건을 심도 있게 설명하고 해석한다. 이 책은 경관을 매개로 도시를 사고하는 종합적 이론을 제시한다. 또한 '조경가는 우리 시대의 어바니스트'라는 최근의 주장을 세밀하게 검토하며, 다양한 학문 분과와 전문 직능을 가로지르며 실계를 매개하는 경관의 역할을 고찰한다. 이번 한국어판의 출간은 경관의 위상과 의미에 대한 동양과 서양의 오랜 대화를 이어가는 시도다. 특히 경관의 중요성이 크게 부각되고 있는 한국과 동아시아의 맥락과 관련하여 큰 의미를 지닌다고 볼 수 있을 것이다.

이 책의 번역을 위해 오랜 시간을 들여 노고를 아끼지 않은 배정한 교수(서울대학교 조경·지역시스템공학부)와 심지수 선생(버지니아 공대 건축대학원 조경학과 박사과정)에게 깊이 감사드린다. 출판을 맡아 준 도서출판 한숲의 박명권 대표와 편집자, 디자이너에게도 감사의 마음을 전한다.

감사의 글

지난 수년간 여러 사람과 기관의 도움과 지원이 없었다면 이 책은 완성되지 못했을 것이다. 먼저, 출판의 모든 과정과 단계에서 보여준 프린스턴 대학교 출판부 편집팀의 헌신과 섬세한 작업에 감사드린다. 특히 프로젝트의 처음부터 함께한 미셸 코미의 열정과 원고를 책의 형태로 능숙하게 변신시켜 준 마크 벨리스 및 편집팀 모두의 노력에 큰 빚을 졌다.

그레이엄 재단의 순수 예술 연구비 지원으로부터 나는 지난 20년간 많은 연구와 출판에 제도적·재정적 도움을 받았다. 이미 고인이 된 재단의 담당 책임자 릭 솔로몬과의 우정은 나에게 큰 행운이었다. 릭의 너그러운 마음과 이 주제에 대한 사명감은 프로젝트를 진행하는 동안 마르지 않는 영감이 되었다.

연구부터 책의 집필까지 지난 십여 년간 다양한 기관의 지원을 받았는데, 시카고의 일리노이 대학교, 토론토 대학교, 하버드 대학교 설계대학원에서의 교수 생활이 무엇보다도 큰 힘이 되었다. 긴 시간에 걸쳐 연구를 지원해 준 이들 학교와 그들의 리더십은 나에게 여전히 빚으로 남아 있다. 펜실베이니아 대학교의 디자인 크리틱, 미시건 대학교의 샌더스 펠로우, 일리노이 공대의 드라이하우스 객원 교수, 라이스 대학교의 컬리넌 학과장 등 유수의 다양한 디자인 스쿨에서 경험한 객원 학자 활동도 큰 힘이 되었다.

이러한 일련의 학문적 이력 속에서 나는 이 책의 주제를 다룬 수업에 참여하고 정중한 반론을 제기하기도 한 여러 대학원생으로부터 많은 것을 배울 수 있었다. 다양한 세미나와 강의에서 반복된 이 주제에 대한 나의 집념을 감내한 그들의 인내와 수년에 걸친 이 연구에 주목해 준 그들의 안목에 고마운 마음을 전한다. 이 책의 일부분을 여러 나라의 다양한 맥락에서 강연하는 것 또한 즐거운 일이었다. 청중들의 즉각적인 피드백과 격려는 이 프로젝트를 집중적으로 발전시키는 데 말할 수 없을 정도로 큰 도움이 되었다.

이 책 여러 장의 기초 연구에 몰입할 수 있는 공간은 로마의 아메리칸 아카데미, 몬트리올의 캐나다 건축 센터, 데사우의 바우하우스 재단 등의 레지던스 펠로우십으로부터 제공받았다. 이 작업은 또한 시카고의 그레이엄 재단 순수 예술 연구 프로그램과 뉴욕의 미술 및 건축 스토어프론트가 주최한 전시회와 토론회가 있었기에 가능했다.

책 여러 부분의 초고는 지난 수년간 브래킷*Bracket*, 하버드 디자인 매거진*Harvard Design Magazine*, 랜드스케이프 저널*Landscape Journal*, 로그*Log*, 프락시스*Praxis*, 토포스*Topos* 등 다양한 저널에 실린 바 있고, 악타르*Actar*, 프레스텔*Prestel*, 프린스턴 건축 출판사*Princeton Architectural Press* 등에서 출간된 책에 한 장으로 수록된 적도 있다. 많은 수고와 지원을 아끼지 않은 이들 저널과 출판사의 편집자들에게 감사드린다. 이 책의 초기 버전 원고 중 일부를 저널 또는 편집서에 수록해 준 제임스 코너, 신시아 데이비드슨, 줄리아 처니악, 애슐리 셰이퍼, 로돌프 엘–코우리, 하심 사키스, 에드 아이겐, 에밀리 워프에게도 감사드린다.

나는 주제에 대한 열정을 공유하고 조언을 아끼지 않은 여러 동학과의 대화에서 큰 도움을 받았다. 특히 모흐센 모스타파비, 제임스 코너, 크리스토프 지로와의 지속적인 대화에 고마움을 전하지 않을 수 없다. 이 책은 나의 연구에 대한 다양한 연구자의 공식적이거나 개인적인 응답에 기반을 두고 있다고도 볼 수 있다. 특히 데이비드 레더배로우, 케니스 프램턴, 마르셀 스메츠, 파올로 비가노, 알렉스 월, 스탠 앨런, 장 루이 코헨, 피에르 벨란저, 줄리아 처니악, 클레어 리스터, 메이슨 화이트, 앨런 버거, 크리스토퍼 하이트, 크리스 리드, 개러스 도허티, 하심 사키스, 리처드 소머, 로버트 레빗, 로돌프 엘–코우리, 조지 베어드 등으로부터 힘입은 바 크다.

책을 완성하면서 나는 여러 유능한 편집자의 소중한 조언을 받았다. 특히 낸시 레빈슨은 주제의 잠재력을 알아본 첫 편집자였다. 나의 초고를 유려하게 향상시켜 준 멜리사 본에게도 특별한 감사를 전한다. 또한 지난 수년간 이 책 및 관련 프로젝트에 기여한 대학원 언구 조교 디아애나 쳉, 파디 마소우드, 코노 오시어, 라이언 슈빈, 아주라 콕스에게도 고마운 마음을 전한다. 침착하고 유능한 행정 조교 아나 다 실바 보르헤스, 니콜 샌더, 사라 고더드는 지난 수년간 내가 작업에 전념할 수 있는 환경을 만들어 주었다.

인생이라는 프로젝트에서 끊임없이 영감을 주고 평온함을 주는 시에나와 케일에게 이 책을 기꺼이 바친다. 그들이 없었다면 아무것도 할 수 없었을 것이다.

형形에서 장場으로

사실, 도시라는 것은 더 이상 없다. 그것은 마치 숲처럼 자라고 있다.

_ 루트비히 미스 반 데어 로에, 1955

최근 들어 경관이 동시대 도시의 모델이자 매체로 부상하고 있다. 이러한 주장은 21세기로의 전환기 이래로 전개되어 온 "랜드스케이프 어바니즘" 담론과 실천을 통해 가능해졌다. 이 책은 랜드스케이프 어바니즘이라는 주제에 대한 전문 해설서이며, 랜드스케이프 어바니즘의 배경에 자리한 일련의 역사적, 이론적, 문화적 체계를 광범위하게 다룬다. 랜드스케이프 어바니즘의 고유한 주장과 이념을 뛰어넘어 이 책은 경관을 통해 도시를 사고하는 종합적 이론을 제시하고자 한다. 우선 몇 가지 용어를 정의할 필요가 있다.

어바니즘을 형용사 하나가 수식하기는 하지만, 이 책은 다른 무엇보다도 어바니즘에 대한 책이다. 이 맥락에서 '어바니즘urbanism'이라는 용어는 도시화의 조건과 특성에 대한 실증적 설명과 연구, 그리고 도시화urbanization라는 조건에 개입하는 분과 학문과 전문 직능 둘 다를 가리킨다. 19세기 말, 이 용어는 프랑스어 '위르바니즘urbanisme'에서 차용되어 영어에 등장했다. 프랑스어의 경우와 마찬가지로, 현재 사용되고 있는 용어 어바니즘은 '도시화'라는 사회과학 용어에는 없는 도시 관련 설계 작업의 문화적, 재현적representational, 투영적projective 차원을 지칭한다. 이 책의 근간을 이루는 용어인 어바니즘은 연구 대상으로서의 도시, 도시의 체험, 설계와 계획을 통한 도시의 변화 모두를 동시에 뜻한다고 볼 수 있다. 이러한 의미에서 우리는 어바니즘을 도시화의 과정과 산물에 대한 경험이자 연구이자 개입이라고 정의할 수 있을 것이다. 어바니즘을 경관과 관련시켜 고려하는 것은 우선 단순히 형용사를 추가하는 것에 다름 아니다. 복합 신조어 '랜드스케이프 어바니즘 landscape urbanism'은 형용사 '경관landscape'으로 '어바니즘urbanism'을 수식한 것이다. 따라서 랜드스케이프 어바니즘은 경관이라는 렌즈를 통해 읽어낸 어바니즘에 대한 이해를 의미한다. 이 책은 경관 그 자체를 다루는 것을 넘어, 경관이라는 렌즈 또는 복수의 렌즈들을 통해 어바니즘을 사고하는 가능성에 대한 책이다.

· · · · ·

이 책에서 경관landscape은 표준 영어에서 쓰이는 매우 다양한 의미로 사용된다. 경관이라는 말에는 단순화할 수 없는 복수의 의미가 적층되어 있지만, 이 책은 무차별적으로 혼합된 의미가 경관이라는 용어를 개념적으로, 이론적으로 유용하게 해 주는 핵심이라고 본다. 뒤에 이어질 여러 장에서 경관의 다양한 정의가 분석되는데, 그 각각은 도시의 다양한 부지와 문제를 완전히 새롭게 다시 읽게 해 준다. 영어에서 '경관'의 어원은 지난 수십 년간 매우 중요한 학술적 주제였다. 이 문제를 다룬 에른스트 곰브리치Ernst Gombrich, J. B. 잭슨J. B. Jackson, 데니스 코스그로브Denis Cosgrove 등 영향력 있는 학자들은 경관이라는 말이 16세기의 회화 장르에서 비롯되었다고 본다. 17세기에는 경관이 세계를 보거나 경험하는 방식이라는 의미로 바뀌었다. 18세기에는 주관subjectivity의 한 양상이라는 의미의 경관이 그러한 방식으로 보이는 토지의 묘사라는 뜻으로 바뀌었고, 마침내 그러한 효과를 내기 위해 토지를 변경하는 실천 행위라는 의미를 갖게 되었다. 이 책은 영어에서 경관의 기원이 예전의 도시the formerly urban(도시였던 곳)의 재현에서 비롯되었다고 본다. 이러한 관점은 풍경화의 기원이 근본적으로는 도시성에 대한 질문과 연관된다는 최근의 학문적 성과에 근거한다. 이처럼 이 책은 경관 자체에 대한 다양한 해석을 반영하며, 경관을 '어바니즘의 한 형태'로 이해한다. 도시라는 것에 대한 고정 관념을 교정할 수 있는 경관의 잠재력을 발굴하기 위해 이 책은 경관의 복잡하고 난삽한 의미를 검토한다.

경관의 다양한 의미는 문제의 부지나 주제에 따라 이 책의 논의 전반에 걸쳐 펼쳐진다. 이러한 다양한 용례 각각은 의미의 정확성을 유지하면서 동시에 각 주제의 미묘한 차이를 드러낸다. 풍경화나 풍경사진의 경우처럼 경관은 문화 생산의 한 장르를 의미하는 데 쓰인다. 또한 경관은 인간의 지각, 주관적 경험, 생물학적 기능 등의 모델이나 비유로도 쓰인다. 뿐만 아니라 경관은 설계의 매체로도 쓰이는데, 경관을 통해 정원사, 예술가, 건축가, 엔지니어는 도시에 개입한다. 책의 여러 장에 걸쳐 학문 분과이자 설계 전문 직능으로서 경관의 발전이 논의된다. 경관의 다양하고 복합적인 의미를 감안할 때, 이러한 차이는 이 책이 문제로 다루는 더 큰 틀 안에서 미시사로 발전해 왔다고 볼 수 있다.

· · · · ·

이러한 해석은 다양한 부지에서 경관이 어바니즘의 매체로 부상하고 있다는 점으로 연결된다. 경관을 통해 도시를 재고하게 하는 부지는 대부분의 경우 도시를 만들 때 엄격한 건축적 질서가 한계를 갖는 곳이다. 대개 그러한 부지는 도시란 건축적 모델과 은유의 외삽이라는 전통적 이해가 거대한 힘과 흐름으로 인해 더 이상 유효하지 않은 곳이다. 생태계, 인프라스트럭처, 경제의 변화에 따라 전통적 도시 형태에 대한 건축적 논리에 균열 또는 단절이 생겨난 것이다.

경관은 사회, 기술, 환경의 변화로 말미암아 도시의 엄격한 건축적 질서가 더 이상 쓸모없거나 부적절해진 부지에서 의미 있는 영향력을 발휘한다. 랜드스케이프 어바니즘 담론과 실천은 항구나 교통망과 같은 대규모 인프라 집합체를 고려할 때 매우 유용하다. 특히 공항은 그 규모, 인프라의 연결성, 환경적 영향이 도시 조성의 건축적 모델을 능가한다는 점에서 랜드스케이프 어바니즘 담론과 실천의 핵심이다.

경관은 거시 경제의 재편에 따라 변하고 있는 도시 형태를 사고하는 방식으로도 유용하다. 경제 구조의 변화에 따라 발생한 수많은 브라운필드brownfield 부지뿐만 아니라 이른바 쇠퇴 도시 shrinking city가 바로 그러한 경우다. 따라서 어바니즘의 매체로서 경관landscape as a medium of urbanism은 사회, 환경, 경제 위기와 관련된 다양한 영향을 흡수하거나 어떻게든 완화할 수 있다고 언급되곤 한다. 뿐만 아니라 경관은 대규모의 복잡한 생태계와 인프라 시스템이 교차하는 부지를 다루는 경우에도 적합하다. 아주 최근에는 경관이 비정형 도시의 그린 인프라스트럭처 문제에, 그리고 위험과 회복탄력성resilience, 적응과 변화의 문제에 대응하는 데 적합하다고 여겨지고 있다. 이러한 부지와 주제가 계속 발생함에 따라 집합적 공간 프로젝트인 '도시의 매체이자 모델로서 경관'의 잠재력이 중요하게 부각되고 있다. 매우 야심차게 표현하자면, 이는 우리 시대의 어바니스트로서 조경가의 잠재력을 제시해 준다. 어바니스트의 역할을 하는 조경가는 도시 형상과 구축 형태를 담당하며, 건축적 구조에서 빗겨나 단순히 생태적인 면과 인프라만을 다루는 예외적 존재가 아니다. 오히려 경관적 사고는 사회·생태·경제적 작용과 관련되기 때문에 도시의 형상에 대한 한층 더 종합적인 이해를 가능하게 한다.

· · · · ·

랜드스케이프 어바니즘 담론은 20세기가 막을 내릴 무렵 설계 문화와 대중적 환경주의가 부상하는 가운데 포스트−포디즘post-Fordism 경제 상황과 관련되며 등장했다. 이 융합적 상황은 도시 예술 전반에 걸쳐 생태학적 사고를 가속화시켰다. 랜드스케이프 어바니즘 실천은 도시계획이 지난 반세기 동안 물리적 설계에 거리를 두면서 사회과학 모델로 중심을 옮기고 또한 도시설계가 타운계획이라는 전통적 모델에 다시 새롭게 전념하는 가운데 생겨난 공백의 영역을 차지하며 성장했다. 랜드스케이프 어바니즘 프로젝트는 혁신적 설계 문화, 환경 운동, 디자이너 문화 자본의 증가, 자유방임주의 개발 등이 믿기지 않게 결합되는 상황 속에서 번성했다. 도시설계와 도시계획 모두 스스로의 위상이 위기에 처했다고 진단하는 상황 속에서 랜드스케이프 어바니즘은 오히려 계획과 관련되는 새로운 형식의 공공 기구와 기부 문화에 힘입어 날개를 달게 된다.

이 책은 경관을 조경, 도시설계, 도시계획 등 현대 도시와 관련된 다양한 학문 분과 및 전문 직능의 설계 매체라고 본다. 19세기에서 21세기에 이르기까지 어바니즘의 한 형태로 경관이 부상한 것을 검토해 보면, 그것은 도시의 형상을 담당하는 다양한 전문 분야의 기원 및 역사적 진화와 관련된다. 분야 정체성의 당파적이고 이데올로기적인 구성으로부터 한 발짝 물러나 생각하면 경관과 도시의 관계에 대해 풍부한 역사적 정보에 바탕을 둔 종합적 논의를 전개할 수 있다. 어바니즘의 매체로서 경관에 대한 최근의 새로운 관심은 지난 두 세기의 역사 속에서 보자면 세 번째에 해당한다. 첫 번째는 19세기 산업 도시의 형상을 담당한 조경 전문 직능의 창안이고, 두 번째는 20세기 경관 계획landscape planning 실무의 발전이다.

19세기의 고밀 산업 도시에서 조경은 건강에 해로운 사회적·공간적 역동성을 보상해 줄 수 있는, 전통적 도시 질서의 예외로 여겨졌다. 포디즘 산업 경제의 성숙이 낳은 탈중심화 도시에서, 경관은 생태계획ecological planning의 매체로 재인식되었고 무질서하게 확산되는 도시화 현상에 그나마 공간적 일관성과 사회 정의를 제공해 주었다. 최근에는 포스트-포디즘 산업 경제를 거치며 경관이 재조명되고 있는데, 이번에는 랜드스케이프 어바니즘이라는 형태를 띠고 있다. 이러한 경우 경관은 포디즘 경제의 붕괴로 남겨진 예전의 산업 부지를 개선하는 실행 매체로 적용되고 있다. 이 세 번째 시기에 경관은 또한 생태적 작동과 디자인 문화를 독특하게 결합함으로써 새로운 형식의 도시 생활에 맞게 산업 부지를 재개발하는 골격 역할을 부여받고 있다. 이 최근의 경우는 도시의 구조에 예외를 제공하거나 도시의 해체를 계획하는 대신, 동시대의 서비스, 창조, 문화 경제와 연관된 도시 만들기 프로젝트로 다시 돌아가고 있다. 이러한 맥락에서 랜드스케이프 어바니즘은 생태적 기능을 동시대 도시의 공간·사회적 질서에 통합시킴으로써 옛 산업 경제 부지의 개선을 약속한다.

랜드스케이프 어바니즘은 불균등한 개발의 스펙트럼 양쪽 끝에서 모두 견인력을 발휘했다. 즉, 랜드스케이프 스케이프 어바니즘은 자본이 이전의 공간 조직으로부터 빠져나가 계속 쇠퇴하는 도시와 새로운 도시 형성으로 자본이 넘쳐나는 도시 둘 다에 적절한 것이다. 어떤 의미에서 경관은 20세기 산업 경제의 변화가 낳은 충격을 흡수하기 위해 필요했다. 경관 매체는 주로 건축적 모델과 은유에 기초를 둔 내구성 있으면서도 부서지기 쉬운 도시 조직에 대해 잘 대응하고 유연하기 때문이다. 경제적 변화가 사회와 환경에 미친 최악의 영향으로부터 도시 거주자를 보호하기 위해 경관이 효과적으로 사용된 것이다. 이 책은 지난 2세기 동안 경관이 양식이나 배경 그림으로 부각된 것이 아니라 도시 산업 경제와의 구조적 관계 속에서 그 역할을 부여받았다고 주장한다. 거시 경제와 산업의 변화로 인해 이전의 도시 형태가 쓸모없게 남겨져 있기 때문에, 경관이 도시화의 후속 형태를 개선하고 보완하고 재통합하는 데 적합하다고 여겨지게 되었다. 최근 경제지리학과 비판적 도시 이론은 산업 경제의 여러 시기의 경제 변화와 관련된 특별한 공간 질서를 명료하게 밝혀냈다. 이 책은 단순히 양식적 또는 문화적 질문을 제기하기보다는, 어바니즘을 통한 사고 방식으로서의 경관과 도시화 과정을 뒷받침하는 산업 경제의 변화 간의 구조적 관계를 해명하고자 한다.

．．．．．

이 책은 경관을 통해 도시를 사고하는 종합적 이론을 제시한다. 그 과정에서 도시설계와 도시계획의 기원을 '건축으로서 경관landscape as architecture'이라는 체계와 관련시키며, 우리 시대의 어바니스트로서 조경가, 그리고 새로운 실무 분야로서 랜드스케이프 어바니즘을 주장한다. 뿐만 아니라 풍부한 환경 정보에 기반을 둔 20세기의 계획 실무에서 발견된 경관의 중요한 역할을 상기시킨다. 이 책은 포스트모던 건축적 사고의 특별한 갈래와 근대 도시계획에 대한 비판에서 랜드스케이프 어바니즘 담론의 기원을 찾는다. 도시를 연구 대상으로 삼는 데 전념한 건축가들과 어바니스트들은 포스트모더니즘의 양식 전쟁을 경계했고, 이런 맥락에서 건축 용어 '프로그램' 또는 '이벤트'가 도시를 대표하게 되었다. 도시를 건축하는 것을 피해 사회적 프로젝트로서 도시에 관심을 둔 1968년 이후의 여러 건축가와 어바니스트는 사회적 관계의 밀도로 도시성을 대체했다. 종래의 건축적 사고로는 수용할 수 없는 경우도 있었다. 이런 흐름을 이끈 여러 주역들은 어바니즘의 한 형태로서 경관에 대한 관심의 출현을 알렸으며, 경관을 사회적 교류와 프로그램 작동이 혼합된 곳에 위치시킴으로써 일체의 건축적 짐을 덜었다.

이러한 맥락에서 랜드스케이프 어바니즘 담론과 실천의 출현은 사회·환경적 측면을 강조한 20세기의 여러 대안적 계획에 대한 관심을 촉발시키기도 했다. 랜드스케이프 어바니즘의 어젠다 중 하나는 유용한 역사를 발굴해 다시 구축하는 것이었다. 이 책은 특정 계보를 재구성하고 19세기와 20세기의 일련의 생태 기반 계획을 조회한다. 그러한 선례는 다른 누구보다도 루트비히 힐버자이머Ludwig Hiberseimer의 작업에서 가장 두드러지는데, 그는 생태적 기능과 사회적 형평에 공히 관심을 두었으며 그러한 관심을 공간적으로 명확하게 표현했다. 이러한 프로젝트는 안드레아 브란치Andrea Branzi의 작업에서 나타나듯 대개 정치적 또는 문화적 비평의 형식을 취한다. 그러한 프로젝트는 모더니티가 낳은 환경·정치적 위기와 관련된 많은 모더니즘 도시계획의 비참한 실패와 상반된다. 랜드스케이프 어바니즘의 선구자들은 또한 생태계획의 오래된 지적 전통 속에도 자리잡고 있다. 생태학 지식을 통해 도시를 계획하는 오랜 전통은 포스트모던 시대의 랜드스케이프 어바니즘 담론 체계에 필수적인 —그러나 그것만으로는 충분하지 않은— 전제 조건이라고 이 책에서 설명된다. 랜드스케이프 어바니즘의 담론과 실천은 생태계획의 지적·실천적 전통을 그 기초로 전제한다. 그러나 랜드스케이프 어바니즘은 모더니즘 생태계획과 포스트모던 건축 문화의 있을 것 같지 않은 교차점에 위치한다. 생태 계획은 지역region을 실증적 관찰의 기본 단위이자 설계적 개입의 부지로 전제한다. 반면 랜드스케이 프 어바니즘은 생태적 관찰과 분석의 스케일에서 지역을 물려받고 있기는 하지만, 대개의 경우 산업 경제의 지속적 구조 조정의 산물인 브라운필드의 스케일에서 개입한다.

　　　19세기의 새로운 전문 직능이자 학문 분과인 조경의 기원 신화와 기본 주장을 재검토함 에 있어서, 이 책은 회화 장르로서 경관의 기원을 재해석하여 쇠퇴 도시의 예전 도심 부지에서 경관 에 대한 근원적 충동을 찾는다. 이러한 해석은 조경 분야에서 계획의 기원에 대한 새로운 시각을 제 시한다. 이와 같은 방식의 해석은 또한 도시설계의 기원, 그리고 도시설계를 조경 내에 편제시키려 했으나 실현되지는 못한 기획을 재조명한다. 이러한 고찰은 최근의 전 지구적 도시화 속에서 건축적 오브제의 지위가 유효한지, 그리고 도시 조직에 대한 건축적 은유가 여전히 적합한지 시의적절한 질 문을 제기한다.

· · · · ·

　　　도시를 재고하는 종합적 이론을 구성함에 있어서 이 책은 사례와 조건, 부지와 주제를 두 껍게 엮어 설명한다. 이처럼 학문간 경계의 중요성을 인정하면서도 분리된 학문과 담론의 자료를 겹 쳐 쌓는 방식은 다양한 범위의 주장, 조건, 사례에 근거해 도시 예술을 한층 더 관계적으로 읽어내고 자 하는 시도다. 그러한 자료는 학문 분과의 형성과 개혁에 필수적인 이론 만들기라는 지속적 행위 를 전제로 한다. 이 책의 부제에 "종합 이론"을 단 것은,* 랜드스케이프 어바니즘에 대한 모든 것을 포괄하지는 못하더라도 이미 학술지 논문 또는 짧고 일시적인 프로젝트와 글의 선집을 통해 검토되 어 온 광범위한 내용을 일관성 있는 단행본 형식으로 제공하려는 의도를 담고 있다.

　　　이 책은 총 아홉 장으로 구성되어 있는데, 크게 세 개의 주제로 나눌 수 있다. 책의 전반 부인 1장부터 3장에서는 랜드스케이프 어바니즘 담론과 실천을 상세히 논의한다. 이 세 장에서는 포 스트모던 건축 문화와 모더니즘 도시계획 비판으로부터 랜드스케이프 어바니즘 담론이 출현했음을

---

*[옮긴이 주] 이 책의 원 제목은 Landscape as Urbanism이고, 부제는 A General Theory이다.

논의하고, 조경가는 우리 시대의 어바니스트라는 보다 최근의 주장으로 결론을 맺는다. 책의 두 번째 부분인 4장부터 6장에서는 랜드스케이프 어바니즘이 부상하는 토대가 된 경제·정치적 조건을 밝힌다. 이 세 장에서는 랜드스케이프 어바니즘 실천의 기원을 건축 문화의 자율성이 아니라 포스트–포디즘 도시화의 신자유주의 경제 체제에서 찾는다. 책의 마지막 세 장, 즉 7장부터 9장에서는 주제에 함축된 다양한 형식의 주체와 재현을 고찰한다. 도시의 목가적 예외가 아니라 도시의 형상을 담당하는 학문 분과이자 전문 직능으로 19세기 조경의 기원을 재구성하는 논의가 펼쳐진다.

책의 1장 "어바니즘으로서 경관"에서는 신조어로 부상하고 있는 "랜드스케이프 어바니즘"의 주요 주장을 재검토하면서, 모더니즘 도시계획에 대한 1970년대와 1980년대의 포스트모던 비판에서 비롯된 랜드스케이프 어바니즘의 계보를 추적한다. 나아가 스탠 앨런Stan Allen, 제임스 코너James Corner, 케니스 프램턴Kenneth Frampton, 라스 레럽Lars Lerup, 베르나르 추미Bernard Tschumi, 렘 콜하스Rem Koolhaas 등의 1980년대와 1990년대의 비판적 텍스트 및 주요 프로젝트에 구현된 랜드스케이프 어바니즘 개념의 기원을 명료하게 다룬다. 또한 콜하스의 "문제없는 혼잡"에 대한 관심, 추미의 "열린 작업"에 대한 고려, 프램턴의 "도시 경관으로서 메가폼megaform"과 "침술 어바니즘acupunctural urbanism" 개념, 레럽의 "동물원 캐노피"와 "자극과 찌꺼기stim and dross"로 과밀한 어바니즘 개념 등을 면밀히 검토한다. 1장에서는 또한 인프라스트럭처 및 수평적 판horizontal surface의 성능performance 차원에 대한 앨런의 관심이 동시대 어바니즘 작동 장operational field의 조절에 대한 코너의 개념과 긴밀히 연관된다는 점을 다룬다. 이러한 비판적 개념들이 모여 20세기 말 "랜드스케이프 어바니즘"의 지적 토대를 형성했다고 볼 수 있다.

2장 "자율성, 불확정성, 자기조직화"는 1장에서 언급한 "열린 작업" 개념에서 출발하며, 포스트모던 시기의 건축 이론에 영향을 미친 문학 비평, 언어학, 비판 이론의 몇 가지 개념을 추적한다. 랜드스케이프 어바니즘 담론은 미뤄진 저자deferred authorship, 개방성, 불확정성uncertainty 등 네오–아방가르드 건축의 초점이 교차하고 여기에 경관생태학이 관련을 맺는 지점에서 출현했다. 이 사고 체계에서 연기된delayed 저자와 불확정성에 대한 문화적 관심은 인간의 개입이 없는 자기조절 시스템으로서의 자연계와 유사하다. 피터 아이젠만Peter Eisenman의 1976년 에세이 "탈기능주의"에서 볼 수 있듯, 기능이나 이용을 거부한 포스트모던 건축 문화는 비판성criticality 또는 문화적 가치의 대리자로 우뚝 서게 되었다. 저자성에 대한 문제 제기는 역사적 아방가르드의 문화적 실천으로부터 전용한 것이었다. 포스트모던 시기의 건축 전략인 연기되고 미뤄지고 이격된distanced 저자는 상상 속의 비판적 건축을 향한 수단이 되었다. 이러한 개념이 비로소 1980년대와 1990년대의 어바니스트들과 1990년대와 2000년대의 초창기 랜드스케이프 어바니즘 주창자들에 의해 채택되었다. 특정 세대의 건축가들과 어바니스트들이 '문제의 저자'와 자율성autonomy을 통해 자기 작품의 비판적 차원을 신봉했다면, '어바니즘의 한 형태로서 경관'의 지지자들은 생태계를 자율적이고 개방적이며 불확정적인 것으로 읽는 방식의 가능성을 표명했다. 2장에서는 경관과 어바니즘에서 문제적 저자를 통해 비판성 개념을 구현한 몇몇 대표적 작품을 살펴본다. 이러한 양상은 곧이어 초창기 랜드스케이프 어바니즘 담론과 실천으로 대체된다.

3장 "계획, 생태, 그리고 경관의 부상"은 동시대 랜드스케이프 어바니즘의 실천 사례와 도시계획의 학문적·전문적 사명의 관계를 다룬다. 이 장에서는 최근의 랜드스케이프 어바니즘 실천과 생태학 기반 계획 선례 사이의 연속성과 불연속성이 논의된다. 20세기 생태계획의 특정한 사례는 20세기가 끝날 무렵 랜드스케이프 어바니즘 담론과 실천을 낳는 데 필요하지만 충분하지는 않은 기초가 되었다. 이 장에서는 초기와 성숙기의 랜드스케이프 어바니즘 성과를 비전통적 계획의 주역과 동인, 신자유주의 개발 사례, 설계 문화와 환경 운동을 후원하는 기부 행위 증가 등과의 관계 속에서 다룬다.

1968년 이후 북미 학계의 급진적 도시계획은 설계 문화로부터 소외되었고, 사회과학을 지향한 도시계획은 공간을 다루는 계획을 거부했다. 이는 전통적 복지 국가의 공공 계획보다는 신자유주의적이고 자유방임적인 개발 경향을 지향한 북미의 정치 및 경제와 관련된 역사적 변화였다. 이러한 변화는 환경 또는 생태학 지식에 기반을 둔 계획의 유산에 특히 영향을 미쳤다. 이안 맥하그Ian McHarg와 경관 계획가 세대의 작업이 가장 강력하게 관철되던 바로 그 시기에 북미에서는 국가 주도 계획을 위한 공공 부문의 역량이 후퇴하는 경향이 나타났기 때문이다. 이 장에서는 북미 도시설계의 기원 및 발전과 관련하여 랜드스케이프 어바니즘 실천을 탐색하고, 19세기와 20세기 초반의 공간 패턴으로 회귀하는 조짐을 보이고 있는 신전통적 타운 계획에 대한 하나의 대안으로 랜드스케이프 어바니즘을 파악한다. 랜드스케이프 어바니즘은 산업사회에서 탈산업사회로의 경제적 이행이라는 상황 속에서 혁신적 건축 문화와 환경주의의 있을 법하지 않은 조합을 구현한다.

4장 "포스트-포디즘 경제와 물류 경관"에서는 어바니즘의 매체로서 경관에 대한 최근의 새로운 관심을 생산의 "포디즘" 경제에서 소비의 "포스트–포디즘" 경제로의 전환에 비추어 재조명한다. 데이비드 하비David Harvey는 공간적·문화적 생산을 통한 새로운 형태의 도시 정체성을 예측하고 가능하게 함에 있어서 설계와 계획의 역할을 예리하게 논의한다. 하비의 "공간적 해결spatial fix" 개념은 산업 도시 경제로부터 탈산업 도시 경제로의 공간적 변화에서 경관의 매체적 역할을 설명한다. 광범위한 경제 구조의 전환에 내재된 예술과 설계 문화의 양식 변화에 대한 하비의 설명도 참조할 만한데, 그러한 변화는 랜드스케이프 어바니즘을 이끈 징후이기도 하다.

이 장에서는 동시대 도시화의 경제 구조와 관련하여 랜드스케이프 어바니즘의 실천 양상을 설명한다. 경제지리학 분야의 최근 연구는 도시화의 시기를 19세기의 고밀도 "전pre-포디즘" 산업 경제, 20세기의 탈중심화 "포디즘" 경제, 21세기의 분산형 "포스트–포디즘" 경제의 세 단계로 구분한다. 19세기 대도시에서 경관은 도시 공간 구조의 예외적 존재로 여겨졌으며, 바람직하지 않은 사회 조건과 환경 상황을 개선하기 위해 공원이나 공공 영역의 형식을 취하는 경우가 많았다. 탈중심화된 20세기 도시에서 경관은 도시계획의 매체로 부상했으며 공간적 경계와 구조를 제공해야 했다. 마지막으로, 글로벌 도시화를 경험하고 있는 21세기 도시에서 경관은 랜드스케이프 어바니즘의 형태를 취하며 한 경제적 공간 질서에서 다른 질서로의 전환에 따른 여파를 완화시킬 것으로 기대된다. 이 가장 최근 단계에서 경관은 예전 도시의 탈산업 부지를 개선하며 버려지고 쇠락한 부지의 문화·경제·생태적 잠재력에 생기를 불어넣는다. 이 장에서는 선진 자본주의의 문화적 조건에 대한 구조적 반응으로 랜드스케이프 어바니즘이 출현한 상황을 설명하고, 경관이 동시대의 경제 구조 조정에 특별한 공간적 질서를 부여하고 있다는 점을 하비의 이론을 바탕으로 검토한다. 랜드스케이프 어바니즘의 원숙한 실천 사례는 쇠퇴 도시를 치료하는 일종의 연고라고 볼 수 있을 것이다. 쇠퇴 도시와 관련된 논의는 "예전의 도시the formerly urban"라는 주제를 깊이 다룰 다음 장에서 전개된다.

5장과 6장에서는 랜드스케이프 어바니즘 실천의 또 다른 지점인 쇠퇴 도시를 검토하기 위해 경제 구조와 공간 질서의 문제로 논의를 확장한다. 5장 "도시의 질서와 구조적 변화"에서는 디트로이트를 포스트–포디즘 산업 경제의 가장 가시적인 사례로 인용하며, 버려진 도시를 재현한 서구 경관 장르의 기원을 밝힌다. 특히 이 장에서는 "예전의 도시"의 폐기와 재전유를 구체적으로 지칭하는 개념으로 디스아비타토disabitato를 다룬다. 이 장에서 핵심 논거로 삼는 것은 클로드 로랭Claude Lorrain의 드로잉과 회화가 영국에서 풍경화식 조원이라는 근대의 취미로 대중화되는 양상, 그리고 로랭의 "예전의 도시" 이미지가 후에 조경의 체계를 형성하게 되는 어색한 영향이다.

6장 "도시의 질서와 구조적 변화"에서는 도시 경제와 쇠퇴 도시의 문제를 계속 다루며, 도시의 탈중심화를 예비했던 경관 계획의 원형적 랜드스케이프 어바니즘을 검토한다. 이 장에서는 특히 루트비히 힐버자이머의 "정주 단위settlement unit" 이론과 그의 유일한 실현 프로젝트인 디트로이트 라파예트 파크Lafayette Park를 고찰한다. 힐버자이머의 계획은 랜드스케이프 어바니즘에 대한 최근 관심의 중요한 선례인데, 경관을 어바니즘의 매체로 파악하는 관점임에도 불구하고 상대적으로 과소 평가되어 왔다. 라파예트 파크에서는 성숙한 포디즘 도시의 지속적인 공간적 탈중심화를 예상하고 대응할 수 있는 도시 질서의 원동력으로 경관이 배치되었다. 뿐만 아니라 힐버자이머의 계획 개념은 포디즘 경제의 성숙에 따른 공간적 구조 조정이 낳은 최악의 사회·환경적 영향으로부터 시민을 보호할 수 있는 경관을 제시했다.

7장 "농경 어바니즘과 조감의 주체"에서는 힐버자이머의 "새로운 지역적 패턴"을 중심으로 랜드스케이프 어바니즘의 선례라 할 수 있는 20세기의 경관 계획 실천을 재검토한다. 힐버자이머의 계획 이론은 20세기 도시계획에서 두드러지게 나타난 종합적 범주의 농경 어바니즘을 대표한다. 그의 작업은 여러 도시 구상안 중에서도 특히 프랭크 로이드 라이트Frank Lloyd Wright의 "브로드에이커 시티Broadacre City" 및 안드레아 브란치의 "새로운 경제를 위한 영역"과 관련된다. 이 실천 사례들은 도시와 시골 사이의 전통적 구분을 유예하며 도시 생활을 조직하는 경제·생태적 질서를 보다 종합적으로 이해할 것을 주장한다. 이 프로젝트들은 도시의 삶에서 새로운 형식의 조감 주체를 암시하는 포디즘 패러다임의 경제·환경적 조건에 대한 비판적 대응이다. 조감 재현aerial representation은 단순히 새로운 재현 렌즈나 분석 도구라기보다는, 이 프로젝트들의 비판적 입장과 수용을 대변하는 핵심이라고 볼 수 있다. 이러한 맥락에서, 전체를 한 번에 보여주는 조감도는 새로운 형태의 시민-관객성, 즉 농경 조감의 주체를 낳았다.

8장 "조감 재현과 공항 경관"에서는 20세기 경관 계획의 조감 주체로 초점을 확장하고, 랜드스케이프 어바니즘에서 조감 재현의 역할과 지위를 검토한다. 이 장에서는 랜드스케이프 어바니즘 특유의 재현 방식을 설명하기 위해 조감 주체성의 문제를 다룬다. 그러한 재현 방식에는 비행기에서 카메라를 기울여 촬영한 개략 조감 사진과 분해 부등각 투영 다이어그램이 포함되는데, 각 방식은 랜드스케이프 어바니즘 프로젝트의 스케일과 상황에 따라 적용된다. 이러한 방식은 또한 평판 회화, 포토몽타주, 등각 투영 다이어그램 등과 같은 설계 문화의 특정 계보와도 관련되며, 도시를 작동시키는 수평적 장을 가시적으로 드러내 보여준다. 이러한 재현의 렌즈와 조감이라는 특권적 주제는 랜드스케이프 어바니즘 프로젝트에서 가장 주목할 만한 부지 중 하나인 공항 경관을 전면에 부각시킨다.

도시의 다른 어떤 유형의 장소보다도 공항은 랜드스케이프 어바니즘 담론과 실천에서 핵심적 위상을 갖는다고 말할 수 있을 것이다. 공항은 일반적인 대도시 지역의 광대한 수평성, 심각한 오염, 비생물적 기능 등을 보여주는 전형적인 예이기 때문이다. 인프라스트럭처에 의해 규정되는 수평적 장의 성능에 초점을 두는 랜드스케이프 어바니즘 담론에서 항구는 가장 의미심장한 부지 중 하나이며 공항은 특히 더 그렇다. 이러한 중요성은 용도를 다해 버려진 비행장을 공원으로 재활용하거나 도시 재생과 관련하여 전환시키는 프로젝트뿐만 아니라 운영 중인 공항의 생태적·도시적 질을 향상시키는 매우 다양한 사례에서도 잘 나타나고 있다.

9장 "건축으로서 경관"에서는 19세기 후반 "새로운 예술"의 주창자들이 건축의 한 형태로 경관을 창안한 결과로 탄생한 하나의 전문 직능인 랜드스케이프 아키텍처(조경)와 그 본래의 열망을 재검토한다. 프랑스어권에서 이 개념의 기원인 '아르시텍트−페이자지스트architecte-paysagiste'의 복합적 정체성을 소환함으로써 이 장에서는 프레더릭 로 옴스테드Frederick Law Olmsted가 이 프랑스어를 채택하고 영어의 "랜드스케이프 가드닝"을 거부한 과정을 설명한다. 옴스테드가 영어 랜드스케이프 아키텍처를 "비극적 명명"이라고 염려하면서도 예술가나 정원사 대신 건축가라는 명칭이 지니는 문화적 가독성에 힘입어 새로운 영역의 토대를 다지고자 한 결정을 재검토한다. 이 새로운 전문 직능은 식물이나 정원을 다루기보다는 인프라스트럭처와 공공 영역의 개신을 통해 공간과 도시 질서를 조직하는 일을 주로 담당하고자 했다. 이러한 점에서 랜드스케이프 아키텍처의 기원은 인프라스트럭처 및 생태적 기능을 통해 도시를 구축하는 프로젝트에서 비롯되었다고 볼 수 있다. 그 증거로, 이 장에서는 현대적 의미의 랜드스케이프 아키텍트에게 맡겨진 첫 번째 임무를 고찰한다. 옴스테드와 보Vaux에게 처음 위임된 업무는 공공 공원, 유원지, 개인 정원 등의 설계가 아니라 맨해튼 155번가 북쪽의 도시계획이었던 것이다. 그러므로 19세기에 랜드스케이프 아키텍처는 근대 대도시의 형태를 다루는 새로운 전문 직능으로 창안된 것이라고 해석할 수 있다.

19세기 파리와 뉴욕에서 시작된 랜드스케이프 아키텍처(조경)의 기원을 살펴본 후, 9장의 후반부에서는 동아시아의 도시화 맥락 속에서 부상하고 있는 조경의 역할을 짚어본다. 이 장을 마무리하며 중국의 조경가 콩지안 유Kongjian Yu와 그가 설립한 중국 최초의 민간 조경 설계 회사인 튜렌스케이프Turenscape의 성과를 다룬다. 유의 중국 국가생태보안계획은 그가 하버드에서 연구한 생태계획과 디지털 맵핑 지식의 전파 양상을 보여주며 동시대 북미의 계획 실무에서는 거의 퇴색된 생태계획의 전통을 이어간다고 볼 수 있다.

결론에 해당하는 장인 "경관에서 생태로"에서는 최근에 제안된 개념인 "생태적 어바니즘 ecological urbanism"을 간략히 설명하며, 랜드스케이프 어바니즘 프로젝트의 연장선상에서 생태적 어바니즘의 과제를 제시한다. 랜드스케이프 어바니즘은 간혹 이해하기 힘든 범주의 경관에 의존하기도 하는데, 이 장에서는 생태적 어바니즘이 랜드스케이프 어바니즘의 그러한 난맥에 대한 비판이기도 하다는 점을 논의한다.

1

어바니즘으로서 경관

경관이 어바니즘의 모델로 점점 더 부상하고 있다.

_ 스탠 앨런, 2001

세기의 전환기 이후, 경관이 동시대 어바니즘의 모델이라는 주장이 전개되어 왔다. 이 시기를 거치며 경관을 다루는 학문 분과도 새로운 지적·문화적 변화를 겪었다. 경관 분야가 도시에 대한 논의에서 새롭게 큰 비중을 차지하게 된 것은 그러한 변화에 힘입은 것이거나 또는 환경에 대한 일반적 인식이 커졌기 때문이겠지만, 최근 들어 경관은 전통적으로 건축이나 도시설계 또는 도시계획에 속했던 도시 논의에서는 있을 수 없을 만큼 핵심 위지로 부상했다.

랜드스케이프 어바니즘으로 구현되어 이 책에 실린 여러 개념적 작업과 투영적projective 실천은 도시를 만드는 책임을 맡아 온 기성 분야들의 경계 바깥에서 등장했다. 이러한 점만으로도 랜드스케이프 어바니즘은 동시대 도시의 상황을 일관되고 설득력 있게 해명하지 못한 건축과 도시설계를 암묵적으로 비판하는 셈이다. 이러한 맥락에서 랜드스케이프 어바니즘을 둘러싼 담론은 도시 형태의 기본적 블록 만들기라는 건축의 전통적 역할을 경관이 대체하는, 일종의 영역 재편성이라고 해석될 수 있다. 다양한 학문 분야의 많은 저자들이 동시대 도시의 시간에 따른 가변성과 수평적 확장성을 설명하는 데 경관 개념이 매우 적절하다는 점을 새롭게 발견하고 이를 표명하고자 했다. 이

< **1.1** 렘 콜하스/OMA, 라빌레트 공원 설계공모, 병치된 프로그램 등각투영 카툰, 1982.

러한 관점에서 경관의 가능성을 역설한 대표적 인물인 건축가 스탠 앨런Stan Allen은 다음과 같이 주장한다. "경관은 전통적으로 수평적 판horizontal surface을 조직하는 예술로 정의되어 왔다. … 판의 조건—형태 배열뿐만 아니라 물성과 성능의 차원까지도—에 한층 주의를 기울임으로써 설계가는 전통적인 공간 형성 작업에 사용되던 심각한 장치 없이도 공간을 활성화하고 도시적 효과를 생산할 수 있다."[1]

이러한 효율성 측면에서, 즉 전통적으로는 건물을 지어야 얻을 수 있던 도시적 효과를 단순히 수평적 판을 조직함으로써 생산할 수 있다는 점에서, 경관이라는 매체는 오늘날 도시 조건 속에서 유용하게 쓰일 수 있다. 전통적 도시설계의 "심각한 장치"는 급속하게 변모한 동시대 도시 문화의 상황에 비춰볼 때 여러 측면에서 비싸고 느리며 융통성이 없다.

조경가 제임스 코너James Corner도 경관이 어바니즘의 모델이라는 개념을 표명해 왔다. 그는 도시 환경 분야의 범주를 종합적으로, 또 창의적으로 재구성함으로써 탈산업postindustrial 모더니티의 막다른 길과 계획 전문 직능의 "관료적이고 상투적인 실패"로부터 벗어날 수 있다고 주장한다.[2] 그의 작업은 최근 조경의 관례를, 특히 다른 분야에서 공학적으로 만들어낸 환경을 보기 좋게 하는 배경 막을 제공해 온 경향을 비판한다.[3] 코너는 많은 조경가가 공언하며 옹호하는 편협한 생태적 어젠다란 결국 인간의 행위나 문화적 구성물 외부에 선험적으로 존재한다고 여겨지는 자율적 "자연"을 보수적으로 방어하는 것에 불과하다고 본다. 이러한 맥락에서 대중적 환경주의와 목가적 경관 개념은 코너를 비롯한 많은 이들이 볼 때 전 지구적 도시화에 직면한 상황에 전혀 적합하지 않은 순진한 생각일 뿐이다.[4]

랜드스케이프 어바니즘 담론과 실천은 패트릭 게데스Patrick Geddes와 벤턴 맥케이Benton MacKaye로부터 루이스 멈포드Lewis Mumford와 이안 맥하그Ian McHarg로 이어지는 지역 환경계획 regional environmental planning의 전통을 직접 잇고 있지만, 설계 문화, 생태학, 도시화를 종합한 계보학적 특징을 지닌다는 점에서는 환경계획과 구별된다.[5] 한때 맥하그의 제자였던 코너는 맥하그의 기념비적 저서 『디자인 위드 네이처Design with Nature』의 역사적 중요성을 인정하지만, 동시에 맥하그의 지역 스케일 환경계획에 깔린 자연–도시 이원론을 거부한다.[6]

・・・・・

랜드스케이프 어바니즘의 기원은 또한 모더니즘 건축과 도시계획에 대한 포스트모던 비평에서도 찾을 수 있다.[7] 찰스 젠크스Charles Jencks를 필두로 한 포스트모던 건축 문화 진영에서 시작된 비판은 모더니즘이 "의미 있고" "살 만한" 공공 영역을 생산하지 못했고, 집단의식의 역사적 구성물인 도시에 부합하지 않았으며, 다양한 복수의 의견과 소통할 수 없었다고 지적한다.[8] 사실 1977년에 젠크스가 선언한 "모던 건축의 죽음"은 미국의 산업 경제 위기로 말미암아 소비 시장의 다각적 활로가 모색되던 상황과 그 시기가 일치한다.[9] 그러나 포스트모던 건축의 무대미술적 접근 방식은 도시 형태의 탈중심화 경향을 낳은 산업화 모더니티의 구조적 조건을 다루지 않았다. 아니, 사실은 다루지 못했다. 그러한 탈중심화는 오락가락하는 건축 문화의 피상적 양식 변동과는 전혀 무관하게 오늘날 북미 전역에서 가속화되고 있다.

산업화와 근대화가 남긴 사회·환경적 도전 속에서 포스트모던 건축은 노스탤지어에 호소하는 편안한 형태로, 겉으로는 안정되고 안전하며 영구적인 도시로 보이는 형태로 회귀했다. 포스트모던 건축가들은 유럽의 전통적 도시 형태의 선례를 인용하여 일종의 문화적 퇴행을 이끌었고, 마치 주변의 평범한 건축으로 한 세기의 산업 경제에 반기를 들 수 있다는 듯이 개별적으로 건물을 설계함으로써 맥락의 부재를 야기했다. 이 시기에 부상한 도시설계 분야는 노스탤지어적 도시 소비의 앙상블로 건축의 요소들만을 끌어 모으는 데 주력했다. 같은 시기에 도시계획 분야는 상대적으로 영향력이 크지 않은 정책, 절차, 공공 치료 등 고립된 영역에서 도피처를 찾으며 주도적 입지를 완전히 포기했다.[10]

양식의 소환을 내세운 포스트모더니즘은 모더니즘이 보행자 중심의 스케일, 격자 가로의 연속성, 맥락적 건축 특성 등 전통적 도시의 기본을 평가 절하했다고 시적했다. 많은 글에서 논의된 바 있듯, 포스트모던의 충동은 다양한 청중과 소통하기 위한, 또는 소비 시장을 다각화하고자 건축적 이미지를 상품화하기 위한 열망이라고 볼 수 있다. 그러나 이동의 증가와 경제 구조 조정이 전통적 도시 형태에 미친 지속적 영향을 고려할 때, 주로 감성적으로는 양식에 호소하고 공간적으로는 과거를 지향하는 건축 오브제에 의존한 포스트모더니즘이 오래 지속되기는 어려웠다. 신전통주의 타운 계획의 골칫거리인 동시대 도시의 불확정성과 유동성은 20세기가 막을 내리는 시점에 떠오르기 시작한 랜드스케이프 어바니즘이 재발견한 특질이다. 이러한 점은 이미 1980년대와 1990년대 초 카탈로니아 주도의 전통 도심에 초점을 두고 진행된 바르셀로나의 공공 공간 및 건축 프로젝트에서 예시된 바 있다. 보다 최근에 바르셀로나는 공항, 물류 구역, 산업 워터프론트, 광역 하천 체계, 하수 처리 시설 등의 재개발에 주력하고 있다. 이러한 일련의 작업은 건물과 광장보다는 대규모 인프라 경관과 관련된다. 바르셀로나의 사례는 최근 네덜란드의 여러 프로젝트와 함께 대규모 경관이 도시 인프라의 요소 역할을 할 수 있다는 점을 보여준다. 물론 19세기 도시 조경의 여러 전통적 사례에서도 경관과 인프라스트럭처가 통합된 바 있다. 프레더릭 로 옴스테드Frederick Law Olmsted가 설계한 뉴욕 센트럴 파크Central Park와 보스턴 백 베이 펜스Back Bay Fens가 전형적 사례다. 그러나 이러한 도시 조경의 전통과는 대조적으로, 최근의 랜드스케이프 어바니즘 실천은 "자연"의 목가적 이미지로 생태 시스템을 위장하는 시도를 거부한다. 오히려 동시대의 랜드스케이프 어바니즘 프로젝트는 도시 장 field 자체의 조직 메커니즘으로 인프라스트럭처 시스템과 공공 경관을 이용한다.

$$\cdots\cdots$$

경관은 매체다. 코너와 앨런을 비롯한 많은 이들이 강조한 바와 같이, 경관은 시간의 흐름에 따른 변화, 변형, 적응에 반응할 수 있는 매체다. 이러한 특질에 비추어보면, 경관은 도시화의 최근 과정과 유사하며, 동시대 도시 상황이 요청하는 개방성, 불확정성, 가변성에 꼭 들어맞는 매체다. 앨런이 지적하듯, "경관은 오늘날 어바니즘의 형태적 모델일 뿐만 아니라 과정의 모델이다. 후자의 측면이 더 중요할 것이다."[11]

경관이 도시의 과정적 모델로 작동할 수 있다는 가능성을 보여준 초기 프로젝트들은 동시대 어바니즘의 대응으로 프로그램과 이벤트에 관심을 둔 유럽 도시 건축가들에 의해 제안되었다. 경관이 프로그램의 변화와 유사하다고 제시한 대표적 프로젝트로는 1982년 파리 라빌레트 공원Parc de la Villette 설계공모 당선작과 2등작을 들 수 있다. 이 공모전은 파리에서 가장 큰 도살장이었던 125 에이커의 부지를 "21세기를 위한 도시 공원"으로 전환하기 위해 개최되었다. 도살장을 철거하고 그 자리에 프로그램이 집약된 공공 활동을 투입한 것은 세계 전역의 탈산업 도시에서 계속 증가하고 있는 프로젝트들의 성격과 정확히 같은 것이었다. 보다 최근에 북미에서 진행된 프레시 킬스Fresh Kills 와 다운스뷰 공원Downsview Park 설계공모와 마찬가지로, 라빌레트 공모전은 과거에는 활발하게 기능하는 도시의 일부였으나 경제 생산과 소비의 변화로 인해 버려진 부지를 탈바꿈시키는 기본 틀로 경관을 제시했다. 라빌레트 설계공모는 대규모 공공 프로젝트가 새로운 궤도로 진입하는 출발점이었다. 도시 인프라스트럭처, 공공 이벤트, 대형 탈산업 부지의 불확실한 미래 사이의 관계를 이을 수 있는 복합적 매체로 경관이 부각된 것이다.[12]

　　　　70개국 470개의 작품이 라빌레트 설계공모에 출품되었다. 대다수의 안은 익숙한 공공 공원 양식과 전통적 도시 복원의 전형을 답습했지만, 두 작품은 지금도 여전히 진행 중인 동시대 어바니즘의 패러다임 변화를 뚜렷이 예견했다. 베르나르 추미Benard Tschumi의 당선작은 랜드스케이프 어바니즘의 발전사에 있어서 개념적 도약을 대변한다. 이 안은 시간에 따른 프로그램과 사회의 변화 그리고 도시 활동의 복잡한 진화 단계를 조직하는 최적의 매체로 경관을 체계화했다. 당선작은 포스트모던 시기의 건축 담론을 지배한 양식의 문제를 대체할 건축 사고로 프로그램과 이벤트를 재구성하고자 했던 추미의 관심사의 연장선상에 있다. 추미는 자신의 작품을 설명하며 이렇게

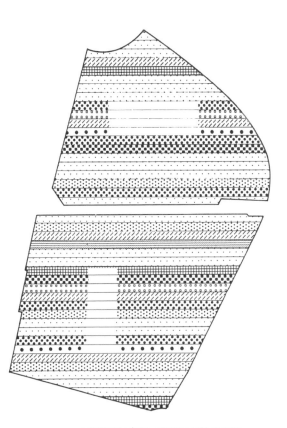

1.2 렘 콜하스/OMA, 라빌레트 공원 설계공모,
띠 다이어그램, 1982.

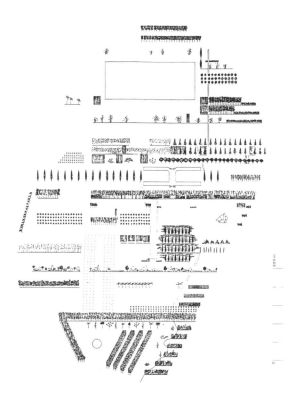

1.3 렘 콜하스/OMA, 라빌레트 공원 설계공모,
등각투영 식재 다이어그램, 1982.

말한다. "1970년대에는 도시의 형태적 구성에 대한 관심, 즉 도시 유형학과 형태학이 다시 유행했었다. 이러한 관심 덕분에 도시의 역사에 초점을 둔 분석이 발전했지만, 프로그램을 도외시했다. 어떠한 분석도 도시에서 일어나는 활동의 이슈를 다루지 않았다. 그 어떤 분석도 기능과 이벤트를 조직하는 것이 형태나 양식을 정교하게 하는 것 못지않게 중요한 건축적 문제라는 사실을 제대로 다루지 않았다."[13]

렘 콜하스Rem Koolhaas와 OMAOffice of Metropolitan Architecture의 2등 수상작도 랜드스케이프 어바니즘의 발전에 큰 영향을 미친 중요한 작품이다(그림 1.2, 1.3). 실현되지 못한 이 구상은 다양한 공원 프로그램 사이에서 발생하는, 계획되지 않은 관계들의 병치juxtaposition를 모색했다. 이제는 이미 일종의 교본처럼 상투적인 것이 되었지만, 당시의 구상안에서 콜하스는 경관의 띠를 평행하게 조직함으로써 결코 공존할 수 없는 내용들을 과격하게 병치시켰다. 이는 콜하스가 『정신 착란의 뉴욕 Delirious New York』에서 묘사한, 맨해튼 마천루의 인접한 층에서 벌어지는 다양한 프로그램의 수직적 병치를 떠올리게 한다.[14] 콜하스와 OMA에 따르면, 공원의 인프라스트럭처는 불확정적이고 예측 불가능한 미래의 이용을 지원하기 위해 전략적으로 조직되어야 한다. 콜하스는 자신의 프로젝트를 설명하며 이렇게 강조한다. "공원의 생애에 있어서 프로그램은 끊임없이 변화와 적응을 겪는다고 예상하는 것이 안전하다. 공원은 기능하면 할수록 계속 교정이 필요한 상태가 된다. … 형태 개념의 근간에 프로그램의 불확정성이라는 기본 원칙을 놓으면 최초의 가정이 깨지지 않으면서도 변화, 수정, 교체, 대체가 가능해진다."[15]

개방성과 불확정성이라는 포스트모던한 사고의 전개를 통해 추미와 콜하스의 라빌레트 프로젝트는 경관의 매체적 역할을 알렸다. 즉 경관은 적층되고 비위계적이고 유연하며 전략적인 어바니즘의 표현 매체라는 것이다. 이 두 계획안은 랜드스케이프 어바니즘의 초기 형태를 보여준다. 계획된 것이든 계획되지 않은 것이든, 상상한 것이든 전혀 상상도 해보지 못한 것이든, 시간의 변화에 따른 모든 종류의 도시 활동을 수용할 수 있는 인프라스트럭처의 수평적 장을 구축한 것이다.

라빌레트에 영향 받은 건축계는 경관이 동시대 도시에서 실행 가능한 틀의 역할을 할 수 있다는 점을 점차 깨닫기 시작했다. 다양한 문화적 스펙트럼에 걸쳐 경관은 북미 도시에서 의미 있고 자립 가능한 공공 영역을 구축할 최적의 매체로 부상했다. 건축 역사가이자 이론가인 케네스 프램턴Kenneth Frampton의 사고가 이 시기에 어떻게 변모했는지 살펴보자. 1980년대에 프램턴은 투기 자본의 위력과 자동차 문화의 부상이 의미 있는 도시 형태를 만드는 데 얼마나 많은 장애를 초래하는지 한탄한 바 있다. "근대 건축물이 최적화 기술에 의해 완전히 규정되어 버렸기 때문에, 의미 있는 도시 형태를 만들 가능성이 극도로 제한되었다. 자동차의 보급과 변화무쌍한 토지 투기가 동시에 가하는 제약으로 인해 도시설계의 범위가 축소되었다. 즉 도시설계의 역할이 생산의 명령에 따라 미리 결정되는 요소를 조작하는 행위로, 또는 근대의 개발 논리가 마케팅의 용이성과 사회 통제의 유지를 요구하는 피상적 화장술 정도로 줄어든 것이다."[16] "최적화 기술"의 위세에 반대하여 프램턴은 "저항resistance"의 건축을 주장했다. 그러나 그 다음 10년 동안, 건축은 글로벌 문화에 대한 지역적 저항의 도구라는 프램턴의 주장은 도시의 질서에 영향을 미치는 경관 특유의 역할에 그 자리를 내주며 약화되었다. 이 후자의 입장에서 보면, 오브제 위주의 형태주의보다는 경관이 시장 생산 체계의 파편 속에서 그나마 의미 있는 관계를 형성하는 데 더 큰 (그러나 여전히 가벼운) 전망을 제공해 준다. 1990년대 중반, 프램턴은 다음과 같이 말하며 그러한 현실을 인정한다. "거대 도시라는 디스토피아dystopia는 이미 돌이킬 수 없는 역사적 사실이다. 새로운 자연이라고까지는 말할 수 없겠지만, 새로운 삶의 양식이 자리 잡은 지 오래다. … 대신 나는 인간이 만든 세계의 계속되는 파괴적 상업화에 대해 비판과 보완 역할을 할 수 있는 교정의remedial 경관을 고안할 필요가 있다고 제안하고자 한다."[17]

프램턴과 콜하스를 함께 거론하는 것은 아마 이상해 보일 것이다. 세계화에 저항하는 지역 문화에 대한 프램턴의 관심과 근대화의 메커니즘에 밀착된 콜하스의 프로젝트는 멀리 떨어진 극단에 있기 때문이다. 서로 다른 문화 정치적 성향에도 불구하고, 1990년대 중반, 경관의 역할에 대한 콜하스와 프램턴의 입장은 묘하게도 같은 지점으로 수렴된다. 동시대 도시를 가장 잘 조직할 수 있는 매체로서 경관이 건축을 대신한다는 점에 의견의 일치를 보인 것이다. 1998년, 콜하스는 이렇게 말한다. "건축은 더 이상 도시 질서의 최우선 요소가 아니다. 점점 더 도시의 질서는 얇고 수평적인 식생의 평면에 의해 규정되고 있다. 경관이 점점 더 도시를 조직하는 최우선 요소가 되고 있는 것이다."[18]

프램턴과 콜하스에 더해 세 번째 중요한 문화적 입장이라고 할 만한, 자유방임 경제 개발 정책과 민관 협력 계획 과정이 피터 로Peter Rowe의 『중간 경관의 형성Making a Middle Landscape』에서 논의된다.[19] 흥미롭게도 로의 결론 또한 크게 다르지 않다. 그는 전통적 도심과 녹지로 둘러싸인 교외 사이에 있는 준교외 "중간 지대"exurban "middle"에 의미 있는 공공 영역을 조성하는 데 설계 분야
가 중요한 역할을 해야 한다고 주장한다. 프램턴은 로의 입장을 요약하면서 다음과 같이 두 가지 핵
심 요점을 짚는다. "첫째, 이제 독립 건물 형태보다는 경관에 우선권이 주어져야 한다. 둘째, 쇼핑몰,
주차장, 오피스 파크와 같은 거대 도시의 공간 유형을 경관과 통합된 형태로 변화시켜야 할 절박한
필요성이 있다."[20]

　　　이러한 맥락에서 경관은 설계의 매체뿐만 아니라 문화적 범주를 제공하게 된다. 즉 경관
은 동시대 도시를 보고 기록하는 렌즈인 것이다. 이에 관한 콜하스의 입장은 매우 명료한 것으로 유
명하다.[21] 그는 동시대 북미의 도시 상황을 대표하는 예로 애틀랜타를 든다. "애틀랜타에는 도시의
고전적 징후가 존재하지 않는다. 이 도시는 밀도가 높지 않다. 드문드문 흩어진, 얇은 정주 환경의 카
펫이다. 작은 들판을 엮은, 절대주의 구성 작품 같다. 이곳에 존재하는 가장 강력한 맥락은 식생과
인프라스트럭처, 즉 숲과 도로다. 애틀랜타는 도시가 아니다. 경관이다."[22]

　　　경관이라는 렌즈를 통해 동시대 도시를 파악하는 경향은 경관생태학landscape ecology의
용어, 개념 범주, 작동 방법론을 사용하는 프로젝트와 글에서 가장 뚜렷하게 나타난다.[23] 경관생태학
은 랜드스케이프 어바니즘의 대표적 주장, 즉 환경의 (자연적) 시스템과 인프라스트럭처의 (공학적) 시스
템 사이의 융합, 통합, 유동적 교환을 보여준다. 도시를 재고하는 데 경관이 최적이라는 점은 건축가
들의 작업에서 먼저 표명되었지만, 곧이어 조경이라는 전문 직능 내에서도 확실하게 입증되기 시작
했다. 비록 처음에는 미국과 유럽의 주류 조경계에서 과소평가되었지만, 랜드스케이프 어바니즘 담
론은 이제 거의 전 세계의 조경계에 흡수되었다. 이러한 양상은 조경이 학문 분과이자 문화적 범주
로서 누린 비판적 재평가로 인해 어느 정도는 가능해졌다. 이러한 맥락에서 최근의 전반적인 경관
르네상스는, 그리고 어바니즘의 한 형태로 특별히 부각된 경관의 지위는 조경계에 뒤늦게 미친 포스
트모던 사고의 영향이라고 이해할 수 있을 것이다.

· · · · ·

　　　조경이라는 학문 분과가 그 자체의 역사적·이론적 토대를 모색하는 동안, 일반 대중은
점점 환경 이슈를 자각하게 되었으며 이에 따라 경관을 하나의 문화적 범주로 인식하기 시작했다.

같은 시기에, 도시설계가와 계획가의 영역이었던 전문적 실무에서 조경가가 큰 힘을 발휘하기 시작했다. 조경은 또한 도시계획이 사회과학에 치중해 물리적 설계에서 손을 떼면서 생긴 전문 직능의 공백을 메울 수 있었다. 뿐만 아니라 조경가는 점차 탈산업 부지와 전기, 수도, 고속도로 체계 등 다양한 인프라스트럭처 시스템이 연관된 일에 참여하게 되었다. 호주 조경가 리처드 웰러Richard Weller는 새롭게 발견된 조경의 전문성에 대해 이렇게 말한다. "포스트모던 조경은 탈산업 정보화 사회로의 전환—적어도 선진국에서는—에 따라 남겨진 근대의 인프라스트럭처를 처리하는 거대한 과업에 뛰어들었다. 대개 실무에서는 조경에 비해 우선권이 있는 인프라스트럭처 분야의 그늘에서 조경이 자기 목소리를 내지 못하고 늘 작업 후반부에 일을 맡아 왔다. 그러나 어느 조경가나 다 알고 있듯, 경관 그 자체는 모든 생태적 작용이 거쳐 가야 하는 매체다. 경관은 미래의 인프라스트럭처다."[24]

경관이 지닌 교정과 개선의 효능—산업시대의 상흔에 대한 처방—이 여러 조경가의 작품에서 두드러지게 나타났다. 페터 라츠Peter Latz가 설계한 독일 두이스부르크 노르트 제철소 공원Duisburg Nord Steelworks Park과 리처드 하그Richard Haag가 설계한 시애틀 가스 공장 공원Gas Works Park은 이러한 경향을 보여주는 좋은 사례. 하그리브스 어소시에이츠Hargreaves Associates, 필드 오퍼레이션스Field Operations, 줄리 바그만Julie Bargmann의 더트 스튜디오DIRT Studio 등이 진행한 프로젝트들도 대표적인 사례. 초기 랜드스케이프 어바니즘 작업의 또 다른 핵심 전략은 교통 인프라스트럭처를 공공 공간과 통합하는 것이었다. 이러한 작업의 예로 바르셀로나의 공공 공간과 외곽 도로 개선 사업을 들 수 있는데, 엔릭 바트예Enric Batlle와 호안 로이그Joan Roig가 설계한 트리니타트 클로버리프 공원 Trinitat Cloverleaf Park이 대표적이다. 물론 경관을 이용해 인프라스트럭처를 도시 조직 안으로 엮는 유형의 작업에는 훌륭한 선례가 많지만, 바르셀로나의 외곽 도로 개선 프로젝트는 아주 독특하다. 이 경우에는 공공 공원이 고속도로라는 공공 수송 시설과 동시에 구상되고 건설되었다. 토목공학에 의해 최적화된 구조물을 탈피하고 보다 복합적인 요구 사항을 종합하여 설계한 이 프로젝트는 토목의 영역도 아니고 조경의 영역도 아닌 셈이다.

경관을 어바니즘의 매체로 실제로 구현한 의미심장한 사례는 로테르담 기반의 웨스트 8West 8을 이끄는 아드리안 회저Adriaan Geuze의 작업들이다. 웨스트 8은 다양한 스케일의 프로젝트를 수행해 왔고, 동시대 어바니즘에 있어서 경관의 다층적 역할을 구체적으로 입증해 왔다.[25] 그의 여러 프로젝트는 중간 스케일의 건축적·도시적 작업을 덜 강조하고 대신 큰 스케일의 인프라스트럭처 다

1.4 아드리안 회저/웨스트8, 이스턴 스켈트 방조제, 제일란트,
조류 다이어그램, 1990-92.

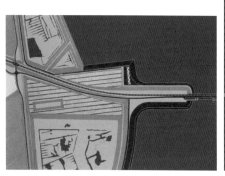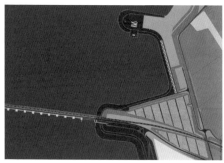

1.5 아드리안 회저/웨스트8, 이스턴 스켈트 방조제, 제일란트, 평면도, 1990-92.

이어그램과 작은 스케일의 재료 조건을 강조함으로써 생태와 인프라스트럭처의 관계를 풍부한 상상력으로 재구성한다.

예를 들어, 웨스트 8의 셸 프로젝트Shell Project는 어두운 색과 밝은 색의 홍합 껍데기와 이 두 종류의 홍합을 각각 먹이로 삼는 어두운 색과 밝은 색의 새를 연계시켰다(그림 1.4, 1.5, 1.6, 1.7). 흑백의 홍합 껍데기로 구성된 표면층이 이스트 스켈트East Scheldt 방조제의 인공섬을 연결하는 고속도로 갓길을 따라 나란히 평행한 띠를 형성했다. 이 작업은 자연 선택에 따른 생태계를 만들어내며, 자동차를 타고 가면서 이를 지각할 수 있게 한다. 이와는 대조적으로, 도시 파크웨이parkway라는 역사적 선례는 주변의 생태 환경을 실제로는 전혀 고려하지 않고 "자연"의 목가적 이미지만을 상투적으로 반복한다. 웨스트 8의 야심작인 암스테르담 스히폴Schiphol 공항 경관 계획안도 중요하다. 이 프로젝트에서 웨스트 8은 특별한 디테일에 치중하는 식재 설계 관행을 거부하고, 그 대신 해바라기, 클로버, 벌집을 섞는 종합 전략을 전개한다(그림 1.8, 1.9, 1.10). 상세 설계와 정밀한 구성을 하지 않았기 때문에 오히려 이 작업은 장차 스히폴 공항 계획에서 장차 일어날 프로그램과 정책 변화에 대처할 수 있다. 초기 랜드스케이프 어바니즘 프로젝트의 또 다른 사례는 웨스트 8이 수행한 암스테르담 항구의 보르네오 스포렌뷔르흐Borneo Sporenburg 재개발 계획이다. 이 대규모 재개발의 계획과 설계는 웨스

1.6 아드리안 회저/웨스트8, 이스턴 스켈트 방조제, 제일란트, 조감 사진, 1990-92.

1.7 아드리안 회저/웨스트8, 이스턴 스켈트 방조제, 제일란트, 홍합 껍데기, 1990-92.

1.8 아드리안 회저/웨스트8, 암스테르담 스히폴 공항 조경,
녹색의 시선 몽타주, 1992-96.

1.9 아드리안 회저/웨스트8, 암스테르담 스히폴 공항 조경,
녹지 구조 다이어그램, 1992-96.

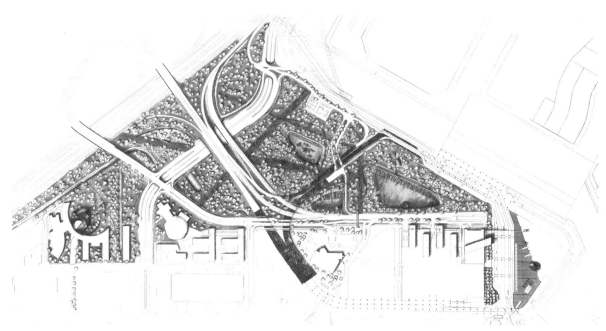

1.10 아드리안 회저/웨스트8, 암스테르담 스히폴 공항 조경, 평면도, 1992-96.

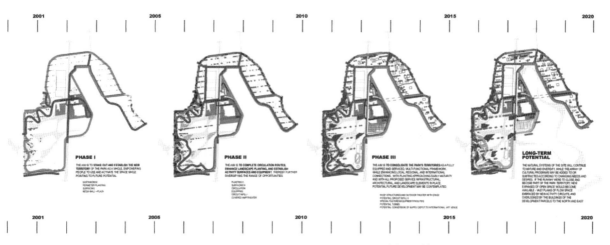

1.11 제임스 코너/필드 오퍼레이션스+스탠 앨런,
다운스뷰 공원 설계공모, 토론토, 단계별 계획 다이어그램, 2000.

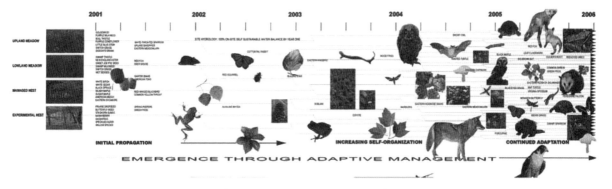

1.12 제임스 코너/필드 오퍼레이션스+스탠 앨런, 다운스뷰 공원 설계공모, 토론토, 생성 다이어그램, 2000.

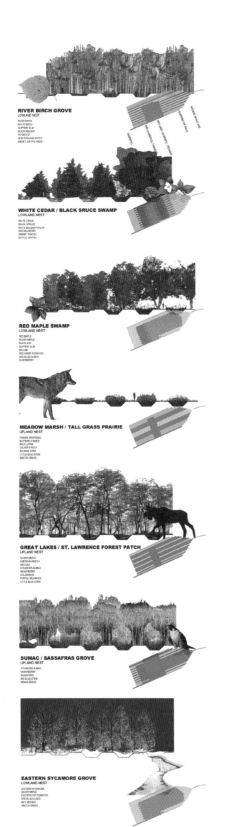

RIVER BIRCH GROVE
LOWLAND NEST

RIVER BIRCH
WHITE BIRCH
SLIPPERY ELM
BLACK WALNUT
DOGWOOD
NEW ENGLAND ASTER
SWEET JOE-PYE WEED

WHITE CEDAR / BLACK SRUCE SWAMP
LOWLAND NEST

WHITE CEDAR
BLACK SPRUCE
WHITE BALSAM POPLAR
RED MULBERRY
SWAMP THISTEL
BOTTLE GENTIAL

RED MAPLE SWAMP
LOWLAND NEST

RED MAPLE
SILVER MAPLE
BLACK ASH
SLIPPERY ELM
WILLOW
RED OSIER DOGWOOD
SPECKLED ALDER
ELDERBERRY

MEADOW MARSH / TALL GRASS PRAIRIE
UPLAND NEST

PRAIRIE DROPSEED
BUTTERFLYWEED
WILD LUPINE
CULVER'S ROOT
BLAZING STAR
LITTLE BLUE-STEM
SWITCH GRASS

GREAT LAKES / ST. LAWRENCE FOREST PATCH
UPLAND NEST

SUGAR MAPLE
AMERICAN BEECH
RED OAK
STAGHORN SUMAC
GOLDENROD
NANNYBERRY
PURPLE MILKWEED
LITTLE BLUE-STEM

SUMAC / SASSAFRAS GROVE
UPLAND NEST

STAGHORN SUMAC
NANNYBERRY
SASSAFRAS
BIG BLUE-STEM
INDIAN GRASS

EASTERN SYCAMORE GROVE
LOWLAND NEST

EASTERN SYCAMORE
SILVER MAPLE
EASTERN COTTONWOOD
SPECKLED ALDER
WET SEDGES
SWITCH GRASS

1.13 제임스 코너/필드 오퍼레이션스+스탠 앨런,
다운스뷰 공원 설계공모, 토론토, 보금자리 다이어그램, 2000.

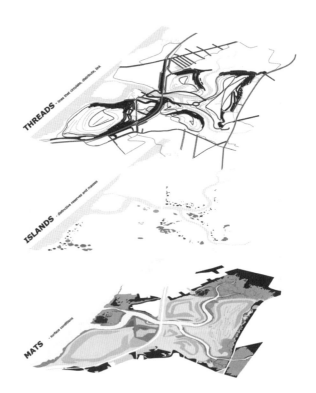

THREADS - lines that circulate, distribute, link

ISLANDS - distinctive reserves and masses

MATS - surface conditions

1.14 제임스 코너/필드 오퍼레이션스, 프레시 킬스 매립지 설계공모,
뉴욕, 설계 개념 등각투영 다이어그램, 2001.

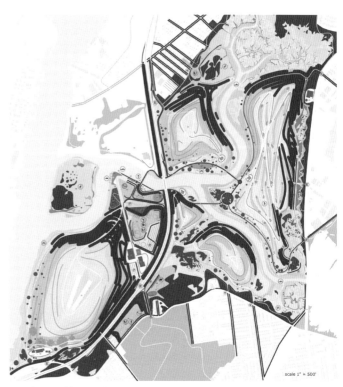

scale 1" = 500'

1.15 제임스 코너/필드 오퍼레이션스, 프레시 킬스 매립지 설계공모,
뉴욕, 평면도, 2001.

트 8이 전체 과정을 조율하고 다수의 건축가와 설계가의 작업이 그 안에 삽입되는 형식의 엄청나게 큰 랜드스케이프 어바니즘 프로젝트였다. 이 프로젝트는 전체 부지에 많은 수의 소규모 중정과 마당을 넣고 개별 주택은 여러 명의 설계가에게 위임함으로써 랜드스케이프 어바니즘 전략의 잠재적 다양성을 제시해 준다. 웨스트 8의 최근 작품들은 경제 구조 조정에 따라 발생한 탈산업 부지의 재조직을 담당할 전문 직능으로서 조경이 건축, 도시설계, 도시계획을 대체하게 될 가능성을 여실히 보여준다.

　　　　세기의 전환기를 지나며, 북미의 여러 도시에 산재한 광대한 규모의 산업 부지 재사용 방안을 찾고자 개최된 다수의 국제 설계공모에서 경관이 중요한 매체로 제안되었다. 이러한 경향을 대표하는 사례로 토론토의 공군 기지 이전 부지를 대상으로 한 다운스뷰 공원과 뉴욕의 세계 최대 규모 쓰레기 매립지인 프레시 킬스가 있다. 이 두 공모전은 산업 도시의 폐기된 잔해에 적용된 랜드스케이프 어바니즘 실천의 성숙한 사례이기도 하다.[26] 두 프로젝트의 성격은 분명히 다르지만, 다운스뷰와 프레시 킬스 공모전의 주요 출품작들은 도시 환경을 다루는 설계가들 사이에서 경관이 탈산업 도시의 개조를 구상하는 새로운 매체로 부상하고 있다는 점을 보여준다. 코너와 앨런/필드 오퍼레이션스가 제출한 다운스뷰 계획안(그림 1.11, 1.12, 1.13)과 프레시 킬스 계획안(그림 1.14, 1.15)은 이러한 경향을 대변하는 작품으로, 서로 완전히 다르고 잠재적으로는 서로 상충하는 내용들을 집적하고 조율한 랜드스케이프 어바니즘의 원숙한 작업을 예시해 준다. 프로그램이나 계획과 관련된 영역뿐만 아니라 단계phasing, 동물 서식지, 식생 천이, 수문 체계에 대한 상세한 다이어그램이 이 작업들의 특징이었는데, 이제는 비슷한 유형의 프로젝트라면 으레 들어가는 정형화된 필수 요소가 되었다. 이 다이어그램들은 처음 보면 너무 많은 정보가 뒤섞여있는 것처럼 보이지만, 실은 도시 스케일의 작업이 직면할 수밖에 없는 복잡성에 대한 충실한 이해를 나타내는 것이라고 볼 수 있다. 특히 이 다이어그램들에서 주목하지 않을 수 없는 점은 동시대 도시의 자연 생태계와 사회, 문화, 인프라 층위를 복합적으로 뒤섞은 부분이다.

　　　　이처럼 생태, 인프라스트럭처, 어바니즘을 새롭게 합성하는 시도는 또한 보스턴에 기반을 둔 스토스 랜드스케이프 어바니즘Stoss LU의 작업에서 볼 수 있다. 크리스 리드Chris Reed가 스토스의 학술적 프로젝트와 전문적 실무를 이끌고 있는데, 그는 제임스 코너의 펜실베이니아 대학교 초창기 제자 중 한 명이며 자신만의 고유한 정체성을 지닌 설계가라는 국제적 명성을 얻고 있다. 리드는 지난 2000년 스토스를 설립하면서 "랜드스케이프 어바니즘"이라는 논쟁적 단어를 수수께끼 같은 그의 회사 이름에 덧붙였다. 리드는 전문적 실무와 랜드스케이프 어바니즘이라는 새로운 담론을 직접 결부시킨 최초의 설계가 중 한 사람이다.[27]

랜드스케이프 어바니즘의 생성과 관련되는 세 가지 뚜렷한 특징을 스토스의 작업에서 발견할 수 있다. 첫째는 물에 대한 끊임없는 고려로, 이는 그 어떤 특정 부지나 주제도 물의 잠재력과 긴밀한 관계를 맺는다는 인식에서 나온 것이다. 이러한 접근은 종종 물과 관련된 기존 인프라를 해체하는 방식으로 표명된다. 시간의 흐름에 따른 조수의 변화에 부지를 열어둠으로써 잠자고 있던 생태계를 깨워 활성화한다. 스토스의 여러 프로젝트에서 볼 수 있는 새로운 수문학적 판surface은 다공성, 안정성, 다양한 생물군이 복합적으로 어우러지면서 빚어내는 혼성의 판을 가능하게 한다. 스토스의 작업에서 두드러지게 나타나는 두 번째 특징은 복잡한 비선형 기하학 구조를 이용해 정교하게 만든 판이다. 이는 반복되는 형태 요소의 단순함을 통해 역설적으로 복합적 판을 조직해내는 시스템이다. 이러한 판은 다공성과 영속성을 지니는 동시에 다중의 프로그램을 담게 해 준다. 이와 같은 장치를 통해 리드의 작품은 최종 형태를 존중하면서도 상황에 따라 언제든지 변할 수 있는 가변성을 지닌다. 스토스의 작품에서 드러나는 세 번째 특징은 고유한 것과 외래의 것, 지역적인 것과 이국적인 것 간의 긴장이 갖는 잠재력에 대한 끈질긴 탐색이다. 변방의 폐기된 부지에서 겨우 생존하고 있는 기회종을 직접 병치하는 설계를 여러 프로젝트에서 볼 수 있다. 토종 식물을 외래 식물이나 이국 식물과 반복적으로 병치시킴으로써 날로 거세지는 세계화의 경제적, 생태적, 도시적 조건을 반영한다. 스토스의 작업에서 볼 수 있는 이 세 가지 경향은 '어바니즘의 한 형태로서 경관'의 가능성을 예시해 준다. 자연과 문화의 관계를 한층 더 확장할 수 있는, 보다 수용적이고 지속 가능하며 복합적인 어바니즘의 미래를 약속하고 있는 것이다.

2003년 테이버 산 저수지Mt. Tabor Reservoir 설계공모 출품작에서 스토스는 오리건 주 포틀랜드 외곽의 노후한 공공 시설 부지에 건축 유산, 조류 서식지, 레크리에이션 센터를 복합적으로 수용하는 설계안을 제안했다. 수문학적 전략을 통해 저수지를 다시 설계하는 것이 주요 내용인데, 식수용 지하 저수지와 새로 만드는 생활 및 서식지 공급용 저수지 판을 단면상 분리하고 있다. 지하의 식수와 지상의 생활용수를 구분하기 위해 지하에 있던 기존 저수지와 새로 구축하는 지상의 판 사이에 물의 흐름을 막는 시설을 설치하여, 아래의 식수와 위의 생활용수의 수질을 모두 철저하게 보호하는 물 처리 방식이다. 스토스의 제안은 토착종, 외래종, 침입종 서식지를 새롭게 혼합했고, 이 지역의 조류가 둥지를 틀 수 있는 보금자리와 태평양 연안을 따라 이동하는 조류를 위한 보금자리를 뒤섞었다.

2006년의 이리 스트리트 광장Erie Street Plaza 설계공모 당선작도 같은 맥락에서 이해할 수 있다. 이 설계공모는 미시간 호로 이어지는 밀워키 강 하구의 수명을 다한 밀워키 공단 수변에 작은 광장을 조성하기 위해 진행되었다. 빽빽한 도시 내 부지에 스토스가 세운 수문학적 전략의 출발점은 부두에 있던 기존 방파제 격벽을 해체하는 것이다. 미 육군 공병대가 설치한 강판 말뚝 옹벽을 제거해 물과 뭍의 경계를 허무는 전략이다. 방파제를 헐어버림으로써 시간과 계절에 따라 다채롭게 변화하는 파도와 범람하는 강물과 결빙이 부지 안으로 들어올 수 있게 된다. 이 간단한 해체만으로도 부지에 남겨진 인프라스트럭처를 재정비할 수 있고 동시에 부지를 계속 진행 중인 생태적 과정에 열어놓을 수 있다. 물과 뭍의 경계를 허무는 물 전략에 더해, 이 프로젝트는 최소한의 형태 요소를 반복시킴으로써 복잡한 비선형 패턴 다공성 포장을 배치하는 판 전략을 제안한다. 스토스의 이 혼성적 판은 향후 프로그래밍 될 이벤트와 생성될 생태계를 감안한 개방적이고 불확정적인 장이다. 이 작업이 제안하는 판은 세 개 구역으로 명확하게 구분된다. 호수와 맞닿아 있으며 천이 과정을 통해 토착종이 차지하는 아래층, 공공 프로그램을 위한 공간인 중간층, 이국 외래종인 대나무를 식재하는 위층으로 구성된다. 대나무 숲은 공간적 위요감을 주며 수증기와 안개 환기구를 통해 미기후를 조절한다. 하지만 대나무 숲의 가장 큰 역할은 지역 생태계와의 극명한 대조를 보여주는 데 있다. 글로벌 경제에 따라 이 지역에 유입된 식물 종을 가시적으로 표현한 것이다.

스토스의 세 번째 사례인 최근 설계공모 출품작도 마찬가지 경향을 보여준다. 2007년 토론토 로어 돈 랜드Lower Don Lands 공모전 결선작에서 스토스는 고유의 설계 개념을 신도시 구역 스케일에서 실험한다(그림 1.16, 1.17, 1.18). 이 복합 프로젝트의 설계 지침서는 설계자에게 토론토 돈 강 하구의 재자연화, 도심에 인접한 범람원의 재설계, 버려진 토론토 내항의 신시가지 설계를 요청했다. 스토스의 제안은 과거에 돈 강과 그 하구를 운하가 되게 한 홍수 조절 시설을 부분적으로 없애는 것으로부터 시작한다. 물의 흐름을 자유롭게 터서 새로 만드는 복합적 판을 넘나드는 삼각주를 조성한다. 삼각지 안에는 육상, 침수, 수중 서식지가 동시에 형성된다. 스토스의 설계는 부지의 표면적을 다섯 배나 늘리며 개방적이고 자가 조절 기능이 있는 수로를 제안한다. 하구의 강물로 세척된 이 판은 공공의 어메니티, 도시 이미지, 생태적 성능을 제공해 준다. 이러한 전략은 육상 습지와 침수 습지로 생태계를 다양화하는 한편, 합법적 공공 장소로서 토론토의 다양한 도시 구성 요소를 강 하구에 집중시킨다.

스토스의 작업에서 이처럼 되풀이되는 세 가지 주제와 표현은 '도시 질서의 매체로서 경관'이라는 희망찬 전망을 제시한다. 이러한 시도는 북미 대륙의 도시설계와 도시계획을 지배하고 있는 빈사 직전의 복고적 관행을 예리하게 비판한다. 스토스의 최근 작품들은 인프라스트럭처, 생태학, 도시 개발에 대한 지적 숙고에 기반을 두고 있으며, 북미의 동시대 어바니즘을 좌우할 수 있는 경관 생태학의 잠재력을 예시해 준다.

· · · · ·

세기의 전환기에 '어바니즘의 한 형태로서 경관'에 대한 담론이자 방법으로 정체성을 찾기 시작한 전문적 실무가 시작되면서, 관련 학문 프로그램과 출판물도 급증했다. 최초의 학위 과

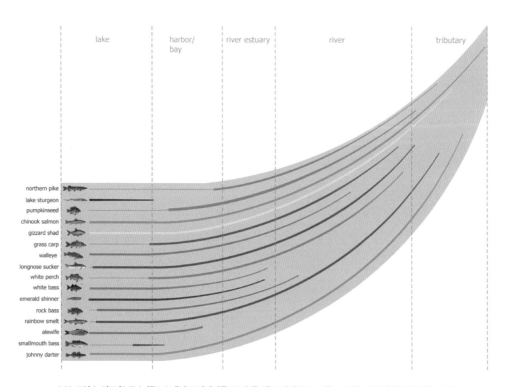

1.16 크리스 리드/스토스 랜드스케이프 어바니즘, 로어 돈 랜드 설계공모, 토론토, 어류 서식지 다이어그램, 2007.

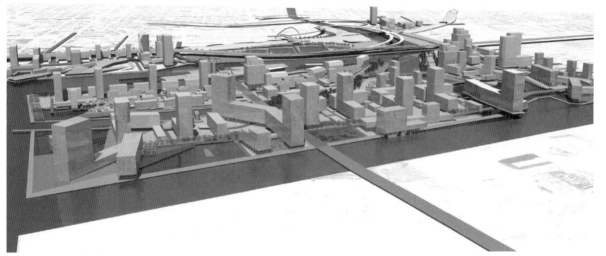

1.17 크리스 리드/스토스 랜드스케이프 어바니즘, 로어 돈 랜드 설계공모, 토론토, 조감도, 2007.

1.18 크리스 리드/스토스 랜드스케이프 어바니즘, 로어 돈 랜드 설계공모, 토론토, 조감도, 2007.

정은 그레이엄 재단Graham Foundation의 후원으로 1997년에 설립된 일리노이 대학교 시카고 캠퍼스 University of Illinois-Chicago 건축학 석사 과정 내의 랜드스케이프 어바니즘 전공이다. 뒤이어 1999년에 는 런던의 AA 스쿨Architectural Association School of Architecture 대학원에 랜드스케이프 어바니즘 전공이 개설되었다.[28] 선도적인 이 두 프로그램을 통해 후속 출판물이 생산되었으며, 이 주제에 대한 영어권 담론은 21세기의 첫 10년 동안 국제적으로 성장해 나갔다.[29]

　　　　랜드스케이프 어바니즘 실천이 부상하고 프로젝트를 통해 구현되고 있는 양상은 도시의 설계와 관련된 학문 분과와 전문 직능이 극적 변화를 맞이하고 있음을 보여준다. '어바니즘으로서 경관'이라는 체제의 형성에서 특히 중요한 점은 설계 문화와 경관생태학의 기발한 연합이다. 이어지 는 다음 장에서 살펴보겠지만, 랜드스케이프 어바니즘 담론은 자율성autonomy에 대한 건축의 뒤늦은 아방가르드적 관심 그리고 이격된 저자distanced authorship를 통한 비판성criticality, 이 두 가지가 융합 되면서 가능해졌으며, 자연계를 개방적이고 불확정적이며 자기조직적인 것으로 이해하는 포스트모 던 생태학에 대한 이해에 힘입은 것이기도 했다.

2

자율성, 불확정성, 자기조직화

만일 "새로운 어바니즘"이 있다면, 그것은 질서와 전지전능이라는
쌍둥이 환상에 근거하지 않을 것이다. 그것은 불확실성의 발판일 것이다.
_ 렘 콜하스, 1994

    앞 장에서 논의한 랜드스케이프 어바니즘 담론과 실천 사례는 생태적 작동과 설계 문화 사이의 있을 것 같지 않은 교차점에서 부상했다. 1990년대부터 일군의 조경가와 어바니스트 세대는 한편으로는 건축적 자율성autonomy이라는 모순된 욕망, 다른 한편으로는 도구적 환경 이슈에 관여해야 한다는 요구, 이 두 가지를 조화시킬 수 있는 설계의 개념적 틀을 생태학에서 발견했다. 이 설계가들과 이론가들은 도시에 개입하는 전략적 틀을 마련하면서 생태 시스템의 자기조직적self-organizing이고 개방적open-ended인 잠재력을 파악했다. 1970년대와 1980년대 초에 이미 건축에서 시도된 "열린 작업open work"은 이러한 자율성과 도구성의 융합 가능성을 널리 알린 바 있다. 다양한 문화적 실천과 담론, 특히 문학 비평에서 건축 이론으로 수입된 개념들이 '연기된delayed, 미뤄진deferred, 또는 이격된distanced 저자'에 대한 관심을 불러일으켰다.

    1980년대의 양식 전쟁을 피하고자 한 포스트모던 시기의 여러 어바니스트는 건축적 시설이 없는 도시적 삶 그 자체를 발견함으로써 열린 작업의 모델을 제시했다. 이미 살펴본 바와 같이, 렘 콜하스Rem Koolhaas와 베르나르 추미Bernard Tschumi는 시간에 따른 프로그램 변화의 모델로 경관

을 부각시켰다. 앞 장에서 논의한 것처럼, 이러한 경향은 1980년대 초 콜하스와 추미의 라빌레트 공모전 출품작 이후 뚜렷이 나타나기 시작했는데, 여기서 열린 작업은 그 어떤 특정 건축 시설에 대한 요구도 제외한 도시적 삶 자체의 유연성과 개방성을 대변했다.[1]

　　렘 콜하스는 이러한 아이디어를 1987년 OMA의 프랑스 믈룅–세나르Melun-Sénart 신도시 설계공모 출품작의 도시 형태에서 한층 더 완벽하게 발전시킨 것으로 보인다. 콜하스는 신도시의 종합적 계획 다이어그램으로 오픈스페이스, 인프라스트럭처, 공공 어메니티 위주의 경관 틀을 제안했다. 공공 용지로 경관의 틀을 짜고 그 사이사이에 남겨진 영역은 민간의 자유로운 개발을 통해 채우는 방식이다.[2] 콜하스의 믈룅–세나르 신도시 구상안은 그와 웅거스O. M. Ungers의 "녹색 군도green archipelago"로서의 도시에 대한 공통의 관심과 협업을 다시금 떠올리게 한다. 콜하스의 사고는 도시의 불확정성indeterminacy에 대한 건축가, 어바니스트, 조경가들의 이후 10년간의 관심을 예고한다.

　　1990년대 후반 랜드스케이프 어바니즘의 출현은 이러한 계열의 작업으로부터 영향 받았고, 도시를 궁극의 "열린 작업"으로 독해하는 해방의 가능성에 힘입었다. 제임스 코너James Corner 와 아드리안 회저Adriaan Geuze를 필두로 한 여러 조경가는 생태학이 환경에 대한 지식을 제공할 뿐만 아니라 건축 문화계의 상상 속 자율성을 실제로 구현하게 해 준다고 보았다. 코너와 회저는 대략 세 갈래로 전개된 1990년대 말 도시 및 건축 이론가들의 노선에 동참했다. 첫째, 스탠 앨런Stan Allen 과 알렉스 월Alex Wall은 도시를 수평적 판의 집합으로 설명하는 이론적 틀을 세웠다. 이들은 두꺼운 2차원의 판surface이 인프라스트럭처와 이벤트를 담는 넓은 장을 형성하며 그러할 때 경관이 중요한 지위를 갖는다고 보았다.[3] 월이 도시 판의 프로그래밍에 초점을 둔 것과 앨런이 이벤트에 의해 활기를 띄는 항구에 관심을 둔 것은 매우 유사하다. 두 경우 모두 불확실성의 발판staging과 영역의 관개 irrigation를 강조하는 콜하스의 "새로운 어바니즘"으로부터 영향을 받았다. 둘째, 마이클 스픽스Michael Speaks, 로버트 소몰Robert Somol, 새라 화이팅Sarah Whiting 등이 주장한 "탈비판postcritical"은 건축의 자율성과 새로운 형태의 도시 대행자urban agency의 조화라는 가능성을 발전시켰다. 스픽스의 "탈비판"에 제임스 코너는 "삶 그 자체와 다르지 않은"이라는 제목의 에세이로 화답했다. 코너는 이 글에서 탈비판적 도시 설계와 개방적, 불확정적, 자기조절적 생태 시스템의 잠재력이 서로 유사함을 논했다.[4] 셋째, 이 시기 동안 샌포드 퀸터Sanford Kwinter와 뎃레프 머틴스Detlef Mertins는 자연과학 읽기를 현대 건축 이론에 적용할 수 있는 가능성을 탐색했다. 퀸터는 1990년대에 발표한 일련의 영향력 있는 에세이를 통해 자연계에서 발견된 속성이 문화, 건축, 도시를 투영하는 모델로 사용될 가능성을 추구했다.[5] 이러한 맥락에서 퀸터는 자연의 모델에서 건축의 모델을 발견하는 다년간의 프로젝트를 진행했다. 도시에서 유기적 질서를 따른 현대 건축을 읽어내는 것은 머틴스의 몫이었다.

　　'어바니즘으로서 경관'에 대한 최근의 관심은 1970년대와 1980년대를 거치며 건축에 수입된 이격된 저자distanced authorship 전략의 비판적 수용과 깊이 관련된다. 한때 크게 과장된 바 있는 저자의 죽음author's death에 대한 논의가 최근의 설계 담론에서는 극히 드물어졌다. 최근의 건축 담론이 비판의 타당성과 소위 탈비판의 가능성에 초점을 둔 반면, 랜드스케이프 어바니즘 담론은 이격된 저자와 불확정성, 자기 조절, 자율적 생성의 전략을 전유했다. 이러한 전개 양상에 대한 응답으로서 이 장에서는 문제의 저자에 대한 네오아방가르드 담론과 이를 전유한 랜드스케이프 어바니즘의 연관성을 검토하고자 한다. 하지만 이 관계를 논의하기에 앞서 우선 20세기 초반의 아방가르드 이론과 실천에서 등장했던 '약한weak 저자 또는 쫓겨난displaced 저자' 전략의 실체를 살펴볼 필요가 있다. 레이몽 루셀Raymond Roussel, 마르셀 뒤샹Marcel Duchamp, 막스 에른스트Max Ernst의 경우가 그러한 전략의 범위와 정신을 예증해 주는 대표적 사례다.

· · · · ·

　　1933년, 아방가르드 극작가이자 소설가인 레이몽 루셀은 프랑스 문학협회에서 자신의 작품이 거절당하고 파리의 관객들 앞에서 받은 모멸감으로 스스로 목숨을 끊었다.[6] 사후에 출판할 의도로 쓴 그의 마지막 원고『내가 책을 쓰는 방법』은 자신의 작업 방식을 설명한 논픽션이다.[7] 이 "은밀한 사후의" 작품에는 루셀 자신의 구성 프로토콜이 상세히 설명되어 있다. 그의 구성은 초현실주의와 다다이즘의 우연성 전략과 닮았지만 창작 과정에 놓이는 제약의 곤란함과 임의성 측면에서는 철저히 구별된다.

　　잘 알려진 편인 마르셀 뒤샹과 비교해 보면 초현실주의자 및 다다이스트와 루셀의 차이가 한층 명확하게 보인다. 주목할 사례는 뒤샹의 1913년 작 '세 개의 표준 정지 장치3 stoppages étalon'다. 이 작품에서 뒤샹은 탁자 위 1미터 높이에서 1미터짜리 줄을 떨어뜨린 다음 이 작업으로 나타난 뒤틀린 모양의 줄을 새로운 측정 단위로 삼았다(그림 2.2). 이 프로젝트는 불확정적인 것의 정확성에 몰두한 뒤샹의 태도를 예증해 주는 사례다. 무언가 그 자체를 만드는 것과 뒤샹의 행위를 반복 복제하는 것 모두 작품이란 의식적으로 만들어진 속임수일 가능성이 높다는 사실을 입증해 주지만, 그럼에도 불구하고 뒤샹의 이 프로젝트는 문화 생산에서 '문제의 저자' 모델로 대표적 지위를 누리게 되었다.[8]

　　　　루셀의 글이 사후에 출판된 이후, 그의 작업 방법은 1950년대의 누보로망Nouveau Roman 작가와 비평가, 1960년대와 1970년대의 이른바 구조주의 비평가를 비롯한 다양한 문화계에서 집중적 관심과 철저한 검토의 대상이 되었다. 이처럼 문학 쪽에서 시작된 "작가의 죽음"이 1960년대와 1970년대에 건축 담론에도 상륙했다. 이와 같은 문화 생산의 포스트 휴머니즘 개념을 당시의 건축 논의에 도입한 여러 텍스트 가운데 특히 피터 아이젠만Peter Eisenman의 1976년 에세이 "탈기능주의"가 두드러진다. 아이젠만의 에세이와 그 에세이를 수록한 저널은 저자 기능의 전복이 큰 문화적 궤적의 한 징후라고 해석한다.[9] 아이젠만에 따르면, 그러한 궤적으로 건축 이론과 실천이 흡수됨으로

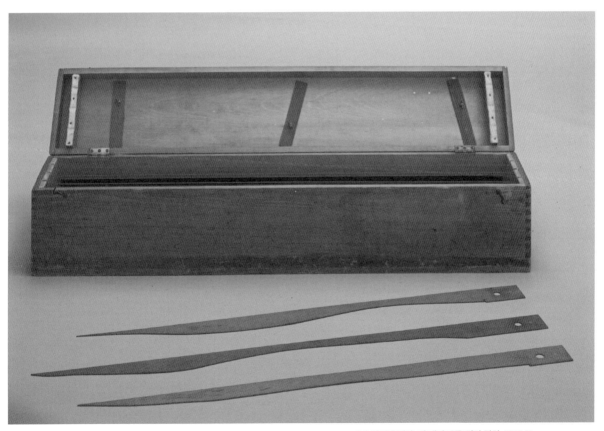

2.2 마르셀 뒤샹, 세 개의 표준 정지 장치, 1913-14.

써 건축은 기능에서 형태를 찾는 데 대한 강박적 집착을 포기하고 음악, 회화, 문학 등 다른 문화 영역을 참조하며 의도적으로 중재된 구성 전략을 취할 수 있게 되었다.

루셀은 자신의 연극과 소설이 작업 방법에 대한 지식 없이 읽혀지도록 의도했는데, 그 결과 당시의 관객들은 그 작품들을 어떤 이론의 표출로 읽으려 하지 않았다. 바로 이러한 점이 그의 작업을 뒤샹의 작업과 구별해 준다. 뒤샹은 작품 생산 방식에 대한 대중의 이해에 의존했기 때문에 생산과 수용의 공간을 무너뜨리는 것도 작품 효과의 일부가 된다. 인공물이 작품 구성 과정의 알레고리로 읽히지 않기 때문에, 루셀의 작품은 눈에 띄지 않고 이해할 수 없는 경우도 많았다. 루셀은 자신의 연극과 소설이 독자적으로 존재할 것을 기대함으로써 저자의 그 어떤 의도로부터도 해방된 작품의 수용을 강조한 롤랑 바르트Roland Barthe의 입장을 예견했다. 이러한 해방의 결과가 현대 건축 담론에서도 꽃핀 "열린 작업"이다. 이는 도시의 판과 그것에 적용하는 작동 방식의 모델인 "장field"으로 오늘날에도 지속되고 있다.

문화적 산물의 수용과 저자의 의도 사이의 이러한 관계는 건축 담론 내에서 비판성의 지위에 관한 최근의 논쟁과 특히 관련이 있다. 건축 문화계가 탈비판에 주목하면서, 저자의 의도를 박탈하는 경향은 쇠퇴하기 시작했다. 그러나, 건축 생산에서는 '문제의 저자 또는 이격된 저자'에 대한 주장이 줄어들었지만, 최근의 경관과 어바니즘은 이 주제에 풍부한 토대와 타당성을 제공하고 있다.

1장에서도 살펴본 바와 같이, 베르나르 추미와 렘 콜하스/OMA의 라빌레트 공원 설계공모 출품작은 열린 작업(추미)과 의도하지 않은 병치(콜하스) 개념을 21세기의 도시 공원이 맞닥뜨릴 포스트휴먼 조건으로 명쾌하게 제시했다. 이 두 프로젝트는 프로그램에 대한 결정을 미룸으로써 저자를 약화시켰다. 즉 모더니스트들이 강조했던 저자의 권한을 박탈하고자 한 것이다. 이 작품들은 또한 적절하게 개방적이고 반응적이며 불확정적인 어바니즘의 매체로 경관이 중요하게 떠오른 징후이기도 하다. 이러한 사고의 연장선상에 있는 보다 최근 사례로 스탠 앨런의 도시 프로젝트들을 들 수 있다. 인프라스트럭처의 배치, 그리고 미래의 건축적 구현을 위한 부지 구축에 대한 강조는 앨런이 불확정성과 연기delay의 이슈에 지속적으로 주목하고 있다는 점을 여실히 보여준다.[10] 앨런은 바르셀로나 항 물류 지구 계획안(1996)에서 "두꺼운 2차원thick 2-D"의 어바니즘을 핵심 설계 개념으로 제안한다. 다시 말해, 예측하기 힘든 미래의 상황에 역동적으로 대응할 수 있는 인프라스트럭처를 지원하는 수평적 판 또는 경관을 형성한다는 개념이다. 앨런은 두꺼운 수평적 판이라는 자신의 제안을 "장

조건field condition"으로 발전시켰고, 자연계에서 명백히 나타나는 개방적이고 불확정적이지만 자기조
절적인 형태에 대한 연구로부터 영감을 끌어냈다(그림 2.3). 이 장은 그 자체만으로도 인프라스트럭처
인 경우가 많고, 오늘날 자본과 물류의 흐름에 수반되는 필요 시설을 수용하는 발판 역할을 한다. 이
러한 사고 속에서, 세계 자본 흐름의 유동성과 변동에 대한 탈비판적 관심은 반응적이고 효율적이며
포기될 수도 있는 어바니즘을 낳는 그런 흐름의 필연성과 교차한다. 이들 각각은 고유한 형태의 '이
격된 저자'를 암시하며, 이 이격된 저자는 모더니즘 도시계획의 열망이 선택적으로 회복되어 재평가
될 가치가 있음을 의미한다.

도구적 통제를 종합하려는 모더니즘의 열망은 자기조절과 자율성에 골몰한 문제를 지니
지만, 동시에 경제, 생태, 인프라 배치 사이의 유기적 관계에 대한 모더니즘의 관심은 바람직하다고
볼 수 있다. 이와 유사한 면을 최근 건축과 도시설계에서 중요하게 부각된 다이어그램에 대한 관심에
서 찾을 수 있다. 다이어그램의 잠재의식적 작동 체계는 '미뤄진 저자'라는 비판적 측면을 지니는 반
면, 다이어그램의 탈비판성에 대한 열망은 의사 결정, 자본, 사회적 적합성에 근접하고자 하는 면을
명백히 보여준다. 이러한 유형의 사고 방식은 자연계의 모델과 조직에 점점 더 관심을 두며 신유기론

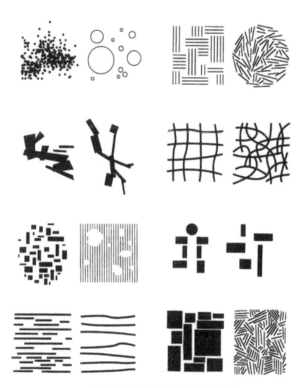

2.3 스탠 앨런, 장 조건, 다이어그램, 1999.

적_{neo-organicist} 열망을 불러일으키지만, 이때의 자연계는 작동하는 생태적 체제라기보다는 인프라스트럭처의 조직을 위한 모델이나 은유라고 볼 수 있다.

· · · · ·

최근의 여러 경관 프로젝트는 '문제의 저자' 기법과 동시대 경관 담론을 담고 있으며, 어바니즘은 불확정성, 개방성, 자기조절, 자율적 생성의 포스트모던 생태학 모델 등의 주장으로 넘쳐난다. 이러한 프로젝트들은 다양한 형태와 양상을 보이지만, 각각 고유의 열망, 기원, 주장을 지닌 두 가지 계통으로 구분할 수 있다. 첫 번째는 비판적 건축 담론을 거의 그대로 확장한 것으로, 정교하게 조각한 수평적 판을 다양한 자동적_{automatic} 방법으로 설계한 도시 경관 프로젝트들이 여기에 속한다. 이러한 프로젝트들과 해당 건축가들은 네오아방가르드 건축 경향의 연장선상에 있다. 두 번째 계통의 작업들은 자연계의 불확정성과 자기조절에 주목하며, 그러한 특질을 도시 구성의 도구로 전환하고자 시도한다. 이 경우는 특히 시간의 흐름에 따라 빠르게 변화하는 조건에 계속 적응할 수 있는 도시 경관을 만들기 위해 생태학 모델을 이용하거나 자연을 은유로 사용한다. 종합하자면, 이 두 노선의 작업은 경관과 어바니즘 담론 내에서 구성, 생산, 수용 등 네오아방가르드 전략이 어느 정도는

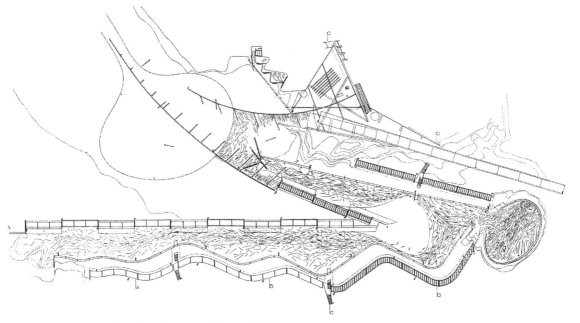

2.4 엔릭 미라예스+카르메 피노스, 이괄라다 공동묘지, 평면도, 1986-89.

계속 영향을 미쳤지만 그러한 전략의 토대인 비판성은 사라졌음을 보여준다.

첫 번째 유형의 대표적 사례로는 두 명의 스페인 건축가와 그들의 파트너, 즉 엔릭 미라 예스Enric Miralles(와 카르메 피노스Carme Pinós)와 알레한드로 사에라-폴로Alejandro Zaera-Polo(와 파르시드 모우사비Farshid Moussavi)의 작업을 들 수 있다. 엔릭 미라예스와 카르메 피노스가 설계한 이괄라다 공동 묘지Igualada Cemetery(1986-89)(그림 2.4)와 양궁장Archery Range(1989-92)(그림 2.5, 2.6)에서는 발견한 선을 직접 탁본한 것 같은 특징이 두드러지게 나타난다. 두 경우 모두 이괄라다 지역의 지형선을 그대로 따라오는 방식으로 설계되었는데, 공동묘지는 표면을 본 따 재현한 바로 그 부지에 지었고, 양궁장은 멀리 떨어진 바르셀로나 외곽의 부지에 지었다.[11] 두 경우 모두 다양한 프로타주frottage와 콜라주collage 기법의 기원인 초현실주의 작품과 막스 에른스트의 작업을 연상시킨다. 그 결과로 주변 경관과 대조적인, 매우 조각적이고 복잡한 형태의 표면이 만들어졌다. 두 프로젝트 모두 고도로 정교하게 그려진 수평적 판과 그 판 바로 아래(양궁장) 또는 뒤(이괄라다 공동묘지)의 건축 볼륨 사이에 얇은 공간이 형성되었다. 두 사례는 모두 둘러싸인 건물군을 포함하고 있는, 매우 정교하게 시공된 건축적 경관이라고 읽히며, 형태적 표현과 기대되는 프로그램 사이에서 뚜렷한 긴장이 나타난다. 이괄라다 공동묘

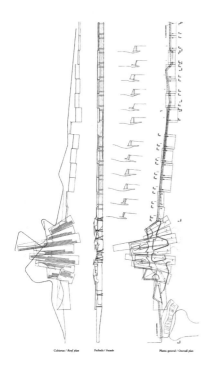

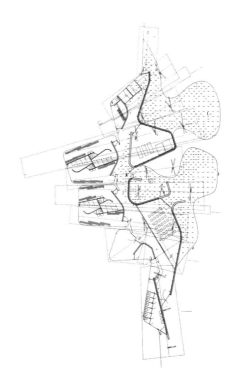

2.5 엔릭 미라예스+카르메 피노스, 양궁장, 바르셀로나, 종합 계획도, 1989-92.

2.6 엔릭 미라예스+카르메 피노스, 양궁장, 바르셀로나, 부분 평면도, 1989-92.

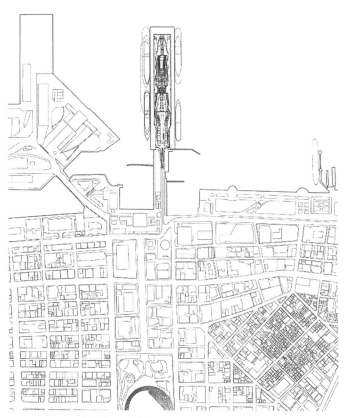

2.7 알레한드로 사에라-폴로+파르시드 모우사비/FOA,
요코하마 항만 터미널, 부지 계획도, 1995.

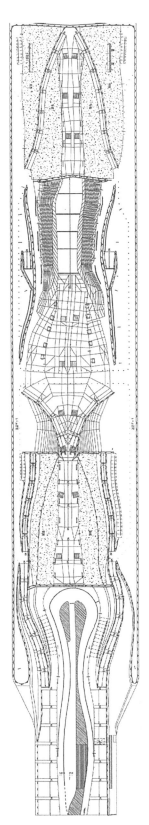

2.9 알레한드로 사에라-폴로+파르시드 모우사비/FOA,
요코하마 항만 터미널, 평면도, 1995.

2.8 알레한드로 사에라-폴로+파르시드 모우사비/FOA,
요코하마 항만 터미널, 조감 사진, 1995.

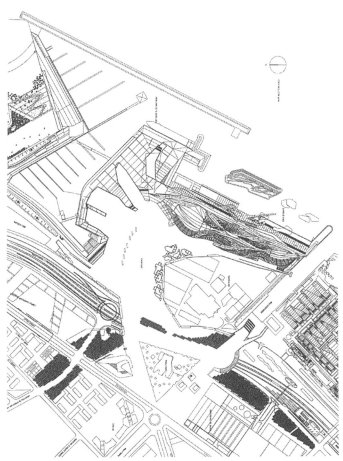

2.10 알레한드로 사에라─폴로+파르시드 모우사비/FOA,
바르셀로나 객석 공원, 부지계획도, 2004.

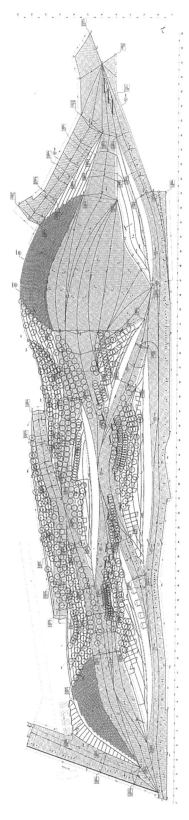

2.12 알레한드로 사에라─폴로+파르시드 모우사비/FOA,
바르셀로나 객석 공원, 조감 사진, 2004.

2.11 알레한드로 사에라─폴로+파르시드 모우사비/FOA,
바르셀로나 객석 공원, 평면도, 2004.

지에서는 납골당과 정원 용품 보관함이, 양궁장에서는 라커룸과 선 명상 준비 공간이 그렇다. 두 작품은 부지에서 발견되는 지형 조건과 둘러싸인 건물군 사이의 복잡한 단면들의 관계에 의해 구겨진 수평적 경관으로 주로 경험된다. 이괄라다 공동묘지 프로젝트가 양궁장 프로젝트보다 먼저 진행되었고, 양궁장에는 공동묘지를 만들며 사용한 본래의 복잡한 탁본 일체가 단순하게 다시 적용되었다. 올림픽 경기장 외곽 지대의 건조한 평원을 배경으로, 양궁장에는 거의 평평한 부지 전체에 이괄라다의 자동적 지형을 배치하고 그것을 건축 단면과 광대한 옥상 경관으로 접었다. 두 프로젝트는 수학과 추상적 형태 작업에 관한 아이젠만의 집착을 포함하는 등 건축 문화계의 '문제적 포스트휴먼 저자' 기법들의 연속선상에 있다.

아이비리그 건축 이론으로 세탁된 또 다른 스페인 건축가 알레한드로 사에라–폴로와 그의 파트너 파르시드 모우사비는 지난 십여 년간 전복된subverting 또는 쫓겨난displacing 저자에 대한 네오아방가르드적 관심을 확장해 다양한 도시 경관 프로젝트의 저자가 되었다. 사에라–폴로와 모우사비의 FOAForeign Office Architects가 1995년에 설계한 요코하마 항만 터미널Yokohama Port Terminal(그림 2.7, 2.8, 2.9)과 국제문화포럼Forum of International Culture 내에 2004년에 설계한 바르셀로나 객석 공원 Barcelona's Auditorium Park(그림 2.10, 2.11, 2.12)에서는, 하부나 이면의 대형 건물 프로그램을 효과적으로 감추고 우선 도시 경관으로 보이면서 작동하는 정교하고 복합적인 3차원 판이 구현되었다.[12] 사에라–폴로와 모우사비는 미라예스와 피노가 독특하게 구사했던 아날로그식 프로타주 기법 대신, 다변수 불확정 입력에 기초한 복잡한 컴퓨터 알고리즘을 사용해 수평적 판들을 만들었다. 이렇게 디지털 파라미터parameter로부터 생성된 수평적 판들이 도구적으로 쓰일 것처럼 복잡하게 배열되지만, 저자의 통제나 도구적 의도는 그러한 판들로부터 이격된다. 미라예스와 피노의 프로젝트는 프로그램의 용도를 고려하지 않은 상태에서 초기 형태를 구상하고 그 후에 프로그램을 수용하는 방식인 반면, 사에라–폴로와 모우사비의 경우는 프로그램 수요의 어지러울 정도로 복잡한 배열에 반응해 형태를 잡는 방식이다. 그러한 반응에서 현기증 나는 아찔한 경관이 생성되는데, 이 경관은 전유의 판인 부지 지형에 새로운 참여를 가능하게 해 준다. 두 프로젝트는 극장, 스펙터클, 산책로 등 전통적 공원 프로그램을 담고 있기는 하지만, 네오아방가르드 건축의 열망을 이어받아 저자에 대한 기대를 멀리 이격시킨다. 프로타주와 자동적 디지털 반복 기법을 사용함으로써 두 경우 모두 전통적 재현 방법과 대중적 수용에 대한 기대를 피한다. 뿐만 아니라 공공 공원 건물의 전통적 프로그램에 포함되기 마련인 기념성과 수직성을 거부한다. 그렇게 함으로써 그들은 흔히 경관 조각이라고 불리는 경관 작업을 구현했다.[13]

. . . . .

두 번째 경향은 생태적 주제를 전개하고 발전시킴으로써 저자를 이격시키며, 잇따라 일어나는 어바니즘의 첫 단계로 자연의 과정, 경관 전략, 생태적 체제 등을 강조하는 경우가 많다. 여기에 속하는 프로젝트들은 생태 시스템의 상대적 자율성과 미래의 도시화를 형성하는 능력에 큰 비중을 둔다. 이러한 계열의 사례들 각각은 매우 독특하지만 1990년대의 혁신적 설계 문화에서 하나의 분명한 지적 영역을 공유하고 있다. 이러한 맥락에서 생태학이 자연계의 모델이나 은유로 빈번히 적용되었다. 물론 자연계 자체의 설명으로 생태학이 원용된 경우는 드물다. 몇몇 소수 조경가들의 작업을 통해 이러한 사고가 랜드스케이프 어바니즘을 발전시키게 된다. 1990년대의 랜드스케이프 어바니즘 실천을 대표하는 제임스 코너와 아드리안 회저는 본래는 응용 자연과학 또는 환경 자원 관리 실무의 하나로 경관생태학을 배웠다. 코너는 펜실베이니아 대학교University of Pennsylvania에서 이안 맥하그Ian McHarg로부터 교육 받았는데, 이 학교의 교과 과정에서 경관생태학은 조경가와 어바니스트의 설계 작업을 종합하는 원칙으로 핵심 역할을 했다. 이러한 환경에서 코너는 어바니스트로서 교육 받고 전문성을 경험했고, 이후 추미와 콜하스의 작업이 대변하는 네오아방가르드 건축 이론에 몰입했다.[14] 회저는 자연과학으로 이름난 네덜란드 바헤닝언 대학교Wageningen University 조경학과에서 경관생태학을 배웠다. 학창 시절에 그는 예술과 어바니즘에 관심을 가졌고, 이후 동시대 네덜란드의 설계 문화와 이론에 빠져들었다.[15] 이러한 복합적 경험에 힘입어 코너와 회저는 설계가의 저자성으로부터 비판적 거리를 취할 수 있게 해 주는 경관생태학을 상상할 수 있었고, 동시에 경관생태학을 통해 도시에 대한 환경적 측면의 혁신을 실천할 수 있었다. 그들은 실현되지 않은 초창기 프로젝트들을 통해 생태학과 설계의 교차점이 갖는 이론적 함의와 투영적 잠재력을 탐구했다.

이러한 사고를 보여주는 대표적 프로젝트는 2003년 제임스 코너/필드 오퍼레이션스Field Operations가 진행한 필라델피아 델라웨어 강변의 브라이즈버그Bridesburg 구상안이다(그림 2.13, 2.14). 브라이즈버그에서는 오염된 토양의 불확실한 공간적 위치로 인해 향후 도시화가 진행될 때 버려진 공

2.13 제임스 코너/필드 오퍼레이션스, 브라이즈버그, 필라델피아, 조감도, 2003.

2.14 제임스 코너/필드 오퍼레이션스, 브라이즈버그, 필라델피아, 조감도, 2003.

터가 무작위로 계속 발생될 전망이다. 과거 산업 부지였다가 유기된 이곳을 복합 용도로 재개발하는 이 계획안에서 코너는 식물환경복원phytoremediation 전략을 채택한다. 식물환경복원 기법은 식물을 이용해 오염된 부지를 정화하는 것으로, 지난 20년간 조경 실무의 한 부분으로 발전해 왔다. 이 전략은 그 어떤 공업적 방식보다 저비용 고효율로 브라운필드를 치유해 준다. 델라웨어 워터프런트 프로젝트에서 코너는 단계별 도시 개발이 오염 부지를 개선하는 데 성공을 가져올 것이라고 제시한다. 개선 프로세스의 한 부분으로 포플러 나무를 대규모로 식재한다. 오염 물질을 계속 흡수하고 수명을 다한 나무를 새 나무로 교체하는 과정이 지속적으로 진행된다. 이러한 프로세스의 성공을 보여주는 가장 확실한 증거는 오염 물질을 흡수하면서도 계속 건강한 포플러 나무의 존재다. 직관적 방식이나 전문 실무의 전형적 방법과 반대로, 코너는 블록 구조, 도시 인프라, 개발 구역 등을 먼저 개발해 이 버려진 부지를 우선 도시화할 것을 제안했다. 이러한 개발과 함께 부지의 더 오염된 지역에서는 지속적인 식물환경복원 프로세스가 병행된다. 결국, 가장 오염된 부지, 가장 오랫동안 정화에 저항하는 지표면 밑의 오염된 토양이 미래에는 공공 공원과 오픈스페이스로 등장할 것이다. 이러한 방식으로 토양 개선과 정화 과정은 부지 환경 역사의 가시적이고 상징적인 기록으로 남게 되며, 식물환경복원의 기술적 프로세스는 공원과 공공 영역의 배치, 배열, 구성을 통해 도시의 형상을 알려주게 된다.

이와 유사하게, 아드리안 회저/웨스트 8West 8은 1995년 네덜란드 해안의 뉴타운인 뷕트호른 시티Buckthorn City 계획안에서 생태적 프로세스의 도시적 잠재력을 선보인다(그림 2.15, 2.16). 네덜란드 해안에서 흔히 볼 수 있는 것처럼 대규모 토목 인프라와 전통적인 북해식 주거지를 계획하는 대신, 회저는 준설 중인 간척지에서 나타난 사구 경관에 갈매나무를 대량 식새힐 것을 제안했다. 일반적으로 성가신 식물로 간주되는 유럽 갈매나무는 광범위하게 뻗어나가는 뿌리 조직을 통해 지표면 밑의 환경을 튼튼하게 하는 역할을 하며 향후의 도시화에 적합한 표토를 만들어 준다. 시장이 주도하는 도시화가 그저 그런 관성적인 (또는 시장의 기준만을 준수하는) 형태를 취하는 데 반해, 갈매나무 서식지의 뿌리처럼 엉킨 형상은 미래 도시의 인프라스트럭처 형태를 보여준다. 회저의 구상안은 시장 기반 개발의 개방성에 중점을 두고 있기는 하지만, 자율적이고 개방적인 자연의 프로세스에서 도시 형태가 파생되도록 하고 있다.[16]

코너와 회저의 프로젝트는 도시화와 생태적 프로세스 사이의 역동적이고 개방적인 관계를 제안하고 있다. 이 관계에서는 도시가 주인공이고 경관은 빈 여백이라는 전통적 위계가 친환경적 —지속 가능하지는 않더라도— 도시 개발의 입장에서 역전된다. 또한 각각의 사례에서 강조된 경관 전략과 생태적 프로세스는 도시 형태에 대한 저자의 통제를 어렵게 하는 동시에, 환경 결정론의 도덕적 우위와 수사학적 선명성뿐만 아니라 특수한 시장 상황에 대한 반응을 가능하게 한다.

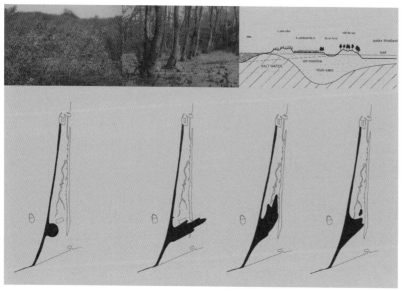

2.15 아드리안 회저/웨스트 8, 뷕트호른 시티 프로젝트, 훅 판 홀란드, 평면도와 단면 다이어그램, 1995.

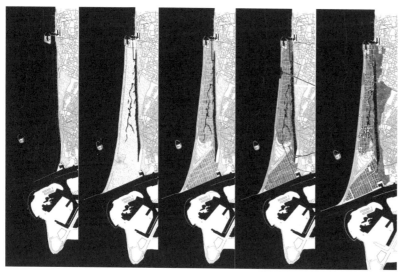

2.16 아드리안 회저/웨스트 8, 뷕트호른 시티 프로젝트, 훅 판 홀란드, 시간의 경과에 따른 도형-배경 변화 다이어그램, 1995.

급진적 생태학의 불확정성에 바탕을 둔 이 초기 실험작들에서는, 도시 형태가 계획이나 정책 또는 선례에 의해 결정되지 않고 랜드스케이프 어바니스트에 의해 기획된 창발적 생태계의 자기조절을 통해 부여된다. 위의 두 사례에서 궁극적인 도시의 형상은 설계를 통해 결정되는 것이 아니라 문화적 목적을 향한 생태적 프로세스의 작용을 통해 주어진다. 이 책의 3장에서도 다루게 될 이러한 경향의 가장 최근 현상은 도시 형태의 디지털 연상associative, 파라메트릭parametric, 관계relational 모델 등의 출현이다. 최근의 랜드스케이프 어바니즘은 파라메트리시즘을 통해 형태의 저자성을 뒤로 미루고 작동적 파라미터로 도시 형태를 구체화한다. 런던 AA 스쿨Architectural Association School of Architecture의 랜드스케이프 어바니즘 전공은 창설 이래로 이러한 실험의 최전선을 이끌고 있다. 이 학교의 디자인 리서치 랩Design Research Lab(DRL)은 관계 변수 모델링 기법을 만들었고, 랜드스케이프 어바니즘 전공은 도시의 형상과 그 작동 기준을 연동되게 하는 랜드스케이프 어바니즘 전략의 하나로 연상 모델이나 관계 모델을 탐색하는 다양한 프로젝트를 진행했다. 랜드스케이프 어바니즘 프로젝트에 파라메트릭 도구가 활발히 쓰이게 됨에 따라 랜드스케이프 어바니즘도 "파라메트리시즘"의 한계와 위험성에 대한 기존의 논란으로부터 자유로울 수 없게 되었다.[17] 파라메트리시즘에 대해 쏟아진 가장 큰 비판은 자하 하디드Zaha Hadid와 함께 한 작업과 관련해 스스로를 파라메트릭주의자라 선언한 패트릭 슈마허Patrik Schumacher의 파라메트리시즘에 대한 비판이다. 이러한 비판은 대체로 도시 형태를 생성시키는 파라메트리시즘의 잠재력에 오명을 씌우지만, 형태적 산출물과 생태적 기준을 연관시키는 관계적 도시 모델링의 가능성은 최근 랜드스케이프 어바니즘 프로젝트와 교육에서 한층 더 적극적으로 연구되고 있다. 그러나 대부분의 경우, 파라메트리시즘에 들인 시간 낭비에 가까운 노력으로 인해 랜드스케이프 어바니즘이 엘리트 분화에 젖어들었다는 인식이 강해졌으며, 랜드스케이프 어바니즘이 사회적 비판에는 관심을 두지 않는다는 인상을 주게 되었다. 사회적 주제와 관련하여, 2007년 뉴욕 현대미술관Museum of Modern Art(MoMA)에서 열린 한 전시회는 랜드스케이프 어바니즘을 조경의 동시대적 실천으로 자리 잡게 했으며, 조경이 전 세계에서 가장 가시적으로 부상하고 있던 바로 그 순간에 사회 비판이라는 주제의 지평을 여는 계기가 되었다.

· · · · ·

이 장과 앞 장에서 다룬 조경 프로젝트 중 다수는 그라운즈웰Groundswell이라는 제목의 MoMA 전시회에 포함된 작품들이다.[18] '그라운즈웰' 전시회와 카탈로그에는 지난 십년 동안 북미, 유럽, 아시아에서 경관을 매체로 삼아 진행된 도시 개조 프로젝트들이 포함되었다. 지난 십여 년간 경관 매체와 관계 맺어 온 학자, 디자이너, 비평가들에게는 그라운즈웰에 포함된 작품들이 별로 새롭지 않을지도 모른다. 이 전시회 설명문과 카탈로그는 지난 10년에서 20년 사이의 작업을 담고 있는데, 가장 오래된 작업으로 1980년대 중반에 시작된 이괄라다 공동묘지(미라예스와 피노스 작, 1985-96)도 포함하고 있다. 경관이 지난 10년간 재부상한 양상을 잘 알고 있는 사람들에게는 크게 놀라울 것 없는 전시였다. 이 전시는 상대적으로 잘 알려진 양질의 사례를 전 세계에서 수집했다. 물론 책자를 출판한 곳만 보더라도 짐작할 수 있는 바와 같이, 몇몇 비평가는 큐레이터가 선정한 다양한 작품 및 설계가가 현재의 문화에 기여하는 바를 면밀히 검토했다. 흥미로운 독해이기는 하지만 그들은 이 MoMA 전시의 더 큰 가치를 읽어내지 못했다. '그라운즈웰'전은 현대 도시 경관을 가장 크고 가장 알아보기 쉬운 무대에 올려놓음으로써 광범위한 대중에게 경관에 대한 새로운 관심을 불러일으켰으며, 조경 분야를 학계와 전문가 사회의 그림자 밖으로 조금이나마 옮겨 놓았다. 이러한 측면에서 보자면, 경관에 대한 논의를 잠재적 후원자와 많은 대중뿐만 아니라 다양한 영역을 넘나드는 광범위한 문화적 맥락 속에 편입시켰다는 점에서 이 MoMA 전시회의 가치를 찾을 수 있다. 여러 면에서 피터 리드Peter Reed의 철저하면서도 읽기 쉬운 서론에 설명된 작품 및 폭넓은 주제는 경관 매체의 가까운 과거를 다룬 소급의 역사로 읽힐 수 있다.[19] 이러한 점에서 리드의 『그라운즈웰』은 MoMA가 1991년에 개최한 경관 전시의 책자인 『변질된 비전Denatured Vision』(윌리엄 하워드 애덤스William Howard Adams와 스튜어트 브레데Stuart Wrede 편집)을 뛰어넘는다.[20] 『변질된 비전』이 근대 경관의 문제로 수렴되는 학술 에세이를 모은 견고한 책이라면, 리드가 책에서 글로 조율하고 무대에서 조정한 그라운즈웰 전시회와 심포지엄은 무엇보다도 개별 프로젝트와 설계가를 그 자체로 보여주기 위해 구성되었다. 이와 같은 구성에서 단 하나의 예외가 있었는데, 전시작을 읽는 다학제간 지적 틀을 제시한 데이비드 하비David Harvey의 기조 강연이 바로 그것이다.[21]

그라운즈웰의 일부 청중은 하비의 기조 강연에 대해 정치경제를 변증법과 유물론으로 해석하는 마르크스주의 지리학자가 어떻게 동시대 조경을 논의하는 자리에 초대될 수 있었는지 의문을 가졌다. 이 기조 강연이 최근 수십 년간 북미 지역에서 전개된 현대 조경을 아우르는 가장 실질적인 전시를 비판적으로 파악했다는 점에서 충분히 의문을 가질 법했다.

산업 경제가 문화 생산에 미친 영향에 대한 하비의 해석은 북미에서 랜드스케이프 어바니즘을 둘러싸고 전개되고 있는 담론과 밀접하게 관련된다. 그라운즈웰 프로젝트를 기획하고 총괄한 MoMA의 큐레이터 피터 리드는 랜드스케이프 어바니즘을 에워싸고 있는 동시대 담론을 전시 카탈로그에 명쾌하게 다뤘다.[22] 데이비드 하비의 이론이 현대 도시 경관을 진지하게 고려하는 데 적절하다는 점을 일깨운 것은 그라운즈웰의 의미 있는 성과다. 전시 주제가 세계 전역의 현대 도시 조경인데, 왜 하비가 기조 강연자로 초청받았는지 많은 청중이 혼란스러워 한 게 사실이다. 그러나 하비를 초대한 데에는 후기산업사회의 도시 경관을 논의할 때 도시의 발전을 가져 온 경제, 환경, 정치적 배경에 기초해야 한다는 의미가 있다. 하비의 강연은 다양한 학문의 경계를 넘는 작업들의 적합성을 판별할 수 있는 윤리적 입장을 제시해 주었고, 학문 분과와 전문 직능을 뛰어넘는 토론의 힘을 보여주었다.

하비는 이미 고전의 위상을 갖게 된 대표 저서 『포스트모더니티의 조건The Condition of Postmodernity』(1990)에서 경제적·정치적 조건이 문화 생산에 미치는 영향을 설명한다.[23] 이 책에서 하비는 포스트모던 문화의 경향이 1970년대 초반 포디즘 경제 체제의 대규모 구조적 붕괴에서 시작되었다고 본다. 하비에 따르면, 건축과 어바니즘에서 포스트모더니즘으로 변화가 일어난 것은 설계의 피상적 양식과 관련된다기보다 이른바 "유연한 축적flexible accumulation"이라고 칭할 수 있는 새로운 체제와 직접 연관된다. 유연한 축적은 신자유주의 경제 정책, 적시 생산, 아웃소싱, 유연한 비정규 노동 배치, 급증하는 세계 자본의 흐름 등에 의해 형성된다. 하비가 지난 15년간 건축 담론에 미친 영향을 과장할 생각은 없다. 하지만 그의 지작은 포스트모던 문화의 조건과 동시대 이비니즘의 관계에 대해 가장 설득력 있는 해명을 제시했다고 볼 수 있다. 정치경제학을 통해 문화 생산을 읽어낸 하비의 해석은 지난 30년간 세계 경제 구조 조정의 여파로 남겨진 부지를 다룬 도시 경관 프로젝트에 대한 논의의 틀로 매우 적합했다. 하비의 기조 강연은 사회적 형평성, 환경 위기, 불균등 발전 등의 의문과 관련하여 전시작들의 폭넓은 의미를 짚어보는 윤리적 반성의 계기를 마련해 주었다. 하비는 청중들에게 사회적이고 정치적인 측면을 강조함으로써 도시화의 과정을 가능하게 하는 구조 속에서 조경의 본질을 상기시켜 주었다. 도덕적 고상함보다는 어바니스트로서의 조경가를 요청하는 최근의 상황은 조경이 도시의 질서를 생산하는 경제·사회·정치적 구조에 깊이 연관되어 있음을 시사한다.

what will grow here?

3

계획, 생태, 그리고 경관의 부상

생태는 … 도시 프로세스의 복잡성과 다양성을 파악하게 해 주는 유용한 비유다.
_ 줄리아 처니악, 2001

21세기로 접어든 이후 경관은 설계 분야에서 일종의 르네상스를 맞았다. 최근에는 조경이 이러한 르네상스의 혜택을 받았고 조경가는 우리 시대의 어바니스트라는 주장이 전개되기도 했다. 지적 탐구의 측면에서는 거의 빈사 상태라는 말까지 들었던 조경이 되살아난 현상은 회복이나 쇄신 등 다양한 말로 묘사되었다. 특히 조경은 동시대 어바니즘에 대한 논의에서 생산적 역할을 했다. 이러한 현상에 함축된 논점 중 하나는 새롭게 발견된 경관의 높은 위상이 도시계획에 꽤 큰 영향을 미쳤다는 점이다. 역설적이게도, 이와 관련된 가장 강한 주장에 따르면, 경관이 도시계획에 힘을 발휘할 수 있게 된 것은 경관이 설계 문화에서 새로운 위상을 가지게 되었기 때문이며 예전의 지역계획이나 생태계획 프로젝트와는 달리 생태를 모델 또는 은유로 제시했기 때문이다. 이 장에서는 랜드스케이프 어바니즘 실천이 생태적 기능과 설계 문화의 통합을 통해 동시대 도시의 형태를 투영함으로써 어떻게 도시계획의 전통적 역할을 대체하게 되었는지 살펴보고자 한다.

최근 경관이 재조명되고 있는 현상은 포스트모더니즘이 이 분야에 미친 영향이라고 여길 수 있을 것이다. 이러한 해석은 근대 자연과학의 실증주의 담론이 용도 폐기되지는 않았다 하더라도 자연을 문화적 구축물로 보는 관점에 의해 대체되었다는 것을 의미한다. 이와 같은 변화 속에서 조경의 지향점은 생태적 기능 메커니즘의 실증적 확실성을 취하는 입장으로부터 생태를 자연과 문화 사이의 복잡한 상호 관계를 이해하는 모델로 보는 문화적 상대주의의 입장으로 옮겨갔다. 물론 경관이 최근 문화적 영향력을 가지게 된 것은 대중 문화에서 환경이 폭넓게 인식되고 기부자 계층의 부상에 따라 설계가 문화로 정의되는 현상이 독특하게 결합된 양상과도 연관된다.

랜드스케이프 어바니즘 담론과 실천은 생태계획ecological planning의 지적 자양분과 실천적 전통에 기반을 두고 있다. 랜드스케이프 어바니즘은 모더니즘 생태계획과 포스트모던 건축 문화 사이의 의외의 교차점에서 출현했다. 생태계획이 지역region을 실증적 관찰과 설계적 개입의 기본 단위로 상정한 데 비해, 랜드스케이프 어바니즘은 지역을 생태적 관찰과 분석의 스케일로 물려받았지만 계속 진행되고 있는 산업 경제 구조 조정의 결과인 브라운필드 부지의 스케일을 다루는 경우가 많다.

· · · · ·

경관이 동시대 어바니즘의 모델로 적합하다는 점은 유럽 건축가들과 어바니스트들이 북미의 도시를 설명하는 과정에서 처음 논의되었다. 북미 도시들에서 발견되는 공간의 탈중심화, 신자유주의 경제로의 변화, 환경의 유독성 등에 도시설계가 효과적으로 대응하지 못했다는 엄중한 비판을 가하면서 경관에 주목한 것이다. 달리 말하자면, 전통적 도시 형태에 관한 보수적 문화 정책에 문화적 대안을 약속하고 동시에 건강한 환경, 사회 복지, 문화석 열망이 서로 배타적이지 않은 미래의 대안적 어바니즘을 제공하는 새로운 주체로 경관이 대두된 것이다. 물론 이러한 주장을 조경가들이 처음 한 것은 아니지만 설계의 지적 토양이 다양해지고 성장함에 따라 그러한 주장을 활발하게 지지하고 나섰다.

세기의 전환기 이후 조경이 스스로 쇄신하는 동안 도시설계는 북미의 전통적 도시 형태의 알리바이를 입증하는 데 주로 몰두했고, 최근까지도 경관이 북미의 도시 형태 논의에서 갖게 된 중요성을 제대로 평가하는 것에 더디게 반응했다. 이러한 변화는 설계 관련 학문 분과들의 관계가 회복되었다는 사실과 무관하지 않으며, 설계 교육은 물론 동시대 도시 문제의 관점에서 학제간 상호 교류가 필요하다는 점을 반영한다. 이러한 상황에서 도시계획은 어바니즘 논의에서 경관이 새롭게 획득한 문화적 적합성의 중요도를 파악하는 데 상대적으로 뒤쳐졌다.

여러모로 볼 때 도시계획이 조경 내부에서 일어난 이러한 진전과 무관했다는 사실은 두 분야의 역사를 되돌아보면 그다지 놀라운 일이 아니다. 1960년대 문화 정책의 맥락 속에서, 또는 당시의 관례에 따라, 하버드 대학교와 토론토 대학교를 포함한 유수 대학의 도시계획학과들은 학문적 정체성을 분명히 표명하기 위해 건축대학을 떠났고 설계 예술을 주도하던 건축의 헤게모니로부터 스스로 거리를 두었다. 이와 유사하게 조경학과들도 환경 이슈에 급진적으로 집중하면서 건축가 동료들의 문화적이고 지적인 활동으로부터 거리를 취했다. 이 두 가지 경향이 결합된 결과, 설계 관련 학문들이 서로를 등한시하게 되었고, 역사적으로 설계에 영향을 미쳐온 경제, 생태, 사회적 맥락으로부터 건축이 분리되었다. 설계 문화계와 환경 행동주의가 서로 소원해진 이 시기에 계획 분야는 환경 마인드를 지닌 조경 쪽 동료들과 결속했고 다소 주관적이고 자기참조적인 건축 분야로부터 멀어졌다.

건축, 조경, 도시설계가 최근 들어 설계 학문 분과로 다시 관계를 회복하고 있는 상황에서 이처럼 새롭게 마련된 분야 간 친밀성이 도시계획에 대해 어떤 영향을 미치는가 하는 질문이 제기된다. 이는 특히 설계 문화와 생태적 기능의 관계와 관련한 계획의 위상과 동시대적 책무에 대한 질문이기도 하다. 이 문제에 접근할 수 있는 한 가지 방법은 도시계획 내에서 유효한 최근의 패러다임과 담론을 검토하는 일일 것이다. 무수히 많은 주제와 입장이 있지만, 최근의 문헌에 따르면 현 시점의 계획을 다음과 같은 세 가지 역사적 대립으로 요약할 수 있다. 첫째는 위에서 아래로 내려오는 행정 조치와 아래에서 위로 올라가는 자연스러운 커뮤니티 의사 결정 사이의 대립이다. 두 번째 대립은 설계 문화와 결합된 계획과 자연 발생적 계획 사이에 있다. 세 번째는 환경 과학의 지식에 바탕을 둔 복지의 도구로서 계획, 그리고 자유방임 경제 개발과 협상의 기술을 돕는 현실 정치의 조력자로서 계획 사이의 대립이다. 물론 이러한 대립 관계는 다소 거칠게 단순화된 면이 있지만, 이를 통해 우리는 계획 담론의 전반을 알 수 있으며 그러한 대립이 형성되던 1960년대의 정치적 맥락을 되돌아보지 않을 수 없다.[1]

이 문제에 대한 출발점으로 잡을 수 있는 시점은 매우 많겠지만, 가장 흥미로운 지점은 도시설계의 원년이기도 한 1956년일 것이다. 1950년대 중반에 형성된 도시설계는 실증적 지식, 과학적 방법론, 학문적 자율성에 집중한 도시계획에 대한 일종의 대응으로 착안되었다. "도시적 마인드"를 갖춘 당시의 여러 건축가와 마찬가지로 호셉 유이스 세르트Josep Lluís Sert에게 있어서 도시설계란 도시의 물리적 설계를 위한 장에 다름 아니었다. 도시계획이 공공 정책과 사회과학 쪽으로 흐르는 경향에 대응하여 도시설계는 의식적으로 현대 도시가 직면한 도전을 공간화하는 방향으로 구축되었다.

　　반세기 전 도시설계의 기원에서 의미심장한 또 하나의 부분은 세르트가 보자르Beaux-Arts 식 타운 계획을 문화적 측면에서 보수적이라는 이유로 비판했고, 또 생태학에 바탕을 둔 지역계획을 극도의 초월주의라는 이유로 비판했다는 점이다.[2] 역사적 시각에서 볼 때 도시설계를 배태시킨 세르트 식의 분리적 사고에서 원죄를 찾아내는 것에 구미가 당길 수도 있겠지만, 그것은 공정하지 않을뿐더러 지나치게 단순하다. 그렇지만 도시설계의 역사가 50년이 흐른 지금, 이 분야가 위기 상황에 처해 있다고 진단하는 것은 틀리지 않다고 볼 수 있다.[3]

　　도시설계의 위기 중 일부는 바로 도시설계가 형성되던 1956년 당시에 무시했던 다른 유용한 입장들을 여전히 거부하고 있다는 사실에서 기인한다고 볼 수 있다. 세르트와 그의 동료들이 저버린 당시의 작업 가운데에는 새로운 객관성과 생태학이라는 신과학에 바탕을 둔 모더니즘 도시계획의 한 흐름이 있었다. 이러한 전통을 표방한 계획가 중 한 사람이 독일 출신의 루트비히 힐버자이머Ludwig Hilberseimer다. 같은 1956년, 힐버자이머는 디트로이트의 라파예트 파크Lafayette Park 도시 쇄신 공공 주택 프로젝트의 계획안을 세웠다. 이 모더니즘 계획의 또 다른 역사는 현재 우리가 처한 난국을 헤쳐 나가는 데 적합한 방향을 제시해 준다. 힐버자이머의 도시계획 이론이 북미 모더니즘 공공 주거단지의 가장 뛰어난 사례 중 하나를 생산했기 때문이다. 힐버자이머의 계획 이론은 도시설계의 정신이 구현된 전형적인 프로젝트들보다 훨씬 사회적으로 통합적이고 생태적으로 다양하며 문화적으로는 혁신적인 프로젝트를 낳았다.

　　현재의 상황을 보면 사회에 긴밀하고 환경에 정통하며 문화에 박식한 계획 실천은 유망하지만 요원해 보인다. 지난 사반세기 동안 우리의 집단 망막 속에서 모더니즘 도시계획의 실패가 무감각하게 보이게 되었지만, 이제 전환의 국면으로 넘어가는 지점에 도달한 징조들이 나타나고 있다. 가장 확실한 증거는 다방면의 현대사가 근대의 어바니즘을 비판적으로 재고하고 있다는 사실이다. 이러한 시도는 대개 일반화된 유죄 상태로부터 특수한 동인과 주제를 구해내는 형태로 나타난다. 모더니즘의 사회적 기획과 결합된 환경적, 공동체주의적, 문화적 열망이 재론의 대상이 되고 있다. 이에 대한 역사를 다시 쓰는 일은 현재 우리 분야의 사명을 재설정할 때 많은 역할을 할 수 있다. 이 작업의 가장 큰 역할은 설계의 사회, 경제, 생태적 맥락이 유의미하게 서로 공명했던, 과거의 유익한 계획을 재구축하는 것이다.[4]

세르트의 도시설계 형성 과정에서 묵살된 또 하나의 중요한 전통에 주목할 만하다. 그것은 패트릭 게데스Patrick Geddes, 벤턴 맥케이Benton MacKaye, 루이스 멈포드Lewis Mumford, 이안 맥하그 Ian McHarg로 이어지는 작업을 통해 확장된, 생태학에 기반을 둔 지역계획regional planning의 계보다. 이 그룹에 속하는 인물들의 서로 다른 정체성과 그들 특유의 프로젝트를 한데 뒤섞어 평가하는 것은 커다란 훼손일 수도 있지만, 그들은 세르트가 트집 잡았던 뚜렷한 지적 전통의 많은 부분을 공유한 것이 사실이다. 이 공통점 중 하나가 초월주의 사상에 대한 확실한 취향, 그리고 자연계를 마주할 때의 형이상학적 환상이다. 이러한 전통은 이안 맥하그가 조경을 환경 지식에 기반을 둔 지역계획의 한 갈래로 재편성하는 과정에서 잘 드러난다. 그 결과 맥하그는 1960년대와 1970년대에 하나의 학문 분과로서 조경의 사명을 제도화했다고 볼 수 있다. 이러한 입장은 확고한 복지 상태의 실행에 의존하는 실증적 계획 프로세스로 나타나게 된다.

실증적 프로세스를 지지하도록 훈련된 조경가 세대에게 맥하그식 패러다임은 결국 비극적인 막다른 길로 판명되고 말았다. 합리적 생태계획이라는 맥하그의 기획은 그것이 옳건 그르건 간에 반도시적antiurban 사고의 극단으로 평가받게 된 것이다. 또한 맥하그식 사고는 초월주의적인 것으로, 따라서 반지성적인 것으로 간주되었다. 결국, 사회 복지가 위축되고 있는 상황에서 볼 때 실용적이지 못하고, 정부 주도형 계획이라는 시대착오적 개념에 비정상적으로 의존한다고 여겨지게 되었다.[5]

· · · · ·

많은 사람들에게는 아쉽게도, 또 어떤 사람들에게는 역설적이게도, 최근 들어 경관이 동시대 어바니즘 논의의 중심이 되고 있는 현상은 맥하그식 기획과 별로 관계가 없다. 오히려 그것은 동시대 설계 문화에 대한 이해와 더 큰 관련이 있다. 오늘날 도시 관련 설계 분야들의 도전과 도시계획의 몰락은 실증적 지식과 과학적 방법에 기초를 둔 맥하그식 프로젝트의 강점과 거의 무관해 보인다. 현재 우리의 도시 상황에 던져진 도전은 정보의 부족과 관계된 것이 아니라, 합리적 도시계획에서 기대할 수 있는 사회 복지를 외면해 버린 문화 정책의 실패와 관련된다. 경관이 어바니즘 문제에서 새롭게 중요한 위상을 가지게 된 현상은 환경 지식에 기반을 둔 전통적 지역계획이나 도시계획에서 기원된 것이 아니라, 경관이 최근 설계 문화와 친밀한 관계를 회복하게 된 점과 연관된다. 1960년대의 그림자 속에서 훈련받고 환경 옹호자라는 정체성을 세워 온 많은 조경가에게 이러한 양상은 방향을 파악하기 쉽지 않고 혼란스러운 전환의 국면이다. 자연의 옹호자로 자신의 정체성을 다진 다수의 조경가는 공공 프로세스나 합리적 계획이 아니라 설계를 매개로 하여 경관이 도시 담론에서 힘을 발휘하게 되었다는 것을 알고 충격을 받았다. 역설적이게도, 조경은 수십 년간 생태계획에 헌신했음에도 불구하고 오늘날 조경이 어바니즘과 맺은 새로운 관계의 상당 부분은 설계 문화, 기부자 계층, 광범위한 대중적 환경주의의 특별한 융합의 산물인 것이다.

어바니즘으로서 경관landscape as urbanism을 지지하는 조경가들의 관심사는 여러모로 지난 사반세기 동안의 건축 담론에 뿌리를 두고 있다고 보인다. 포스트모더니즘이 마침내 경관으로 자리를 옮겨 둥지를 튼 형국이다.[6] 그 증거로 우리는 그러한 조경가들의 입장을 형성하는 데 큰 영향을 미친 저명한 건축가들의 역할을 쉽게 인용할 수 있을 것이다. 선도적인 조경가들이 경관생태학을 공부하기 시작한 것은 단지 건축 이론으로부터 촉발된 지식을 습득하기 위해서였다.[7] 이러한 식으로 훈련된 조경가와 어바니스트 세대는 일면 서로 모순적이기도 한 생태학의 여러 가지 용도를 하나로 결합하고자 하는 경향을 보인다. 생태학적 주제를 다루는 다양한 방법 중에서 오늘날의 많은 조경가는 생태를 도시의 힘과 흐름의 모델로, 설계에서 미뤄진 저자deferred authorship의 매체로, 또 대중이 쉽게 수용하고 참여하게 하기 위한 수사학적 장치로 다루고 있다. 그들은 또한 생태학은 종과 서식지의 관계에 대한 과학적 연구라는 전통적 정의를 유보하고, 보다 광범위한 문화적 또는 설계적 어젠다에 생태학을 사용한다.

이러한 융합을 통해 탄생한 프로젝트들에서는 도시의 형태가 계획, 정책, 선례를 통해 만들어지는 것이 아니라 창발적 생태emergent ecologies의 자율적 자기조절을 통해 형성된다. 여러 사례에서 볼 수 있듯이, 도시의 궁극적 형상은 설계를 통해서 만들어지는 것이 아니라 문화적 목적을 향한 생태적 프로세스의 작용을 통해 획득된다. 이처럼 설계 전략으로서 생태와 자연과학으로서 생태학이 뒤섞인 현상은 도시설계가, 계획가, 환경주의자의 논의에 큰 혼란을 낳았다.[8]

이와 같은 경향은 앞에서 검토한 1980년대의 대형 설계공모 당시에도 경관 문화계에서 분명히 나타났다. 이는 도시계획의 위상에 관한 일련의 흥미로운 질문을 제기한다. 도시설계에 대한 경관의 영향력이 명백히 나타난 대표적 프로젝트들에서 계획의 역할은 무엇이었나? 그러한 프로젝트들의 구상과 실행에서 계획 전문 직능의 역할은 무엇이었나? 오늘날 전 세계의 조경 설계 사례들을 간략히 살펴보면 하나의 잠정적 양상이 두드러지게 나타나는데, 많은 경우 조경 설계 전략이 도시계획에 우선한다는 점이다. 이러한 프로젝트들의 다수에서 생태학적 이해가 도시 체계에 영향을 미치며, 설계 행위가 토지 이용, 환경 관리, 공공 참여, 설계 문화 등의 복합적 혼종화hybridization를 통해 프로세스를 끌고 간다. 종종 이러한 프로젝트들에서는 기존의 계획 체제가 설계 공모, 기부자의 유산, 커뮤니티의 합의 등과 같은 이유로 용도 폐기된다. 또 많은 경우, 어바니스트이기도 한 조경가는 도시 영역을 문화적 산물로 새롭게 고려하는 과정에서 경제와 생태, 사회와 문화를 재편한다. 결국 이 잠정적 양상이 계속되면서, 계획은 문서 만드는 일에 주력하고 그 결과로 공적 관계, 법적 절차, 커뮤니티 이익을 관리하는 데 집중하게 된다.[9]

　　　사실이 이렇다면, 그것은 계획이라는 전문 직능에 무엇을 시사하는가? 만일 사실이라면, 자유방임적 개발의 기본 규칙을 정하는 공정한 중개자를 뜻했던 계획가의 전통적 정의는 사회 정책, 환경 보호, 설계 문화 등과 관련된 보다 복잡한 역할로 대체되어야 할 것이다. 계획은 개발에 앞서서 공공 정책과 커뮤니티 참여를 중재하는 매개체라는 암묵적 가정도 논쟁의 대상이 될 수 있다. 계획이 설계에 선행된다는 계획의 우선적 위치도 결국 위태로운 상황에 있다고 할 수 있을 것이다. 이러한 맥락에서 보자면, 설계 행위는 광범위한 스케일에서 전통적인 계획 프로세스를 피해 가고 간소화하거나 아예 용도 폐기하는 수단으로 작동된다.

　　　그렇다면 지금까지 대표적인 랜드스케이프 어바니즘 프로젝트라고 거론되고 있는 작업들에서 계획의 위상은 어떠한가? 이 책의 이전 장들에서 살펴본 바 있듯, 랜드스케이프 어바니즘 담론의 초기 징조는 서구의 몇몇 작품이 계기가 되어 나타나기 시작했다. 이 선행 사례들은 라빌레트와 같은 프랑스의 그랑 프로제grand projet나 신도시 믈룅-세나르Melun-Sénart 등 국가 차원의 사회 복지 계획과 직접 관련된 것이었다.[10] 두 경우 모두 다양한 스케일을 넘나드는 계획을 표명했는데, 랜드스케이프 어바니즘 담론에 미친 두 프로젝트의 개념적 영향은 계획의 관행 자체에 대한 비판을 뛰어넘은 공모전 출품작의 내용과 관련이 있다. 이와 비교할 만한 1980년대 스페인 바르셀로나의 프로젝트들과 이를 뒤이은 1990년대 네덜란드의 프로젝트들은 뚜렷한 계획적 전통을 가지고 있기도 하다.[11] 이러한 여러 계기를 통해 경관이 특별히 중요한 매체로 떠올랐지만, 실은 최근의 경관에 대한 관심보다 훨씬 앞선 어떤 계획 구조로부터 출현했다고 볼 수 있다. 국가 차원의 문화 구축을 보여주는 프랑스의 사례, 프랑코Franco 사후 카탈로니아의 정치 수단으로 표명된 스페인식 계획, 수문과 교통 인프라에 관한 네덜란드의 국가 주도 공간 계획의 전통, 이 세 가지 경우 모두 각각의 프로젝트에 앞선 여러 사례가 존재했다.

보다 최근에 북미에서 진행된 랜드스케이프 어바니즘 사례들은 계획을 둘러싼 매우 다른 정치경제적 양상을 보여준다. 유럽의 랜드스케이프 어바니즘 선례들은 사회 복지의 촉진, 환경 기준 규제, 대중 교통 장려, 공공 영역의 재원 마련 등과 같은 특수한 개념으로부터 비롯된 경향이 있다. 뉴욕, 토론토, 시카고 등지에서 지난 10년간 진행된 프로젝트들에서 단적으로 나타나듯, 북미의 랜드스케이프 어바니즘은 유럽의 경우와는 매우 다른 형식으로 계획과 관련된다. 이러한 최근 사례들은 한층 성숙한 랜드스케이프 어바니즘의 양상을 보여주며, 생태적 프로세스에 기반을 두고 상호 연관된 도시 형태의 정점을 보여준다.[12]

· · · · ·

북미의 가장 큰 도시 중심부에서 벌어지고 있는 선도적 도시 프로젝트들이 위와 같은 해석을 뒷받침해 준다. 최근 들어 북미의 여러 도시에서 다양한 범위의 프로젝트를 통해 이른바 랜드스케이프 어바니즘의 입지가 마련되었다. 이 프로젝트 중 일부는 경관을 계획의 매체로 썼고 경관으로 도시 형태의 한계를 암시했다 반면, 다른 일부는 조경과 관련하여 건물 형태, 블록 구조, 건물 높이, 건축선 후퇴 등을 정하는 방식으로 진행됨으로써 경관을 도시설계에 보다 명백하게 관여시켰다. 가장 가시적으로 두드러진 예를 토론토에서 볼 수 있는데, 토론토의 워터프런트는 랜드스케이프 어바니즘의 관점에 따라 재형성되고 있다. 이와 함께 뉴욕, 시카고, 토론토의 최근 프로젝트들은 조경가가 우리 시대의 어바니스트로 부상하고 있음을 잘 보여준다.

뉴욕 시는 랜드스케이프 어바니즘 실천의 발전에서 가장 중요한 무대 중 하나다. 마이클 블룸버그Michael Bloomberg가 시장으로 선출된 2002년 이후, 뉴욕은 전 세계의 이목을 끈 경관 주도 도시 개발 프로젝트의 시대를 열었다. 프로젝트 중 상당수는 생태적 기능, 예술 기부, 설계 문화가 만나는 랜드스케이프 어바니즘의 교차로에서 출현했다. 앞에서 이미 살펴본 바와 같이, 스태튼 아일랜드Staten Island의 프레시 킬스Fresh Kills 매립지 복원과 재건을 위한 공모전은 도시 개발 스케일의 프로젝트를 조경가에게 맡기는 계기를 촉발시켰다. 제임스 코너 필드 오퍼레이션스James Corner Field Operations에 주어진(2001–현재) 주 과제는 경관 복원과 생태적 기능이지만, 많은 프로그램이 투입된 도시 공간도 과업의 범위에 속한다. 이 공원은 증가하고 있는 레크리에이션과 관광 수요를 흡수하면서 동시에 부지 주변에서 지속적으로 일어나고 있는 개발을 수용하기 위한 것이다. 이 초기 랜드스케이프 어바니즘 프로젝트에서 공공의 상상력을 통해 공원을 실현하는 것은 시간의 흐름에 따라 공원을 성장시키기 위해 천이 과정을 설계하는 것만큼이나 중요했다. 이러한 연유로 알바니의 주지사실과 뉴욕의 시장실 공화당 정치 지도자들이 정치적으로 연대하는 아주 드문 일이 일어났고, 이러한 연대는 뉴욕 주에서 안정적인 공화당 우세 지역인 스태튼 아일랜드에 대해 공적 후원을 하는 매우 예외적인 프로젝트를 낳았다.[13]

부티크와 보행자 스케일의 조경이기는 하지만 보다 직접적으로 도시 개발 및 형태 제작과 관련된 프로젝트로는 제임스 코너 필드 오퍼레이션스가 딜러 스코피디오+렌프로Diller Scofidio+Renfro 및 핏 아우돌프Piet Oudolf와 협력하여 진행한 하이라인The High Line이 있다(그림 3.2, 3.3). 이 프로젝트는 맨해튼 로어 웨스트의 육가공meat-packing 지구를 가르며 관통하는 버려진 고가 화물 철로의 철거 계획에 반대하는 커뮤니티가 조직되면서 시작되었다. 이전 시 정부의 도시계획가들은 이 버려진 구조물을 개발의 장애물로 간주했지만, 하이라인의 친구들The Friends of the High Line은 차기 블룸버그 시 정부가 하이라인을 잠재적 자산으로 여길 수 있도록 힘을 쏟았다. 하이라인의 친구들은 이곳을 파리의 프롬나드 플랑테Promenade Plantée를 연상시키는 고가 경관 산책로로 재생하기 위해 국제 설계공모 기금을 모금했다. 뉴욕 시는 하이라인의 설계와 시공에 수백만 달러의 공공 세금을 투입했지만, 최악의 경기 침체에도 불구하고 이 자금에 대한 세금 인상분 반환은 6대 1로 보고되었다. 이 프로젝트는 단순히 조경 작품이라고 설명될 수도 있지만, 북미에서 가장 밀도 높은 장소에 전통적 도시 형태가 아니라 경관을 통해 도시 개발과 집약적 행위를 촉발시켰다는 점에서 도시적함의 또한 두드러진다. 예술, 설계 문화, 개발 그리고 공공 공간이 독특하게 혼합된 하이라인은 왜 조경가가 어바니스트인지 설득력 있는 논거를 제공해 준다.[14]

지난 10년간 뉴욕은 다양한 계획 메커니즘을 통해 여러 유형의 공공 경관을 실험했다.

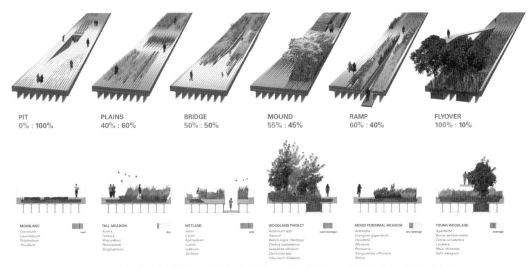

PIT	PLAINS	BRIDGE	MOUND	RAMP	FLYOVER
0% : 100%	40% : 60%	50% : 50%	55% : 45%	60% : 40%	100% : 10%

MOSSLAND	TALL MEADOW	WETLAND	WOODLAND THICKET	MIXED PERENNIAL MEADOW	YOUNG WOODLAND
Dicranum	Avena	Aster	Adiantum spp	Artemisia	Agastache
Leucobryum	Festuca	Carex	Asarum	Eryngium giganteum	Buxus sempervirens
Polytrichum	Miscanthus	Epimedium	Betula nigra 'Heritage	Heuchera	Carex canadensis
Thuidium	Pennisetum	Luzula	Clethra barbinervis	Mirtarda	Lavatera
	Sorghastrum	Lythrum	Sassafras albidum	Persicaria	Rhus chinensis
		Verbena	Osmunda spp	Sanguisorba officinalis	Salix eleagnos
			Viburnum dilitatum	Salvia	
wet	dry	wet	wet/average	dry/average	average

3.2 제임스 코너/필드 오퍼레이션스+딜러 스코피디오+렌프로, 하이라인, 뉴욕, 경관 유형도, 2004.

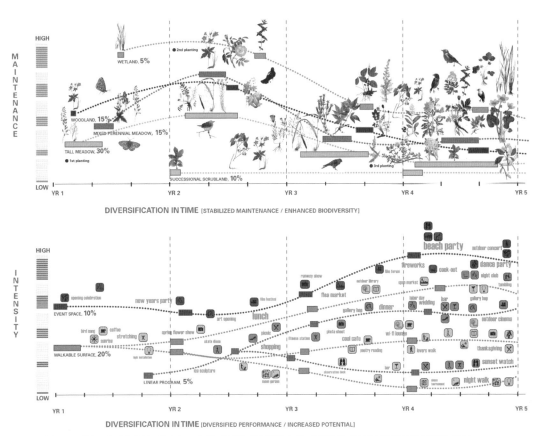

DIVERSIFICATION IN TIME [STABILIZED MAINTENANCE / ENHANCED BIODIVERSITY]

DIVERSIFICATION IN TIME [DIVERSIFIED PERFORMANCE / INCREASED POTENTIAL]

3.3 제임스 코너/필드 오퍼레이션스+딜러 스코피디오+렌프로, 하이라인, 뉴욕, 시간의 경과에 따른 다양성 다이어그램, 2004.

그 중 켄 스미스 워크숍Ken Smith Workshop이 SHoP와 함께 주도한 이스트 리버 워터프런트East River Waterfront 프로젝트(2003-현재)에 주목할 필요가 있다. 마이클 반 발켄버그 어소시에이츠Michael Van Valkenburgh Associates가 이끈 허드슨 리버 파크Hudson River Park(2001-12) 개발도 주목할 만한 성과다. 이스트 리버에 면한 마이클 반 발켄버그 어소시에이츠의 브루클린 브리지 파크Brooklyn Bridge Park(2003-현재)는 새로 구상된 공공 영역에 지역 커뮤니티를 모으고 개발을 촉진하며 환경 조건을 개선한, 랜드스케이프 어바니즘의 원숙한 작업을 보여준다(그림 3.4, 3.5, 3.6). 아드리안 회저/웨스트8Adriaan Geuze/West8이 최근 진행하고 있는 거버너스 아일랜드Governors Island 계획(2006-현재)은 경관 어메니티, 생태성 증진, 도시 개발의 융합을 예고하고 있다.[15]

시카고는 북미에서 전개되고 있는 랜드스케이프 어바니즘 실천의 또 다른 사례를 보여준다. 리처드 M. 데일리Richard M. Daley 시장은 랜드스케이프 어바니즘 담론과 실천이 부상하던 바로 그 시기에 눈에 잘 띄는 다수의 경관 프로젝트를 추진했다. 그 중 가장 초기 프로젝트인 밀레니엄 파크Millennium Park는 원래는 스키드모어, 오윙스 앤드 메릴Skidmore, Owings & Merrill이 설계했는데, 그랜트 파크Grant Park 내의 오랫동안 버려진 철도 조차장 부지를 공기와 예산에 맞춰 진부한 미국식 보자르Beaux-Arts 스타일의 공공 공원으로 만드는 구상이었다. 그 후 시카고의 설계 문화와 예술을 대표하는 여러 인사들이 관여하게 되어 이 프로젝트는 설계 문화의 세계적인 최전선으로 진화했

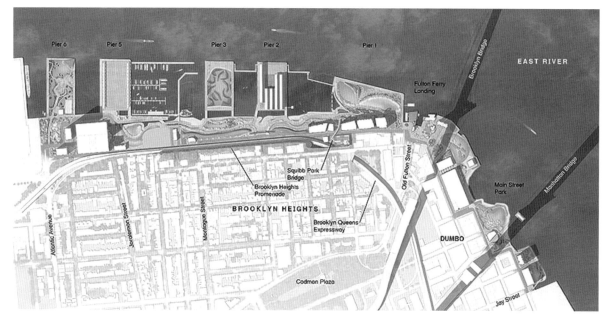

3.4 마이클 반 발켄버그 어소시에이츠, 브루클린 브리지 파크, 뉴욕, 부지 계획도, 2014.

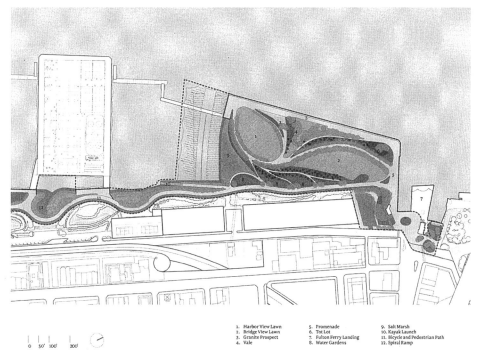

1. Harbor View Lawn
2. Bridge View Lawn
3. Granite Prospect
4. Vale
5. Promenade
6. Tot Lot
7. Fulton Ferry Landing
8. Water Gardens
9. Salt Marsh
10. Kayak Launch
11. Bicycle and Pedestrian Path
12. Spiral Ramp

0   50' 100'   200'

3.5 마이클 반 발켄버그 어소시에이츠, 브루클린 브리지 파크, 뉴욕, 평면도, 2010.

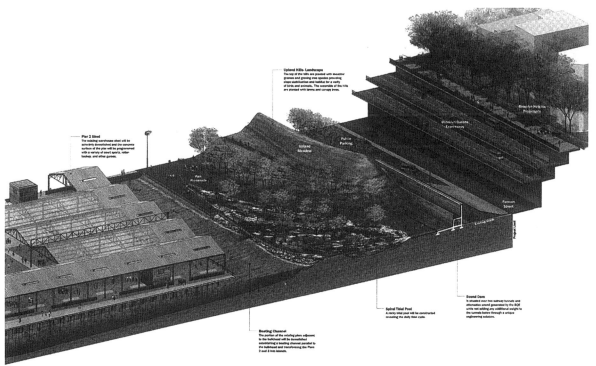

3.6 마이클 반 발켄버그 어소시에이츠, 브루클린 브리지 파크, 뉴욕, 등각 부지 단면도, 2006.

다. 융합적인 후속 계획을 통해 캐서린 구스타프슨Kathryn Gustafson과 핏 아우돌프의 루리 가든Lurie Garden(2000-2004), 프랭크 게리Frank Gehry와 렌조 피아노Renzo Piano의 건축, 애니쉬 카푸어Anish Kapoor 와 하우메 플렌사Jaume Plensa 등의 설치 예술 작업이 중첩되어 명품 경관이 탄생했다(그림 3.7, 3.8).[16] 최근에는 시카고의 방치된 고가 철로 블루밍데일 트레일Bloomingdale Trail이 마이클 반 발켄버그 어소 시에이츠에 의해 뉴욕의 하이라인에 필적하는 수준으로 개조되고 있다(2008-현재). 이와 비교할 만한 프로젝트로는 제임스 코너 필드 오퍼레이션스가 진행하고 있는(2010-현재) 시카고 네이비 피어Navy Pier

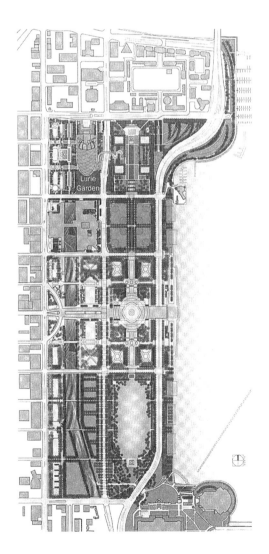

3.7 캐서린 구스타프슨/구스타프슨 거트리 니콜, 루리 가든, 밀레니엄 파크, 시카고, 부지 계획도, 2000.

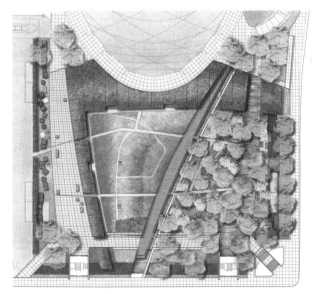

3.8 캐서린 구스타프슨/구스타프슨 거트리 니콜, 루리 가든, 밀레니엄 파크, 시카고, 평면도, 2000.

재개발이 있는데, 이 사업은 경관을 매개로 도시 공공 호안을 개선하는 구상을 제시하고 있다.

최근 토론토에서는 우리 시대의 어바니스트 역할을 하는 조경가의 가장 가시적이고 견고한 예를 볼 수 있다. 캐나다에서 가장 인구가 많은 도시의 탈산업postindustrial 워터프런트가 공공이 출자한 회사인 워터프런트 토론토에 의해 재개발되고 있다. 워터프런트 토론토는 아드리안 회저, 제임스 코너, 마이클 반 발켄버그 등 선도적 조경가들에게 도시 워터프런트 재개발 계획을 의뢰했다. 이 프로젝트에서 새로운 도시 지구의 공공 영역과 건물 형태는 도시 성장을 이끌어낸 호수 및 강 생태계의 회복을 중심으로 구체화되고 있다(그림 3.9). 제일 먼저 시작된 사업은 아드리안 회저/웨스트8과 함께 DTAH가 맡은 센트럴 워터프런트Central Waterfront(2006-현재) 개발이다(그림 3.10, 3.11, 3.12).[17] 국제 공모전의 최종 후보작에 오른 회저의 구상안은 도시 형태를 생태적으로 명확히 규정하는 것으로 시작해 어류 서식지, 탄소 배출량 제로, 공간 가독성의 문화적·공간적 함의를 표현한 유일한 작품이었다. 현재 시공 중인 회저의 안은 인프라스트럭처의 지속성, 폭우 관리, 토론토의 새로운 문화적 이미지를 약속하고 있다. 제임스 코너 필드 오퍼레이션스는 회저가 설계한 부지의 동쪽 끝에 위치한 거의 1,000에이커에 달하는 공공 공원의 설계를 담당했다. 이 레이크 온타리오 파크Lake Ontario Park(2006-현재) 부지는 심각하게 오염된 산업 부지일 뿐만 아니라 이 지역에서 가장 생물학적으로 다양하고 매력적인 조류 서식지의 일부인데, 공원 계획에는 새로운 레크리에이션 시설과 라이프스타일 경관이 제안되었다. 회저의 센트럴 워터프런트와 코너의 레이크 온타리오 파크 사이에 있는 로어 돈 랜드Lower Don Lands는 현재 마이클 반 발켄버그 어소시에이츠와 켄 그린버그Ken Greenberg가 주도하고 있는 개발의 현장이다(그림 3.13, 3.14, 3.15). 로어 돈 프로젝트는 돈 강 하구의 완전히 손상된 강어귀를 재자연화하고 3만 명이 거주할 새로운 근린 개발을 목적으로 개최된 국제 설계공모의 결과물이다. 홍수 조절, 생태 기능 회복, 도시 개발 수용을 동시에 하는 이 프로젝트의 독특한 프로그램은 랜드스케이프 어바니즘 실천의 명실상부한 사례라 할 수 있다. 로어 돈 랜드 공모전의 최종 경쟁작 중 다수가 앞에서 논의한 바와 같이 랜드스케이프 어바니즘 담론을 발전시켰지만, 특히 마이클 반 발켄버그 팀의 설계안은 건설 형식과 경관 프로세스를 통합한, 오늘날 북미 지역에서 가장 뛰어난 예를 제시했다. 이 프로젝트는 동시대 랜드스케이프 어바니즘의 실천 가능성을 구체화하고 있다. 다양하고 기능적인 도시 생태계의 관점에서 조밀하고 걷기 좋고 지속 가능한 커뮤니티를 구현하기 위해 조경가 어바니스트, 건축가, 생태학자, 여타 전문가로 구성된 복합적 다학제간 팀을 조율하고 있는 것이다.[18]

3.9 워터프런트 토론토, 센트럴 워터프런트, 이스트 베이프런트, 로어 돈 랜드와 레이크 온타리오 파크, 조감 포토몽타주, 2007.

3.10 웨스트8+DTAH, 센트럴 워터프런트 설계 공모, 토론토, 부지 계획도, 2006.

3.11 웨스트8+DTAH, 센트럴 워터프런트 설계 공모, 토론토, 등각 부지 단면도, 2006.

· · · · ·

랜드스케이프 어바니즘 실천은 북미 도시들의 계획과 개발 방식을 바꿨을 뿐만 아니라 점차 세계 여러 도시와 문화에서도 자리를 잡아가는 중이다. 국제적으로 보자면 두 가지 경향이 두드러진다. 첫 번째 경향은 문화적 설치 작업을 대규모 경관과 인프라 프로그램의 일환으로 배치한 경우로, 텔아비브Tel Aviv의 바트얌Bat Yam 랜드스케이프 어바니즘 비엔날레(2007-8), 톨레도Toledo의 아트넷ArtNET 공공미술경관 공모전(2005-6), 뉴욕 시라큐스Syracuse 문화 코리도 공모전(2007-현재) 등이 그 사례다. 또 다른 흐름은 광범위한 물 관리 및 경제 개발 프로그램의 하나로 경관 전략을 전개하는 경우다. 이러한 예로는 알렉스 월Alex Wall과 앙리 바바/아장스 테르Henri Bava/Agence Ter의 라인 강 메트로폴리스 지역을 위한 그린 메트로폴리스Green Metropolis 계획안(2006-7), 크리스토퍼 하이트Christopher Hight의 휴스턴 해리스 카운티Harris County 지역 수자원청을 위한 계획 프로젝트(2007-9) 등이 있다.[19]

최근에는 동아시아가 랜드스케이프 어바니즘 실천의 풍요로운 장이 되고 있다. 많은 조경가가 이 지역의 다양한 범위의 도시 프로젝트에 참여하고 있다. 다수의 조경가와 랜드스케이프 어바니스트가 싱가포르 만Singapore Bay 재개발 계획을 수립했을 뿐만 아니라 홍콩과 그 주변 지역 경관

3.12 웨스트8+DTAH, 센트럴 워터프런트 설계 공모, 토론토, 조감도, 2006.

전략을 세웠다. 지난 10년간 한국과 대만에서 개최된 다양한 설계공모는 복잡한 도시와 환경 문제에 랜드스케이프 어바니즘 전략을 대입한 바 있다. 지난 몇 년간 중국 본토의 선전Shenzhen은 도시 건설을 위한 랜드스케이프 어바니즘 프로젝트의 최전선이었다.

    룽강Longgang 도심 설계공모는 동시대 랜드스케이프 어바니즘 실천에 대한 국제적 사례 연구감이다. 선전 계획국이 선정한 룽강 도심 계획안(2008-현재)은 에바 카스트로Eva Castro와 알프레도 라미레즈Alfredo Ramirez/플라스마 스튜디오Plasma Studio 등이 주축이 된 AA 스쿨 랜드스케이프 어바니즘 전공과 에두아르도 리코Eduardo Rico 외/그라운드랩Groundlab의 공동 작업이다(그림 3.16, 3.17, 3.18).[20] 룽강 계획안에서 카스트로와 리코 등은 관계형 디지털 모델을 제안했는데, 이를 통해 도시 형태, 블록 구조, 건물 높이, 건축선 후퇴 등이 바람직한 환경 지표와 상관 관계를 맺는 결과물이 산출되었다. 그라운드랩 팀은 공모전 지침서의 요구 사항인 엄청난 크기의 모델 제출을 거부하고, 구체적인 형태 산출을 통해 생태 입력, 환경 벤치마킹, 개발 목표를 상호 연관시킬 수 있는 동적 관계형dynamic relational 또는 파라메트릭parametric 디지털 모델로 대체했다. 연상형associative 또는 관계형 디지털 모델 개발은 랜드스케이프 어바니즘 실천의 최전선이며, 생태적 과정과 도시 형태를 보다 정교하게 조정해 줄 전망이다. 최근 선전에서 개최된 치안하이Qianhai 항구 도시 공모전은 메가시티 개발을 조율하는 매체로 경관 생태에 지속적 투자가 진행되고 있는 양상을 잘 보여준다. 최종 결선작인 렘 콜하스/OMA, 제임스 코너 필드 오퍼레이션스, 후안 부스케츠Joan Busquetts의 세 작품은 모두 인구 100만

3.13 마이클 반 발켄버그 어소시에이츠+켄 그린버그, 로워 돈 랜드, 토론토, 부지 계획도, 2007.

3.14 마이클 반 발켄버그 어소시에이츠+켄 그린버그, 로워 돈 랜드, 토론토, 평면도, 2007.

3.15 마이클 반 발켄버그 어소시에이츠+켄 그린버그, 로워 돈 랜드, 토론토, 조감도, 2007.

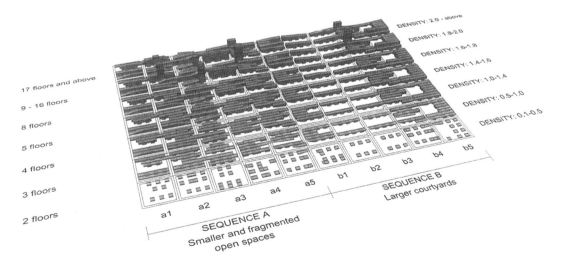

17 floors and above

9 - 16 floors

8 floors

5 floors

4 floors

3 floors

2 floors

DENSITY: 2.0 - above
DENSITY: 1.8-2.0
DENSITY: 1.6-1.8
DENSITY: 1.4-1.6
DENSITY: 1.0-1.4
DENSITY: 0.5-1.0
DENSITY: 0.1-0.5

a1 a2 a3 a4 a5 b1 b2 b3 b4 b5

SEQUENCE A
Smaller and fragmented
open spaces

SEQUENCE B
Larger courtyards

3.16. 에바 카스트로+알프레도 라미레즈/플라스마 스튜디오+에두아르도 리코/그라운드랩+딥 그라운드,
선전 룽강 신도시 도시설계 국제 공모, 관계형 도시 모델, 2008.

명이 거주할 신도시를 조직함에 있어서 바다로 흐르는 강 지류의 생태적 기능과 환경적 건강성 회복을 최우선에 둔 안을 제시했다. 제임스 코너 필드 오퍼레이션스의 당선작(2011-현재)과 다른 두 최종 경쟁작은 경관생태학을 통해 정보가 주어지지 않았다면 눈에 전혀 띄지 않았을 부지에 형태와 실체를 부여했다. 세 작품은 도시 부지 자체를 체계화하고 명료하게 할 방안을 구하기 이전에 우선 유역과 전반적 도시 형태를 비교할 수 있는 위치에서 프로젝트를 시작했다. 건축가, 조경가, 도시계획가가 각각 주도한 세 팀에서 나온 이 대칭적 접근 방식은 매우 주목할 만하다.

이러한 사례들의 공통점은 무엇일까? 앞의 프로젝트들은 전반적으로 우리 시대의 어바니스트로서 조경가의 역할을 보여준다. 랜드스케이프 어바니즘 프로젝트들은 경제, 생태, 인프라스트럭처 구조를 고려하여 도시의 형태를 새로운 방식으로 구상한다. 이러한 경향은 도시계획에 무엇을 의미하는가? 아직 완전히 단언하기는 어렵지만, 계획이 공공 정책과 커뮤니티 참여를 중재하는 매체라는 기본 가정에는 논쟁의 여지가 있다. 여러 사례에서 볼 수 있듯, 설계의 작동과 환경 관련 이슈가 전통적 계획 과정에 앞서는 경우가 많기 때문이다. 계획이 설계의 전 단계에 위치하는 전통은 이제 위기에 처했다고 볼 수 있을 것이다.

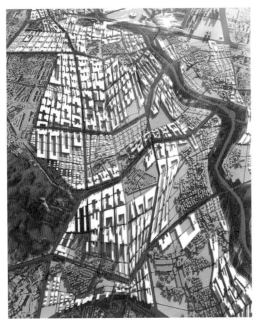

3.17. 에바 카스트로+알프레도 라미레즈/플라스마 스튜디오 +에두아르도 리코/그라운드랩+딥 그라운드, 선전 룽강 신도시 도시설계 국제 공모, 평면도, 2008.

3.18. 에바 카스트로+알프레도 라미레즈/플라스마 스튜디오 +에두아르도 리코/그라운드랩+딥 그라운드, 선전 룽강 신도시 도시설계 국제 공모, 조감도, 2008.

오늘날 도시 실무의 특징은 전문가의 역할과 책임이 유연하고 유동적이라는 점이다. 다수의 도시 프로젝트가 복합적 다학제간 팀의 산물인데, 이때 랜드스케이프 어바니스트는 도시 전략을 세우는 역할을 한다. 이러한 프로젝트는 또한 생태적 작동과 설계 문화의 관계 속에서 동시대 도시 개발의 형식과 규모를 조절한다. 이러한 여건 속에서 도시계획이 여전히 다양한 핵심 역할을 할 것이라는 데는 의심의 여지가 없다. 그러나 그러한 역할과 관계는 시간이 지남에 따라 늘 변할 수 있기도 하다.

이와 같은 특별한 체제가 도시계획이라는 학문 분과에 시사하는 바는 무엇인가? 무엇보다도 도시계획은 사회적 평등, 환경적 건강, 문화적 교양이 서로 배타적이지 않았던 모더니즘 계획사의 유용한 전통을 복구하는 것을 목표로 삼아야 한다. 이는 모더니즘 계획의 역사에서 최고 정점이었던 경우, 즉 생태적이고 사회적인 지식이 설계의 비용이 아니라 설계의 동인으로 적용된 경우를 도시계획 분야가 재검토할 만하다는 것을 의미한다. 계획가는 분야의 정체성과 핵심 가치를 포기하지 않고서도 설계에 박식한 소비자 겸 설계 커미셔너로 숙련될 수 있다. 계획가는 개별 토지 소유자, 지역 커뮤니티의 관심사, 광역 스케일의 총체적인 생태적 어젠다 사이에서 복잡하게 얽히고설킨 관계를 중개할 수 있는 특유의 위치에 있다. 계획가는 설계에 있어서 대중 참여의 지지자이자 교섭 담당자의 역할을 계속 할 것이지만, 부동산 매매업자, 신흥 기부 계층, 설계 리더 등을 매개하는 중개인으로서도 특유의 전문성을 향상시킬 수 있을 것이다. 계획가에게는 설계의 후원자이자 지지자 역할이 계속 요구될 것이다. 그러한 경우 계획 프로세스가 설계 대행자의 업무보다 계속 선행하게 될 것이다. 그러나 다른 많은 경우에는 설계 프로세스가 계획에 앞서 진행될 수도 있다. 특히 토지 소유권, 커뮤니티의 이익, 공공 정책, 생태적 이점의 공통분모가 완전히 파괴되어 전통적 계획 프로세스가 무효한 상황에서는 설계가 계획에 선행될 수 있다. 이러한 상항에 대처하기 위해 계획기와 계획 교육 기관은 경관을 어바니즘의 매체로 재평가할 필요가 있다. 이와 같은 맥락에서 모더니즘 계획 실천의 가장 훌륭한 모델을 비판적으로 재고해 볼 만하다. 특히 '어바니즘의 매체로서 경관'에 대한 오늘날의 관심을 이미 예비했던 모더니즘 시기의 모델을 비판적으로 재검토해 볼 수 있을 것이다. 이어지는 여러 장에서는 산업 경제가 포디즘Fordism에서 포스트-포디즘 모델로 이행하는 경제 구조 조정 속에서 랜드스케이프 어바니즘이 부상한 문제를 조회하고 검토할 것이다.

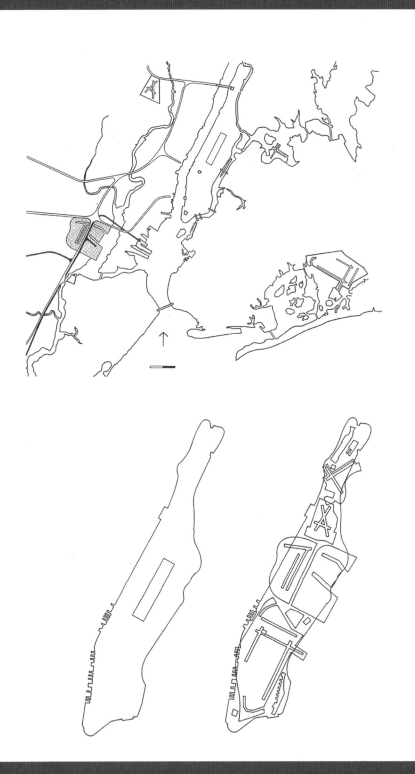

포스트–포디즘 경제와 물류 경관

거대 도시의 디스토피아는 이미 되돌릴 수 없는 역사적 사실이다.
새로운 자연이라고까지는 말할 수 없겠지만,
새로운 삶의 양식이 자리 잡은 지 이미 오래이다.

_ 케니스 프램턴, 1990

랜드스케이프 어바니즘 실천 사례들이 산업 경제의 구조 조정 결과로 남겨진 부지에서 등장했다. 여기서 경관은 경제 구조 조정의 여파를 흡수하고 그러한 변화로 인한 최악의 사회·환경적 영향으로부터 도시 인구를 보호하는 역할을 해 왔다. 산업 경제의 변화는 예전의 도시 형태를 쓸모없게 만들었고, 경관이 개발에 따른 결과를 치유하고 보완하고 재통합하는 데 적합한 역할을 하게 되었다. 이는 단순한 양식이나 문화의 문제라기보다, 설계의 매체로서 경관과 도시화 과정 근간의 산업 경제 변화 사이에 구조적 관계가 있음을 의미한다. 이 장에서는 랜드스케이프 어바니즘 실천 사례와 그것을 낳은 신자유주의 포스트–포디즘Post-Fordism 경제의 관계를 재검토해 보고자 한다.

도시는 역사적으로 경제 프로세스와 밀접한 관계를 맺으며 형성되었다.[1] 서양 문화권 도시의 기원을 설명하는 경우에는 대부분 유목에서 농경으로의 전환, 농사와 제작으로 분리된 노동, 잉여 노동의 축적 등을 밀집 정주의 필요조건으로 꼽는다. 이런 설명만큼이나 중요한 것은 화폐 경제의 발명, 은행 시스템의 구축, 시장의 출현이다. 이처럼 복합적인 사회경제적 프로세스는 자연 환경에서 건조 환경으로(또는 토착 환경에서 인공 환경으로)의 물리적 변화, 식민지 개척, 도시 건설로 이어졌

< 4.1 알렉스 월+수잔 니그라 스나이더, 맨해튼에 중첩시킨 뉴어크 공항과 뉴어크 항구/엘리자베스 항구, 평면 다이어그램, 1998.

다. 서양의 전통적 군사 주둔지와 무역항, 중세 마을, 계몽 도시, 산업 대도시 모두가 그러한 패턴으로 만들어졌다. 서양 도시 형태의 역사에 관한 최근의 설명은 정주 패턴이 특정한 교환 형식에 의해 결정되었다는 점을 강조한다. 산업혁명을 거치며 자유주의 시장경제와 민주주의 형식의 정부가 등장함에 따라 교환 패턴의 규모와 범위가 커졌다. 이에 따라 유럽과 미국의 도시들은 예측하지 못할 정도로 고밀화되었으며, 사유 재산의 집중, 사회 병리, 환경 오염이 뒤를 이었다.

19세기 말과 20세기 초의 대도시의 건설과 발전은 도시 형태의 폭발적 성장을 가능하게 하고 촉진시킨 교통과 통신 시스템에 크게 의존했다. 근대 도시를 다룬 초창기 사회학자인 게오르그 짐멜George Simmel은 대도시에서 경험하는 심리 상태의 원인이 비인간적 화폐 경제, 익명성에 기반한 사회 관계, 산업화로 인한 반복적 노동에 있다고 보았다.[2] 짐멜은 근대 대도시에서 경험하는 익명성은 농촌 농경 생활의 소규모 거주가 주는 친근한 가족 및 사회 관계를 버린 대가라고 진단했다. 근대기의 이러한 심리적 조건은 소외감과 개인 정체성의 상실로 연결되는데, 많은 부분은 농촌 인구가 도심으로 이주한 데 따른 결과다. 이러한 경험의 조건은 다양한 인구의 밀집을 낳은 산업화와 도시 성장의 귀결인 것이다. 대도시에 대한 이와 같은 전통적 이해는 상대적으로 값싼 노동력이 풍부했던 농촌 인구의 이주와 대양 횡단 이민에 토대를 둔 관점이다.

· · · · ·

오늘날 설계 분야에서 대도시를 산업 도시의 특정한 형태와 연관 짓는 것은 아주 흔한 일이다. 대도시 경험의 심리적 조건이 지속되고 있으며, 이와 관련된 물리적·공간적 배치가 유지되고 있다. 정보, 교육, 엔터테인먼트에 바탕을 둔 포스트-포디즘 서비스 경제가 부상함에 따라, 이제 북미의 도시들은 산업 고용을 확대하는 방식이 아니라 서비스, 경험, 삶의 질을 제공하는 방식을 통해 인구 유입 경쟁에 나서고 있다. 이 무형의 삶의 질 이슈는 점차 유연한 고용 계약을 증가시키고 있다.[3]

소외감과 익명성보다는 이러한 경제·사회적 조건에 부응해 형성된 도시의 영역은 신뢰할 만한 브랜드, 유명 상품, 재생산 방식 등에 친숙한 경향을 보인다. 대도시 지역의 번영은 유동 자본과 시장에 의존하기 시작했는데, 두 가지 경향이 뚜렷이 나타나고 있다. 하나는 대도시 형태의 지속적 탈중심화decentralization이고, 다른 하나는 역사적 상흔을 배제한 채 산업 도시의 상품적 특질만으로 정제된 테마 지구 조성이다. 관광객과 이민자 모두의 유입을 목적으로 하는 이런 지구가 동시대 공공 영역의 대부분을 차지하고 있다. 이러한 장소에서 두드러지게 나타나는 대도시의 삶의 질은 관광객과 이민자, 사유 재산과 공공 공간, 문화와 상업, 교육과 엔터테인먼트 간의 전통적 경계를 붕괴시켰다.[4]

　　　이러한 소비 지향 환경의 배경을 꾸미는 동시대 조경의 역할에 대해서는 이미 비판적으로 진단된 바 있다.[5] 탈산업화와 투자 축소로 인해 버려진 산업 부지를 개선하고 치유하는 동시대 조경의 역할에 대해서도 충분한 논의가 있었다.[6] 그러나 물류 네트워크 및 이와 관련된 인프라의 증가가 발생시킨 새로운 경관은 아직 주목을 받지 못했다.

· · · · ·

　　　지리학자들은 산업 경제의 공간 구성의 역사를 집중화concentrated, 탈중심화decentralized, 분산화distributed의 세 가지 시기로 구분한다.[7] 각 시기는 특유의 공간 조직을 만들고 고유의 도시 구조를 형성했다. 생산 방식의 변화는 이전 도시 형태의 균열에서 가장 분명하게 드러나며, 이전의 공간들은 더 이상 사용되지 않고 버려졌다. 고밀 집중형 산업 모델에서 탈중심형 모델로의 첫 변화가 20세기 중반에 일어났는데, 이는 도시 형태의 탈중심화와 밀접한 관련이 있다. 이러한 변화는 초기 집중형 포디즘에서 성숙한 탈중심형 포디즘으로의 전환이라고 설명될 수 있다. 두 번째 변화이자 현재 진행 중인 변화는 국내의 탈중심화 구조에서 진 세계적으로 분산되는 구조로의 산업 변화다. 밀집된 도시 산업 기반에서 교외로 탈중심화된 첫 번째 변화는 국가 고속도로 시스템 구축, 교외화, 도심 인구 감소 등의 특징을 보였다. 전통적 도심으로부터 탈중심화되기는 했지만, 국내 시장과 산업이 이 시기의 특징이다. 최근의 글로벌 경제로의 2차 변화는 국제 무역 및 신자유주의 경제 정책에 따른 결과라고 볼 수 있다.[8]

　　　앞의 2장에서 논의한 바와 같이, 데이비드 하비David Harvey는 포스트모던 문화의 기원을 1970년대 초반 포디즘 경제 체제의 대규모 구조적 붕괴에서 찾는다.[9] 하비는 건축과 어바니즘에서 포스트모던 경향으로의 전환은 피상적 설계 양식의 문제가 아니라 "유연한 축적flexible accumulation"

이라는 새로운 체제와 직접 연관된다고 파악한다. 그가 말하는 유연한 축적은 신자유주의 경제 정책, 적시 주문 생산, 아웃소싱, 유연한 비정규 고용, 글로벌 자본 흐름 등의 특징을 지닌다.[10] 지난 15년간 하비의 연구는 건축 담론에 큰 영향을 미쳤다. 그의 작업은 포스트모던한 문화적 조건과 동시대 어바니즘의 관계에 대한 가장 설득력 있는 해석으로 자리 잡았다.

　　　포스트모던한 문화적 조건 이면의 경제적 측면에 대한 하비의 해석은 최근의 설계 전문 분야, 특히 조경에 적합하다.[11] 특히 하비의 설명은 동시대 도시설계의 주요 대상이 된 테마 환경과 이를 가능하게 한 대량 생산, 소비, 교환 산업 경제 사이의 관계를 명확하게 읽어내는 데 탁월하다.[12] 하비는 20세기 후반 산업 경제의 세계적 구조 조정과 이동, 통신, 교환 관련 새로운 인프라의 건설이 북미 전역의 도시화 패턴을 재편성했다고 주장한다.

　　　하비의 "유연한 축적" 개념은 전 세계를 통합하는 포스트–포디즘 네트워크, 유연한 고용 관계, 신자유주의 경제 정책 등에 의한 새로운 양상의 도시 소비 문화를 설명하기 위한 것이다. 1973-74년과 1979년의 오일 쇼크 이후 미국 경제 여러 부문의 규제 완화는 케인즈식Keynesian 복지 규제를 따르던 포디즘 질서의 붕괴를 의미한다. 이 시기는 또한 산업의 중대한 위기 상황이었는데, 미국의 자동차 산업이 세계적 경쟁 심화로 인해 거의 붕괴될 위기에 처했다. 이러한 변화가 도시 구조에 미친 영향은 복합적이었고, 여전히 해결되지 않았다. 자본이 풍부했던 밀집 산업 지역이 계속 버려지고 있으며, 남은 인구도 언제든 떠날 준비가 되어 있는 상태다. 또한 도시 곳곳이 목적형 관광, 레크리에이션, 엔터테인먼트 장소로 바뀌고 있고, 동시에 예전의 여러 도시 조직에서 지속적으로 젠트리피케이션gentrification이 진행되고 있다.[13]

　　　이러한 분산 모델로의 변화는 교통, 통신, 자본의 글로벌 시스템이 미친 영향이다. 분산 모델의 일면은 "적시just-in-time" 생산 모델과 관련되어 있다. 대체로 적시 생산 전략은 대량의 원자재나 조립 이전 중간 부품을 보관하는 데 필요한 간접 비용을 절감하기 위한 것이다. 또한 이 전략은 상품이 판매되기 이전이 아니라 판매되는 정확한 시점에 상품을 생산하는 데 초점을 둔다. 이러한 두 경향은 생산의 원자재, 부품, 완제품을 창고에 쌓아두는 비용을 줄이고자 하는 의도에서 비롯되었다. 경쟁력 있는 노동, 자재, 자본의 글로벌 시장이 결합됨으로써, 이러한 경향은 생산 산업의 세계화를 촉진시켰다.

　　　이러한 흐름은 세 가지 직접적 결과를 낳았다. 첫째, 모든 산업 공정의 구성 요소가 세계

각지에서 한 곳에 모여 고객에게 판매되는 그 시점에 최종 제품을 생산하는 것이 보편화되었다. 둘째, 배송 시스템이나 공급망에서 최종 조립품의 원자재나 부품을 보관하는 데 대한 관심이 점차 커졌다. 셋째, 최종 제품은 생산 직후 가능한 한 빨리 배송된다. 종합하자면, 이 시스템은 멀리 떨어진 지역 사이의 긴 노선을 잇는 글로벌 운송 시스템 내에 원자재, 부품, 완제품을 배치하는 것이다.[14]

이와 같은 변화의 영향으로 더 저렴한 소비재와 신흥 노동 시장이 글로벌 경제에 편입되었다. 또한 쓸모없게 된 많은 산업 부지가 버려지고, 글로벌 유통망에 적합한 새로운 산업 시설이 건설되었다. 결과적으로, 제품의 선적, 이동, 배송에 보다 넓은 면적을 쓸 수 있는 물류 경관logistics landscape이 속속 출현했다. 이러한 물류 경관의 등장이 세기의 전환기 이후 건조 환경에서 나타난 가장 중요한 변화라고 볼 수 있는데, 아직 충분한 설명이나 이론이 부족한 형편이다. 설계 분야에서 처음 물류를 주제로 다룬 두 명의 저자가 모두 경관을 논의의 중심에 둔 것은 결코 우연이 아니다. 이들은 또한 각자 의미심장한 방식으로 랜드스케이프 어바니즘과 관련된 담론에 기여했다. 1994년 알레한드로 사에라–폴로Alejandro Zaera-Polo가 발표한 에세이 "혼돈으로부터의 질서: 선진 자본주의의 물질적 구조"는 세계화의 모호한 국면과 그것이 도시 형태에 미친 가시적 영향 간의 관계를 밝히고자 한 최초의 시도 중 하나다.[15] 데이비드 하비의 연구를 주로 인용하면서 사에라–폴로는 하비의 경제적 분석의 공간적 함의를 이론화하고자 했다. 사에라–폴로는 이 글에서 1994년 당시 유행하던 혼돈 이론과 복잡성 과학 모델의 어울리지 않는 조합을 시도했기 때문에, 그렇지 않았더라면 유익했을 그의 다른 논점들이 충분히 부각되지는 않았다. 수전 스나이더Susan Snyder와 알렉스 월Alex Wall은 1998년에 쓴 에세이 "이동과 물류 경관의 부상"에서 시간이 지나도 지속될 수 있는 한층 명료한 주장을 제기했다.[16] 사에라–폴로의 에세이가 주로 선진 자본주의 체제에서 증가하는 물류의 역할을 다뤘다면, 이 에세이는 이 새로운 상황의 공간적이고 학문적인 의미를 예측했고 향후 이 주제와 관련된 작업에 도움이 될 논점을 제공했다. 다소 저평가된 이러한 주장은 월이 1999년에 발표한 후속 에세이 "도시 판surface의 프로그래밍"을 통해 경관과 동시대 도시 형태의 물질 경제에 관한 논의에서 그 중요성을 인정받게 된다.[17]

사에라–폴로와 월은 글로벌 자본의 구조, 흐름, 위력에 대한 최근의 관심뿐만 아니라 그러한 자본 흐름이 경관에 대한 논의의 중요성을 증가시킨다는 점을 적절하게 예견했다. 이들의 논의에 담긴 보다 더 중요한 변화는 제품, 정보, 자본이 이동하는 공간인 교통과 네트워크 인프라 부지가 최우선의 지위를 차지하게 되었다는 점이다. 사에라-폴로와 윌이 큰 비중으로 다룬 부지들은 지난 세기 동안 어바니즘 논의에서 중요시되었던 생산 부지들을 대체했다. 이 부지들이 계속해서 외면되고 투자 회수되고 쇠퇴하는 동안 동시대의 관심은 전부 고속도로 인프라, 복합 수송 수단, 물류 관련 부지로 향했다. 켈러 이스터링Keller Easterling, 닐 브레너Neil Brenner, 앨런 버거Alan Berger, 클레어 리스터Clare Lyster 등의 최근 연구는 이 주제가 동시대 도시 이론의 생산적 주제임을 잘 보여준다.[18]

       이러한 부지들 중에서 동시대 소비 문화의 흐름을 수용, 전용, 지속하는 가장 분명한 사례는 항구다. 소비재 대량 생산의 포디즘 체제로부터 유연한 축적의 포스트-포디즘 체제로의 전환은 새로운 규모의 항구 운영을 요구했고, 이로 인해 오래된 많은 항구의 작동이 중단되었다. 이러한 전환은 또한 새로운 형태의 도시화를 낳았고, 경관이라는 매체에 특별한 의미를 부여했다.

· · · · ·

       1956년, 물류와 연관된 새로운 공간 질서의 두 가지 핵심 요소가 등장했고, 동시에 하버드에서는 "도시설계urban design" 분야를 창안하는 첫 번째 컨퍼런스가 개최되었다. 첫 번째 요소는 미국 주간 고속도로US Interstate Highway와 민방위 고속도로Civil Defense Highway 시스템이고, 두 번째 요소는 컨테이너의 표준화다.[19] 1956년, 최초의 표준 컨테이너가 뉴욕/뉴저지 항구를 떠나 파나마 운하로 향했다. 이 컨테이너는 노스캐롤라이나 주의 트럭업자이자 선적 혁신가인 말콤 퍼셀 매클레인Malcom Purcell McLean이 발명했다. 단 하나의 컨테이너로 배에서 기차, 기차에서 트럭, 그리고 다시 배로 교통 수단 간의 이동을 용이하게 한다는 그의 개념은 20세기 중후반 운송 산업에서 가장 중요한 수송 기술이 되었다. 항만 노동자와 부두 일꾼의 등골 휘는 하적 작업이 크레인을 이용해 배에서 트레일러로 옮기는 세계적으로 표준화된 방식으로 아주 짧은 시간 내에 대체되었다. 이 방식 덕분에 배에서 항구의 부두로, 다시 창고로 개별 기차나 트럭으로 셀 수 없이 많은 상품을 하나씩 옮기는 방식에 필요했던 시간과 비용 그리고 비효율성이 크게 줄어들었다.[20]

       오래된 항구 작업 방식을 뒤바꾼 매클레인의 표준 컨테이너는 운송 수단과 관계없이 한 지점에서 다른 지점으로 연속적 이동을 가능하게 했다. 이 혁신은 항구 운영의 속도를 끌어올리고 물량을 증가시키고 비용을 절감시켰으며, 특히 국제 운송에 필요한 시간을 매우 단축시켰다. 새로 발

4.2 앨런 버거, 로스앤젤레스/롱비치 항구, 롱비치, 캘리포니아, 항공 사진, 2003.

4.3 앨런 버거, 얼라이언스 공항과 자유무역지구, 얼라이언스, 텍사스, 항공 사진, 2003.

명된 손쉬운 운송 방식 덕분에 소비재의 해외 시장이 다른 대륙으로 확장되었고, 배송 관련 마찰 비용도 크게 절감되었다. 제품의 보안 검색과 분류가 쉬워지고 좀도둑질이 줄어드는 등 항구 운영 문화도 근본적으로 바뀌게 되었다. 컨테이너의 표준화는 항구의 크기, 구조, 공간에도 큰 영향을 미쳤으며, 미국 동부와 서부 해안에 초대형 항구superport의 성장을 촉진시켰다.[21] 캘리포니아 주 로스앤젤레스/롱비치 항이 그러한 변화 경향을 잘 보여주는 대표격이다(그림 4.2). 이 초대형 항구 내에는 1994년에 지정된 자유무역지구Foreign Trade Zone(FTZ)가 있다. 로스앤젤레스/롱비치 자유무역지구에는 선적과 전 세계로의 배송을 위한 2,700에이커 규모의 창고가 있다. 미국의 50개 주에는 이러한 자유무역지구가 230개 이상 존재한다.

선적 컨테이너는 또한 동부와 서부 연안의 항구를 내륙의 시장 및 자원과 연결하는 주요 수단인 주간interstate 트럭 운송의 성장을 가속화시켰다. 선박의 수와 크기뿐만 아니라 효율성도 증대되었다. 표준 컨테이너의 사용에 따라 국제 물류에 등장한 새로운 규모의 경제는 민간 국제 항공사가 운영하는 미국 내의 새로운 내륙 공항을 발전시켰다. 이러한 공항은 텍사스 주 얼라이언스Alliance의 사례에서 볼 수 있듯이 주로 자유무역지구 내의 새로운 산업 단지에 생겨났다(그림 4.3). 11,600에이커의 포트워스 얼라이언스 공항Fort Worth Alliance Airport은 국제 무역과 물류 복합 시설로, 새롭고 글로벌하며 유연한 제조와 유통을 처리하기 위해 계획된 공항이다. 이 공항은 산업 공항으로만 쓰이는 복합 수송 허브 시설이며 물품 보관세 면세 혜택이 있는 자유무역지구다. 이와 같은 새로운 내륙 공항과 물류 운영 시설은 북미 자유무역협정NAFTA 하에서 자유 무역 경로를 작동시켰다. 또한 텍사스와 캘리포니아의 미국—멕시코 경계를 따라 형성된 산업 네트워크에서 국경 도시 발전에 중요한 역할을 했다. 그러나 무수히 많은 항구 노동자가 직장을 잃었고, 새로운 시스템에 비효율적이거나 단지 불필요하다는 이유로 오래된 항구와 작은 항구 다수가 폐기되었다. 새로운 시대에 필요한 공간을 확보할 수 없었던 전통적인 도시 항구나 워터프런트도 소멸되었다. 새로운 기술에 필요한 자본 집약적 투자 여력이 없는 항구도 도태되었다. 인구가 계속 감소한 쇠퇴 도시에 남겨진 항구도 대부분 자취를 감췄다.

오래된 항구들이 용도를 잃는 과정이 반복되면서 예전에 항구였던 많은 부지가 전 세계적으로 재개발되었다. 그 중 조경가들이 이끈 일련의 프로젝트에 주목할 만하다. 중국 선전Shenzhen의 치안하이Qianhai 항 국제 설계공모에서는 제임스 코너 필드 오퍼레이션스James Corner Field

4.4 제임스 코너/필드 오퍼레이션,
치안하이 수변도시, 선전, 기본계획도, 2010.

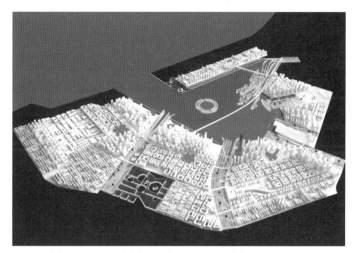

4.5 제임스 코너/필드 오퍼레이션, 치안하이 수변도시, 선전, 모형, 2010.

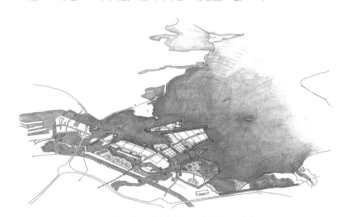

4.6 프리츠 팔름붐/팔름바우트 어반 랜드스케이프,
이뷔르흐, 암스테르담, 평면 스케치, 1995.

4.7 프리츠 팔름붐/팔름바우트 어반 랜드스케이프,
이뷔르흐, 암스테르담, 모형, 1995.

Operations가 당선되었는데, 이 프로젝트는 지은 지 십년밖에 안 되는 선전 신항에 새로운 도심을 건설해 인구 백만 명을 수용하는 사업이었다(그림 4.4, 4.5). 팔름바우트 어반 랜드스케이프Palmbout Urban Landscapes의 프리츠 팔름봄Frits Palmboom과 야프 판 덴 바우트Jaap van den Bout가 작업한 암스테르담 항 마스터플랜도 주목할 만한데(그림 4.6, 4.7), 이 계획은 아드리안 회저Adriaan Geuze/웨스트 8West 8이 이스턴 하버 지구Eastern Harbor District의 보르네오/스포렌뷔르흐Borneo/Sporenburg 부두를 주거지로 재개발한 계획과 유사하다(그림 4.8).[22] 웨스트 8의 보르네오/스포른뷔르흐 프로젝트는 동시대 랜드스케이프 어바니즘의 선례인데, 조경가가 단지 생태적 기능만이 아니라 건조 환경의 형성도 담당한다는 점을 잘 보여준다. 네덜란드의 도시계획 전통에서는 조경가가 이처럼 리더 역할을 종종 주도해 왔기 때문에 그리 놀라운 일은 아니다. 웨스트 8의 암스테르담 항구 프로젝트는 10년 후 더 큰 규모의 토론토 센트럴 워터프런트 개조 계획을 가능하게 했다.

앞 장에서 살펴본 바와 같이, 버려진 항구 부지가 전 세계적으로 랜드스케이프 어바니스트의 원숙한 실천 사례의 중심이 되었다. 서구의 기념비적 프로젝트들로 시작된 랜드스케이프 어바니즘의 실천은 동시대 도시의 블록 구조, 건물 외피, 건축 형태를 주도하는 조경가들에 의해 이제 북미와 동아시아의 워터프런트 재개발 프로젝트에서도 구현되고 있다. 이러한 양상은 특히 오대호를

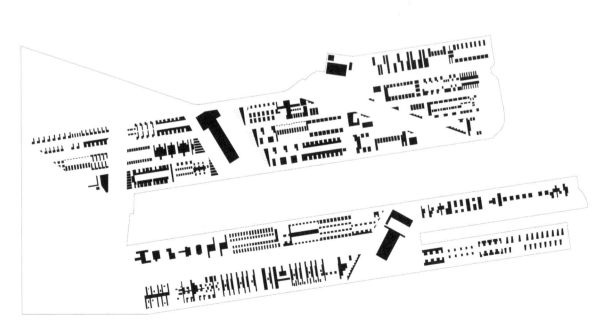

4.8 아드리안 회저/웨스트 8, 보르네오/스포렌뷔르흐, 암스테르담 항구, 도형-배경 다이어그램, 1993-96.

가로지르는 도시의 항구와 운송에 지대한 역할을 했다. 역사적으로 북대서양에서 세인트 로렌스 강에 이르는 아주 긴 운송로가 오대호와 세인트로렌스 수로Saint Lawrence Seaway를 형성하는 복잡한 수문 체계를 통해 대륙 내부를 관통했다. 이로 인해 국제 운송의 연장이 길어졌다. 따라서 다른 여러 요인보다도 선적 컨테이너와 수퍼컨테이너 선박이 연 새로운 시대는 이 지역 내의 많은 항구를 무용지물로 만들었다. 무거운 수화물을 싣고 내리는 오래된 방식에 의존할 때는 많은 상품의 최종 시장이나 거기에 가까운 곳에 하역장과 창고를 두었기 때문에 수송 기간이 연장될 수밖에 없었다. 표준 컨테이너가 연 새로운 시대에는 동부 해안의 항구에서 내륙 목적지까지 컨테이너를 기차나 트럭으로 옮기는 것이 훨씬 효율적인 방식이 되었다. 크레인 한두 대로 컨테이너를 선박에서 기차나 트럭으로 쉽게 옮겨 실을 수 있게 됨에 따라 관련 산업이 대형 항구 몇 개로 통합되었고, 동시에 전통적 도심으로부터 탈중심화된 여러 시장까지 트럭과 기차로 공급하는 것이 가능해졌다. 또한 기차에서 트럭으로 혹은 그 반대로 한 운송 수단에서 다른 수단으로 컨테이너를 옮기는, 이른바 복합 수송intermodal 부지가 발전하게 되었다. 복합 운송과 물류 시설이라는 이 새로운 모델의 대표적 사례를 일리노이 주의 뉴로셸New Rochelle과 텍사스 주의 미들로디언 등 미국 대도시 지역의 외곽에서 볼 수 있다. 일례로 미들로디언 레일포트Midlothian Railport는 복합 물류 시설로, 기차와 트럭의 복합 수송을 연결하며 전기 발전소도 가지고 있다.

· · · · ·

하비가 설명한 최근의 탈산업 경제 체제와 그 인프라스트럭처 그리고 이에 따른 새로운 사회적 관계는 인프라와 물류의 경관으로 건설된 환경에서 그 존재감을 보여준다. 물류 지역은 도시의 한 형태로 잘 인식되지 않지만, 동시대 도시 개발을 지원하는 경제 활동의 기반을 제공하고 있다.[23]

포스트-포디즘 경제 체제에서 경관은 생산 시설의 이전으로 인해 남겨진 오염된 옛 산업 부지를 처리하는 데 특히 유용하다고 여겨져 왔다. 탈산업 브라운필드brownfield와 정반대인 부지, 즉 자본이 계속 돌고 새로운 가능성과 경제가 투입되는 부지는 동시대 경관 논의에서 주목을 덜 받아 왔지만, 산업 경제와 도시 형태의 관계를 다룰 때는 브라운필드에 못지않게 중요하다. 이러한 맥락에서 물류 경관은 탈산업 브라운필드와는 정반대의 측면에서 적절한 사고를 요청하는 부지라고 이해될 수 있을 것이다. 브라운필드와 물류 경관은 모두 글로벌 경제의 구조 조정 결과로 발생했고, 두 경우 모두 도시적 형태나 건축적 형태라기보다 경관의 형태로 더 잘 이해될 수 있다. 몇몇 이론가는 이러한 동시대 경제의 네트워크와 그 인프라는 서로 잘 구별되지 않는 "통상적"인 도시 경관과 달리 공간 형태에 상징적 의미를 줄 수 있다고 주장해 왔다.[24] 인프라스트럭처 네트워크가 대중에게 보여질 때는, 일상의 차원에서건 지역 전체의 기념비적 경험에서건 간에, 공급과 소비, 이용과 외면, 낭비와 보존을 잇는 장치가 된다. 이러한 부지는 변방의 버려진 땅이나 가치 없는 공지가 아니라 통상적이면서도 가장 생산적이고 효율적이며 특별한 장소다. 그러한 경관은 경제 발전의 무의식적 부산물이나 이전 세대가 쓰고 남긴 그저 사소한 흔적이 아니라, 고도의 공학적 설계를 바탕으로 최적화된 공간인 것이다.

도시에 활력을 만들고 자극을 주는 인프라스트럭처와 물류 공간의 잠재력은 20세기 말 랜드스케이프 어바니스트의 등장을 알리는 프로젝트들에서 잇따라 실험되었다. 아드리안 회저/웨스트 8의 1991년 작품인 로테르담의 스하우뷔르흐플레인Schouwburgplein(극장 광장)은 어수선하게 방치된 극장 지구의 한 구석을 고도로 프로그래밍된 도시 판으로 전환시킴으로써 글로벌 운송의 허브인 로테르담의 도시 위상을 드높였다. 스하우뷔르흐플레인에 설계된 이용자가 직접 움직일 수 있는 조명 타워는 로테르담 항구에서 볼 수 있는 수많은 선적용 크레인을 연상시킨다. 광장의 두꺼운 2차원의 판은 지하 주차 공간 상부에서 벌어질 수 있는 다양한 종류의 공공 프로그램을 가능하게 한다(그림 4.9, 4.10, 4.11).

앞에서 살펴본 바 있듯, 두꺼운 2차원의 프로그램 판에 대한 스탠 앨런Stan Allen의 관심은 그의 1996년 바르셀로나 물류 지구Logistical Activities Zone 구상안에서 확연하게 드러난다(그림 4.12). 운송 규모가 확대됨에 따라 쓸모없게 된 오래된 항구를 변화시키기 위한 이 프로젝트에서 앨런은 경관생태학의 개념과 다이어그램, 특히 리처드 포먼Richard Forman의 패치patch, 코리더corridor, 매트릭스, 모자이크 개념을 빌려왔다. 앨런의 안은 이벤트에 대한 츄미의 관심과 생태적 구조에 대한 리차드 포먼의 다이어그램 사이의 있을 법하지 않은 교차점에 존재한다. 이와 비교될 만한 사례로는 제임스 코너가 1996년에 진행한 롱아일랜드의 버려진 항구인 그린포트Greenport 재생 프로젝트가 있다(그림 4.13). 설계공모에서 당선되었지만 실현되지는 않은 이 프로젝트에서 코너는 예전에 낚시촌이었던

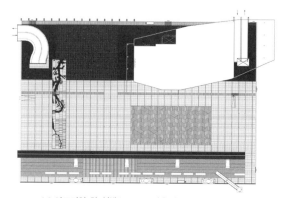

4.9 아드리안 회저/웨스트 8, 스하우뷔르흐플레인,
로테르담, 평면도, 1991-96.

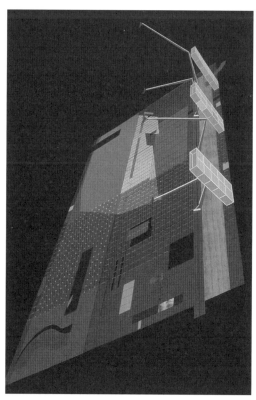

4.10 아드리안 회저/웨스트 8,
스하우뷔르흐플레인, 로테르담, 조감도, 1991-96.

4.11 아드리안 회저/웨스트 8, 스하우뷔르흐플레인,
로테르담, 등각 투상 층위 다이어그램, 1991-96.

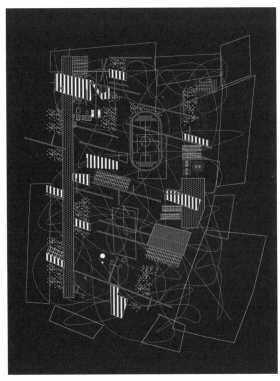

4.12 스탠 앨런, 물류 활동 지구, 바르셀로나, 평면 다이어그램, 1996.

4.13 제임스 코너, 그린포트 하버프런트, 롱아일랜드, 뉴욕, 이디어그램 몽타주, 1996.

버려진 항구를 스펙터클과 이벤트가 어우러진 엔터테인먼트의 장으로 구상했다. 7장에서도 살펴볼 안드레아 브란치Andrea Branzi의 에인트호번Eindhoven 스트레이프 필립스Strijp Philips 마스터플랜(1999-2000)도 평범하게 반복적으로 쌓인 인프라 층 위에 두꺼운 2차원 판의 경관을 만든 사례다. 브란치의 스트레이프 필립스 구상안은 동시대 물류 경관으로부터 논리를 끌어냈으며, "새로운 경제의 영토"라는 탈유토피아postutopia의 이미지를 생산하기 위해 그러한 경관을 외삽했다(그림 4.14, 4.15, 4.16).[25]

다음에서는 물류 경관을 잠정적으로 유통과 배송, 소비와 편의, 수용과 처리로 구분해 설명하고자 한다. 이 잠정적 범주는 각각 그 자체가 표현과 설명의 주제인 다양한 경관 유형을 의미한다. 이 유형 구분은 결코 완전한 것이 아니며 모든 경우에 적용되는 것도 아니다. 그보다는 각 물류 메커니즘의 특징 및 그에 따른 경관 유형에 대한 개략의 설명과 향후의 다각적 연구 방향을 제시해준다.

· · · · ·

'유통과 배송'은 공급망의 핵심 기능이자 기본 인프라이며 새로운 경제의 조직 이데올로기이다. 또한 새로운 경제에서 가장 중요하고 어디로든 통하는 물질적 활동이기도 하다. 국제 복합 수송 네트워크에 대한 쉬운 접근성과 그것을 가능하게 하는 커뮤니케이션 인프라는 새로운 경제의 핵심 전제 조건이다.[26] 이전의 케인즈식 복지 정책의 규제가 완화되면서 국제 항공과 휴대전화 네트워크가 폭발적으로 성장했고, 이런 새로운 흐름 속에서 항구와 전기통신 네트워크가 최우선의 위치를 선점했다. 규제 완화에 따라 공항과 휴대전화 네트워크가 빠른 속도로 발전했고, 물류와 유통 중심의 포스트-포디즘 경제에서 핵심적 운송 수단이자 커뮤니케이션 네트워크 역할을 맡게 된 것이다.

글로벌 유통 시스템의 속도와 신뢰도는 소비재 판매에 있어서 보다 큰 규모의 경제를 가속화했고, 그 결과 대형 할인점이 출현했다. 대형 아울렛의 크기와 외형보다 더 중요한 것은 매장을 존재하게 하는 커뮤니케이션과 관리에 필요한 방대한 디지털 인프라다. 이러한 시스템의 대표적 사례로 델Dell 컴퓨터와 UPSUnited Parcel Service의 공생 파트너십을 들 수 있다. 델과 UPS는 델의 부품 공급자가 적시에 컴퓨터를 제조하는 공장에 부품을 효율적으로 보낼 수 있는 통합 운영 방식을 가지고 있다. 완성된 제품은 배송 중간 과정에서 선적된 소비자의 다른 주문 상품과 함께 UPS를 통해

4.14 안드레아 브란치+라포 라니+에르네스토 바르톨리니, 스트레이프 필립스 마스터 플랜, 에인트호번, 모형, 1999-2000.

4.15 안드레아 브란치+라포 라니+에르네스토 바르톨리니, 스트레이프 필립스 마스터 플랜, 에인트호번, 모형, 1999-2000.

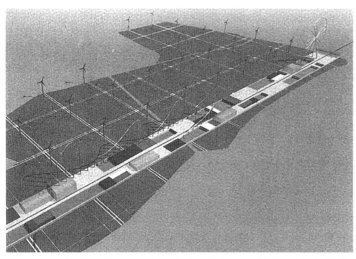

4.16 안드레아 브란치+라포 라니+에르네스토 바르톨리니, 스트레이프 필립스 마스터 플랜, 에인트호번, 조감도, 1999-2000.

배송된다. UPS는 주요 시장 인근의 자체 창고에 모니터와 같은 연관 상품을 보관하고 있다가 컴퓨터가 팔리는 바로 그 시점에 함께 배송하는 것이다. 이렇게 재료와 재고를 공급망 내에 밀어 넣으면 대기 시간과 생산 기간이 단축되고 비용이 절감되며, 창고 기능의 상당 부분은 유통망 자체와 공공 인프라에 효율적으로 아웃소싱할 수 있게 된다. 이는 지금까지 생산 원가로 여겨지던 비용을 소비자, 공급자, 전략적 파트너 또는 공공 부문에 대한 "외부 효과"로 재분류하는 경향과 같은 맥락에 속한다. 이러한 변화의 한 국면은 교통 인프라에 대한 공공 투자의 요구가 증가했다는 점이다. 또 다른 국면은 기업들이 건물과 토지 관련 비용을 자본 자산이 아니라 연간 운영 비용으로 고려하기 시작했다는 점이다. 간접비를 외부 효과로 취급하는 이런 추세는 이전에는 가치 높게 여기던 건물과 토지를 일종의 일회용으로 여기게 했다. 결과적으로, 일회성 건물과 부지는 그것을 건설하는 초기 자본 투자가 적기 때문에 언제든지 처분하고 폐기할 수 있는 지속적 연간 비용으로 간주된다. 이런 경향으로 인해 건물과 부지의 설계 서비스에 투자하는 비용도 줄어들었다. 이를 잘 보여주는 월마트Wal-Mart와 홈디포Home Depot는 새로운 탈도시posturban 소비 경관의 기본적 빌딩 블록이 되었다. 이런 형식의 개발에 대해 혼란하고 무질서하며 무계획적이라는 비판이 많지만, 이런 공간은 고도의 공학적 설계를 통해 자본과 상품의 변화에 대응해 끊임없이 재구성되고 있다.

$$\cdots\cdots$$

'소비와 편의'는 번화가 소매점 어바니즘의 저렴하면서도 풍부한 칼로리와 패스트푸드 문화로 대변된다. 그러한 종류의 소매점 경제는 자연 환경에서 원재료를 추출, 수확, 준비하는 눈에 보이지 않는 대규모 외부off-site 작업을 기반으로 한다. 소비될 만한 상품은 상점 외부의 운영 작업을 통해 항상 공급망에 "구비standing reserve"된다. 이런 환경에는 이미 반복적으로 검증된 제품이 준비되어 있고 싼값에 살 수 있기 때문에 편리하다. 이코노미스트 지는 세계 생활비 지수로 "빅맥 지수Big Mac Index"를 개발했다. 빅맥은 전 세계 어디서나 누구나 쉽게 구입할 수 있는 상품이며, 따라서 이 패스트푸드의 소매 가격 차이는 일반적인 생활비 차이를 말해 준다는 것이다.[27]

자연 자원과 관련되는 물류 경관은 편의성을 고려하여 교통 인프라 근처에 형성된다. 예를 들어, 소고기의 경우에는 고속도로가 중요하고, 소고기가 소로 존재하는 동안에는 쉽게 먹이를 공급할 수 있는 넓은 초원이 중요하다. 소고기가 될 예정인 소들은 미국 전역에서 태어나지만, 이 소들은 트럭이나 기차에 실려 오클라호마, 네브래스카, 켄사스, 아이오와 등 중부 평원의 방대한 규모의 사육장에 모일 것이다. 아이오와 주의 옥수수 중심 농업 경제는 예전의 자연적 과정을 산업화한 사례다. 육안으로는 햇빛을 당으로 전환시키는 탄소 고정 경제처럼 보이지만, 실제로는 그 경제 규모가 전혀 지속 가능하지 않은 석유 경제에 전적으로 의존하는 농사다. 이러한 모순의 상황을 두고 마이클 폴란Michael Pollan은 다음과 같은 난제를 제기한다. 유기농이지만 아주 멀리 떨어진 곳에서 운송됨으로써 환경에 부정적 결과를 가져오는 식량과 유기농은 아니지만 현지에서 키운 식량 중 어떤 것을 선택해야 하는가.[28]

맥도날드이건 홀푸드Whole Foods이건 간에 다양한 농산물과 전 처리된 식품이 수렴되는 곳인 글로벌 식품 공급망의 소매점은 투기성 부동산 투자로 여겨진다. 이런 소매점은 상품의 통상적 보편성에 의존하며, 주변 가로의 개발을 유인하는 기능을 한다. 새로운 가로 개발 시 맥도날드의 공간 구성, 소매 할인점의 유기농 식품 유통, 몰 형태malling의 매장 공간 형성 등은 모두 부동산 투자 신탁REITs의 투기성 부동산 투자라고 볼 수 있다.

· · · · ·

'수용과 처리'는 이 장에서 설명하고 있는 물류 네트워크의 내용 대부분을 구성하는, 점점 더 상품 주기가 짧아지고 있는 소비재의 출시, 보관, 처분과 관련된다. 패스트푸드와 마찬가지로, 그러한 소비재는 국가 전역의 산업 규모에서 생산된 에너지와 수확된 원자재로 시작한다. 산업용 침엽수의 벌목과 재조림에 수반되는 네트워크는 기본적으로 농업 운영이며, 주택 건설의 원자재 수요를 만족시킨다. 조립식 주택 공장, 대규모 임업림, 조립식 주택 단지 부지의 연동 네트워크는 이동의 용이성과 유통의 경제성에 달려있는 이러한 경제의 단면을 보여주는 사례다.

점점 더 커진 주택과 소비재 취향에 따라 부지 밖 어디에서나 보관할 수 있는 자체 창고 시설이 등장했다. 과도한 풍요를 일종의 충동 구매와 구식 모델의 지옥에 수용함으로써 이윤은 많이 남지만 임시 유령 마을과도 같은 곳들이 모든 주요 시장의 주변을 차지했다. 이러한 창고 시설은 낮은 지분 개발의 매우 효과적인 저비용 표지물이 되어, 새로 도시화되는 지역에서 부동산 투자 신탁사가 토지 매입 및 유지 비용을 충당하면서 토지 가치가 상승할 때까지 기다릴 수 있게 되었다. 이러한 시설은 소매점 몰, 맥도널드, 홈디포, 월마트 등을 끌어들이는 지역 교통 인프라에 쉽게 접근할 수 있는 곳과 저가 토지에 집중된다. 각 매장은 소비재와 소비자 모두가 접근하기 쉬운 공공 고속도로 접근성에 의존한다. 이는 생산자에서 소비자까지의 운송 비용을 줄인다고 볼 수 있다. 많은 미국인이 지역권의 대형 할인점에 가기 위해 먼 거리를 운전하면서 많은 시간을 쓰기 때문이다. 물론 이 먹이사슬의 종착지 또한 매우 의미심장한데, 다름 아닌 동시대 소비의 폐기물 처리다. 쓰레기의 양이 늘어날수록 주거지에서 생긴 쓰레기는 도시 지역을 가로질러 더 멀리 퍼져나가며, 매립지, 소각장, 하치장 등으로 멀리 이동하기 위해 많은 쓰레기가 더 긴 시간을 길 위에서 보낸다. 이는 원자재와 소비재 그리고 소비자가 유통 및 커뮤니케이션 네트워크에 의존할 뿐만 아니라 해당 자재와 제품의 궁극적 처리도 그러한 네트워크에 점점 더 의존하게 된다는 점을 시사한다.

경관의 상당 부분과 그것을 구성하는 물류가 투기 자본, 사적 이익, 개인의 선택에 의해 형성되면서, 그러한 경관이 낳은 환경은 좋건 나쁘건 북미 도시의 현실이 되었다. 이른바 "전 지구적 도시화"라는 최근 담론의 맥락에서 보면, 물류 경관은 틀림없는 세계적 현상이다. 물류 경관을 공간·경제적 관점에서 설명함으로써, 물류 경관의 형태를 파악하고 그 우선 순위를 예측하며 일견 무의식적으로 보이는 물류 경관 구조 이면의 초합리성을 이해함은 물론 그것이 표상하는 문화를 인식할 수 있게 될 것이다. 물류 경관의 사례는 또한 선진 자본의 문화적 조건과 관련하여 경관의 역할이 매우 중요하다는 점을 보여준다. 이 주제에 대해서는 경관의 기원을 도시 쇠퇴, 인구 감소, 퇴락에 따른 문화적 범주로 다루게 될 다음 장에서 깊이 논의할 것이다.

5

도시의 위기와 경관의 기원

서구에서 경관 그 자체는 근대에 나타난 상실의 징후다.
경관은 인류와 자연 사이의 태고적 관계가
도시, 상업, 기술로 인해 붕괴된 후에 등장한 문화적 형식인 것이다.

_ 크리스토퍼 우드, 1993

경관은 특정한 경제 질서의 공간적 발현의 변화와 구조적으로 연관된 매체다. 랜드스케이프 어바니즘 실천 사례들은 문화 권력의 자율적 표현이나 문화적 취향의 양식적 고려가 아니라, 도시화 산업 경제의 구조 변화에 대한 직접적 대응으로 출현했다. 이러한 관계는 쇠퇴 도시shrinking city와 관련된 탈산업 사회 및 환경 위기의 맥락 속에서 경관이 설계의 매체로 부상한 현상에서 쉽게 읽어낼 수 있다.

'어바니즘으로서 경관'에 대한 논의가 20세기 말에 처음 등장했을 때, 적어도 미국에서는 70개의 도심이 버려지고 투자가 회수되고 퇴락하는 과정을 겪고 있었다. 이러한 현상의 규모와 범위는 동시대 도시에 관련된 도시 예술 및 설계 전문 분야에 근본적이고도 시의적절한 의문을 제기했다.[1] 도시 학문 분과가 어쩔 수 없이 마주한 성장의 한계도 설계 전문 직능들의 관계에 대한 질문을 야기했다. 성장의 한계는 건축, 도시설계, 도시계획의 역사적 형성과 현재의 사명에 대해 근본적 의문을 제기한다. 설계 학문 분과들의 기원과 그것에 대한 인식은 근본적으로 성장, 확장, 지속적 개발 모델에 대한 이념적 투자를 보여준다. 특히 건축은 도시 예술을 아우르는 우산 분야로서 중요한 역할을 해 왔는데, 전문 직능으로서 건축의 정체성은 지속적 성장에 의존하는 이념과 깊이 연관되기 때문이다. 건축을 어바니즘의 종가로 우선시하는 이러한 편향은 이념의 사각 지대를 낳았다. 건축은 도시의 위축, 퇴락, 종말을 파악하는 데 무능하기 때문이다.

프랑스 철학자 미셸 드 세르토Michel de Certeau는 그러한 학문 분과의 사각 지대를 자신의 활동 영역의 경계를 벗어난 조건을 제대로 다룰 수 없는, 전문적으로 구축된 무능이라고 지칭한다. "명명할 수 없는The Unnamable"이라는 제목을 단 『일상의 실천The Practice of Everyday Life』의 한 장에서, 세르토는 표면적 증상 그 이상을 생각하지 못하는 전문의의 무능을 말한다. "죽어가는 사람은 생각할 수 있는 것, 즉 치료할 수 있다고 판단되는 영역 바깥에 있다. 치료 가능한 범위를 벗어나면 무의미의 영역으로 들어서게 된다."[2]

이 전문적으로 구축된 무의미함이라는 상황은 도시의 유기, 투자 회수, 퇴락이라는 맥락에서 도시를 설명하거나 도시에 개입하는 의미 있는 프레임을 제공하지 못한 건축의 무능에서도 확연히 드러난다. 지난 십년간 성장의 종말을 상상하지 못한 건축의 무능은 도시를 담당하는 설계 학문 분과에서 다양한 대안적·비판적 담론을 촉발시켰다. 특히 최근에는 이른바 "쇠퇴 도시"를 둘러싼 담론이 부상했다.[3] 최근의 "예전의 도시formerly urban(도시였던 곳)"에 대한 논의는 북미의 동시대 도시화에 따른 다양한 학문 분과 형성 및 문화적 조건에 특별한 관련성을 가지고 대안적·비판적 담론을 보강하고 확장시킬 것으로 전망된다. 이러한 맥락에서 디트로이트Detroit는 소멸하고 있는 탈산업 도시의 탈중심화, 해체, 퇴락을 대표하는 국제적 사례로 부각되고 있다.[4]

· · · · ·

한 때 미국에서 네 번째로 큰 도시였던 디트로이트 시는 20세기 후반에 인구의 절반을 잃었다(그림 5.2). 자동차 산업의 동의어였던 이 자동차 도시는 도시 외곽으로 생산 공장을 이전한다는 헨리 포드Henry Ford의 결정에 따라 1920년대 초반부터 탈중심화의 과정을 겪기 시작했다. 사실상 엇비슷한 상황을 북미의 모든 산업 도시에서 볼 수 있지만, 디트로이트는 전후 미국 도시의 공간적·사회적 조건 속에서 그러한 경향이 가장 명확하게 가시적으로 나타난 사례다.

1990년 8월, 디트로이트 도시계획위원회는 사실상 전례가 없는 독특한 보고서를 채택했다.[5] 이 과감한 보고서는 미국에서 가장 번성한 도시 중 하나였던 디트로이트의 빈 구역을 폐기하고 포기할 것을 제안했다. 『디트로이트 공지 조사』를 출판하면서 디트로이트의 도시계획가들은 1950년대 이래로 계속 진행된 인구 유출과 투자 회수의 과정을 기록했다. 1993년, 시의 옴부즈맨 마리 패럴—도널드슨Marie Farrell-Donaldson은 도시계획위원회의 1990년 보고서에 토대를 둔 자극적인 보도 자료를 통해 디트로이트에서 가장 텅 빈 구역에 공공 서비스를 중단할 것과 이곳에 남은 시민을 다른 곳으로 이주시킬 것을 공식 요청했다. "시의 옴부즈맨은…이 도시에서 가장 빛바랜 곳을 폐쇄시켜야 한다고 제안합니다. 거주자들을 죽어가는 구역에서 아직 활기가 남은 곳으로 이주시켜야 할 것입니다. 빈 집을 철거하고 빈 구역에 울타리를 쳐야 할 것입니다. 이러한 곳은 경관이 되도록 landscaped 하거나 다시 '자연'으로 돌아가도록 내버려 둡시다."[6]

　　　　1990년 『디트로이트 공지 조사』에서 주목할 만한 점은 근대 산업화의 결과로 오늘날의 도시에서도 지속적으로 발생하고 있는 탈산업 고밀화 해체de-densification의 과정을 놀랍도록 냉정하

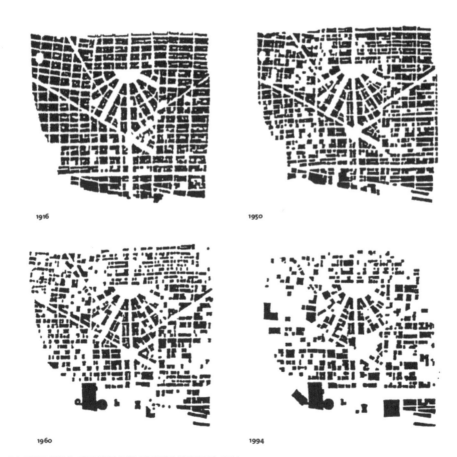

5.2 리처드 플런츠, 디트로이트 도형—배경 평면 다이어그램, 1996.

고 예리한 관점으로 파악했다는 점이다. 보고서의 제안 사항이 이미 진행되고 있던 도시의 삭제를 뒷받침하는 것이었음에도 불구하고 그러한 제안이 신속하게 기각되었다는 점도 눈에 띈다. 또한 『디트로이트 공지 조사』와 도시의 일부를 해체하려는 디트로이트 시의 계획에서 주목할 점은 그 불가능성이 아니라, 도시가 이미 버려지고 있다는 점을 공공의 소비를 위해 분명하게 표현했다는 단순한 사실이다. 디트로이트의 도시계획가들은 이미 기정 사실이 되었지만 전에는 상상조차 할 수 없었던 삭제의 어바니즘 이미지를 그려냈다(그림 5.3).

· · · · ·

"이제 마지막으로 묻지 않을 수 없다. 이 위기의 시기에 도시의 철거가 전통적 정책의 주요 공공 사업을 대체할 것인가? 만일 그렇다면, 경제 불황과 산업 경기 침체의 본질과 전쟁의 본질을 구분하는 것이 더 이상 가능하지 않을 것이다."[7] 1990년대에 디트로이트 시는 매년 약 1%의 주택을 방화로 잃었는데, 대부분 악마의 밤Devil's Night이라는 단체의 공공 파손 행위가 그 원인이었다. 공

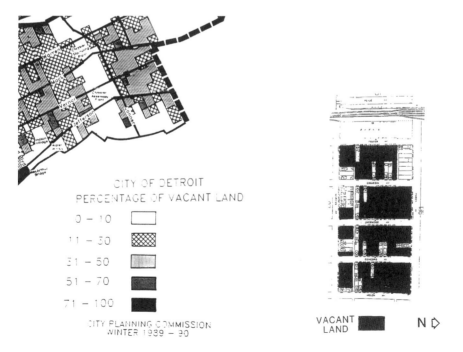

5.3 도시 공지에 관한 조사와 제안, 디트로이트 시, 디트로이트 도시계획위원회, 1990년 8월 24일.

식적으로는 시 정부가 도시의 사회 환경을 급속히 악화시킨 그러한 현상에 대해 놀랍도록 직접적이고 구체적인 비판을 했다. 동시에 시 당국은 미국 어바니즘 역사에서 가장 대대적이고 전면적인 철거 프로그램 중 하나인 이 방화범들의 위법 행위를 비공식적으로 지원하며 실행시켰다. 이 프로그램은 도시의 부동산업, 비즈니스, 시민 단체의 광범위한 지지를 받으며 1990년대 내내 계속되었다. 이 특이한 처리 방식은 권리 박탈과 재산상 이익 양쪽 모두가 도시 문제에 대해 공개적으로 서로 책임을 지도록 하면서 도시 삭제의 진행 과정에 필요한 법적·경제적 기반을 제공했다. 서로 다른 이해관계로 인해 각각 불법으로 여겨진 이 두 가지 활동의 결합은, 사회 불안의 대중적 발현과 계속되는 디트로이트 소멸의 시각적 잔여물을 삭제하려는 행정적 시도를 조율하는 것이었다.

건축 전문가들에게 1990년대의 디트로이트 시는 건축 고유의 작업 방식이었던 성장과 개발의 테크닉이 더 이상 필요하지 않은 무의미함의 상황으로 접어들었다. 건축적 수단이 필요 없게 된 디트로이트는, 세르토 식으로 말하자면 의사가 주목하는 "장소site"로서 작동하는 것을 멈춘 시체와 마찬가지로, 건축가의 "비장소nonsite"가 되었다. 댄 호프먼Dan Hoffman이 말하듯, 1990년대 초에는 "도시의 주된 건축 행위로서 짓지 않는 것이 짓는 것을 넘어섰다."[8](그림 5.4)

도시 "재활성화"를 10년 넘게 시도하며 영화관, 스포츠 경기장, 카지노, 기타 공공이 보조하는 민간 자본의 엔터테인먼트 시설 등을 건설했음에도 불구하고, 디트로이트의 인구는 계속 줄어들었고 건물은 텅텅 비어갔다. 연방 정부의 대규모 광고 캠페인에도 불구하고 2000년 인구 조사 결과에 따르면 디트로이트의 인구는 계속 줄어들었다. 최근 디트로이트 시는 미국 역사상 최대 규모의 파산을 선언했다. 이와 같이 디트로이트는 선진 자본이라는 맥락에서 동시대 도시 세계의 상황을 보다 명료하게 읽을 수 있는 사례라고 할 수 있다.

"예전의 도시(도시였던 곳)"를 특유의 사고의 틀로 재검토하기 위해서는 그러한 부지 및 주제에 대한 모델, 사례, 이론, 실천을 개발할 필요가 있다. 주제와 관련된 필수 학문 분과 및 전문 직능의 재편성도 필요하다. 여러 전문 분야 중 특히 전통적 도시의 블록을 만들어 온 건축은 전통적 도시가 쇠락함에 따라 닥친 밀도의 감소와 사회적 상호 작용의 균열, 수평성의 증가와 도시 활동의 분산, 도시 건축 조직의 약화와 퇴보 등에 대응할 수 없다. 빌딩 조직, 가로 입면, 전통적 공공 공간 등이 도시 질서에서 갖는 중요성이 약해짐에 따라, 경관이 공간적·사회적 질서의 형태를 복원하는 특별한 능력을 지닌 것으로 부상했다. 이러한 이유로, 여러 분야를 가로지르는 경관이라는 매체가 예전의 도시를 설명하고 개입하는 데 매우 적절한 것으로 떠올랐다. 다음에서 살펴볼 경관의 기원에서 알 수 있듯이, 경관은 자연 천이와 경작, 현존하는 것의 묘사, 새로운 개입 등과 함께 설계의 문화적 환경과 매체를 매우 쉽게 제공한다. 이러한 맥락에서 경관은 최근 들어 예전의 도시 부지에 접근하는 새로운 학문 분과로 부상하고 있는 것이다.

· · · · ·

문화적 형식으로서의 경관은 서유럽의 가장 도시적이고 고밀하며 경제적으로 발전된 지역 두 곳에서 동시에 나타났다고 오래 전부터 여겨져 왔다.[9] 경관은 그 자체로 도시의 문화적 구성체

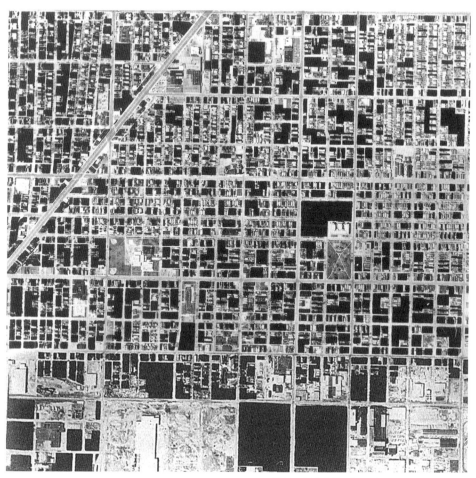

5.4 댄 호프먼, 삭제되는 디트로이트, 1991.

이며, 문화 생산과 소비를 위한 복합적 노동 분업과 성숙한 시장에 의존한다. 또한 경관은 보기의 방식이나 주관의 양상으로 채택되기 이전에, 그리고 건조 환경과 자연 환경에 대한 물리적 개입으로 받아들여지기 훨씬 이전에, 서양에서 하나의 회화 및 무대 미술 장르로 나타났다고 여겨져 왔다.

경관을 다룬 최초의 회화에 대해서는 아직도 치열한 논쟁이 진행되고 있지만, 처음 기록된 글은 다수의 플랑드르 회화를 포함한 1521년 베네치아 컬렉션 기록물이다.[10] 고도로 발전한 상업 경제의 산물로서 풍경화는 이탈리아 르네상스를 배경으로 출현했는데, 영어의 첫 용례보다 거의 한 세기나 앞선 이 풍경화는 배경의 세밀한 묘사에 비중을 둔 장식적 작품이었다. 이러한 풍경화에서는 기술적 기교의 표현과 개별 화가의 예술적 능력의 구별이 가능해졌다. 특정 예술가의 회화적 숙달의 증거인 이러한 배경화의 발전을 통해, 회화가 하나의 상품으로서 현 상태의 가치와 추후의 교환 가치를 획득하는 데 필요한 전제 조건이 마련되었다.[11]

또한 경관의 기원은 이전에 도시화된 지역의 인구 감소, 쇠퇴, 퇴락과 관련된다고 알려졌으며, 역사적으로도 그러하다. 최근에는 이 주제가 제한된 범위에서 미미한 가치를 지니는 것으로 다뤄지고 있지만, 도시의 쇠퇴와 연관된 경관은 서양에서 문화적 형식으로서 경관의 기원과 직접 관련될 정도로 오랜 역사를 가지고 있다. 경관의 역사에 대한 이러한 재해석은 특히 전 세계적인 도시와 경제 구조 조정의 맥락에서 도시 질서의 매체로서 경관에 관한 최근 논쟁의 위상을 바꿀 잠재력을 갖는다.

J. B. 잭슨J. B. Jackson은 고전의 반열에 오른 그의 에세이 "단어 그 자체"에서 영어 "경관 landscape"의 어원을 설명한 바 있다. 잭슨은 "경관은 '한눈에 파악할 수 있는 대지의 일부분'이다. 사실 경관이 영어에 … 처음 등장했을 때는 보이는 장면 그 자체가 아니라 그것을 그린 그림을 의미했다"고 말한다.[12] 『옥스퍼드 영어 사전』은 경관이 "내륙의 자연 경치를 재현한 그림이며, 바다 그림이나 초상화와 구별되는 것"이라고 설명한 17세기 문헌을 참조하여 잭슨의 견해를 보완한다. 한 세기 후인 1725년, 경관은 "한 시점에서 한눈에 볼 수 있는 내륙 자연 경치의 한 장면 또는 전망, 그리고 시골 경치의 일부분"[13]이라는 두 번째 정의가 나타난다. 일련의 과정을 겪으며 경관은 처음에는 회화의 한 장르로 출현했고, 한 세기 후에는 회화에서 볼 수 있는 것과 유사한 장면을 지칭하게 된 것이다. 이를 통해 경관은 회화적 이미지의 생산 및 소비와 관련되는 보기의 방식 또는 주관의 양상이 된다. 이러한 기원만 놓고 보자면, 영어에서 경관은 특정한 방식으로 보여지는 땅 그 자체와 관련되는

것, 궁극적으로는 그러한 땅에 행해지는 무언가를 지칭하는 것이라고 말할 수 있다.

16세기 초에 영어권에서 경관은 유럽 대륙에서 수입된 회화의 한 장르로 확립되었다. 17세기에는 영어에서 경관이 회화 및 무대 장식의 한 장르에서 세상을 보는 방식 또는 관광과 관련된 주관의 양상으로 바뀌었다. 18세기에 영어의 경관은 그러한 방식으로 본 토지를 지칭하게 되었다. 그리고 19세기에는 경관이 마치 그림처럼 보일 수 있도록 토지를 개조하는 활동을 설명하는 데 쓰일 수 있게 되었다. 이런 식으로 영어에 등장한 경관은 "예전의 도시"를 묘사하는 데까지 확장되기에 이르게 되었다.

· · · · ·

"예전의 도시"의 오랜 문화사에서 로마는 서양에서 가장 중요한 사례임에 틀림없다. 디트로이트와 로마 모두 백만 명이 넘는 시민을 잃었다. 디트로이트에서는 불과 반세기만에 인구의 절반이 줄었고, 로마에서는 천년 동안 인구의 95퍼센트 이상이 감소했다. 이 기간 동안 이 고대 세계의 옛 수도는 무법의 황야로 남겨졌고, 후에 이 예전의 도시의 안쪽 지역은 경작과 천이를 통해 경관으로 재조직되었다. 제국의 전성기에 백만 명 이상의 시민이 거주했던 로마는 인구 조사조차 없었던 수 세기 동안 계속되는 위축과 퇴락을 겪으며 쓰러졌다. 인구가 다시 기록된 9세기에 이 도시의 인구는 절정기였던 2세기 인구의 5퍼센트도 되지 않았다. 이 최악의 시기에 옛 제국의 수도에 남겨진 것은 물을 구하기 위해 간신히 티베르Tiber 강의 제방을 따라 형성된 보잘것없는 중세 마을이었다. 하워드 히바드Howard Hibbard는 이렇게 묘사한다. "중세와 르네상스기의 로마는 골동品 담장의 껍질에 싸여 누워 있는 쪼그라든 견과류였다."¹⁴

18세기에 놀리Nolli가 다시 인쇄한 1551년 부팔리니Bufalini 지도는 아우렐리아누스Aurelian 방벽 내의 로마의 광대한 영토가 황야wilderness, 고대 유적, 농경지와 뒤섞인 "예전의 도시(도시였던 곳)"의 상황에 처했음을 잘 보여준다(그림 5.5). 뜨거운 여름에는 버려진 고대 유적을 따라 조심스레 가꾼 포도밭에서 포도가 자랐을 것이다. 추운 겨울에는 늑대들이 먹이를 찾아 바티칸 정원의 성벽을 넘었을 것이다. 부팔리니가 이 지역을 그린 당시에는 14세기부터 일상 언어에서 쓰인 단어 "디스아비타토disabitato(불모지)"가 아우렐리아누스 방벽 내 예전의 도시 영역을 지칭하는 특별한 지명으로 사용되었다. 버려진 시가지라는 뜻으로 14세기에 쓰인 평범한 이탈리아어 단어가 16세기에 로마의 특정 지명에 쓰였다는 사실은, 이탈리아 르네상스의 지적·정치적 프로젝트의 하나로 — 그리고 그 경제적·문화적 귀결로— 다시 거주가 시작된 다수의 다른 "예전의 도시" 사례들이 있었을 수 있다는 점을 시사한다. 방벽 내에 버려진 로마의 예전 도시 영역에서 천년에 걸쳐 다양한 방식의 인구 유출이 계속되었지만 이곳을 칭하는 특별한 지명(과 그 개념적 틀)은 비교적 늦게 붙여졌다는 점도 중요하다. 결국, "디스아비타토"는 16세기 로마 성벽 안의 특정한 구역을 지칭하는 용어가 되었다. 그리고 디스아비타토는 16세기에 교황이 로마를 가톨릭 교회의 수도이자 성지 순례 목적지로 재건하는 부지가 되었다.[15]

중세 기독교 전통 이후의 로마를 다룬 정통 해설서 『로마의 도시 프로필, 312년에서 1308년』에서 리처드 크로다이머Richard Krautheimer는 디스아비타토가 방대한 내륙 농경 지역이었으며 근대 고고학에 의해 그 미숙한 상태가 벗겨진 1870년대까지는 적어도 농경이 지속되었다고 설명한다. "디스아비타토는 인구가 많은 곳과 대저택들을 넘어 아우렐리아누스 방벽의 북쪽, 동쪽, 남쪽으로 확

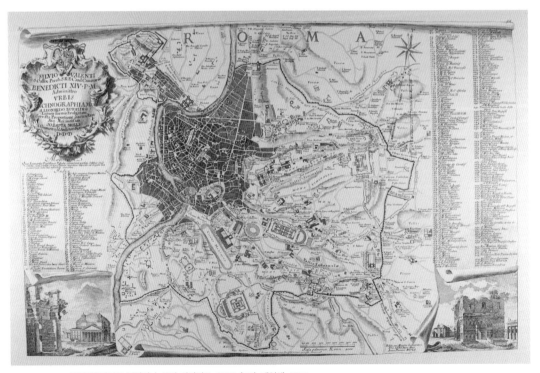

5.5 레오나르도 부팔리니, 로마 시가지도, 1551; 놀리, 재인쇄, 1748.

장되었고, 그 대부분은 들판, 포도밭, 목초지였다."[16]

찰스 L. 스팅거Charles L. Stinger는 로마의 캄파냐Campagna를 가로질러 고대의 성벽 안으로 들어가는 여행자의 경험을 이렇게 묘사한다. "영원의 도시Eternal City의 성 안에 무사히 도착한 15세기 중엽의 여행자는 자신이 막 지나온 교외의 광경과 크게 다르지 않은 도시 풍경을 보았다. 한 때 백만 명이 넘는 시민을 위해 만든 아우렐리아누스 방벽이 여전히 도시를 방어하고 있지만, 광활한 평원(디스아비타토)은 정원, 포도밭, 과수원으로 가득 차 있고 초목이 무성히 자란 채 버려져 있었다."[17]

로마 디스아비타토의 상태를 확인할 수 있는 시각 자료는 충분하며, 그러한 자료는 이 구역을 그린 특정한 풍경화보다 앞서서 등장했다. 16세기 초, 마르턴 판 헤임스커르크Maarten van Heemskerck의 스케치는 히에로니무스 코크Hieronymus Cock의 스케치와 마찬가지로 로마 디스아비타토의 시각적 근거다. 16세기 말, 가톨릭 교회의 반종교개혁으로 진행된 정치적 통합과 도시 재건 프로젝트에 따라 적어도 네 개의 야심찬 로마 지도(두 페라크−라프레를리Du Pérac-Lafrérly, 카르타로Cartaro, 브람빌라Brambilla, 템페스타Tempesta 작)가 제작되었고, 각 지도에는 디스아비토의 범위와 특징이 묘사되었다.[18]

이들 다양한 스케치, 그림, 지도를 보면 로마의 포룸Forum을 텃밭과 가축이 침범해 있고, 디스아비타토의 인구가 적은 지역은 교회가 적극적으로 펼친 도시 위생 캠페인에도 불구하고 폐허로 남아 있다. 빠르게 활기를 찾은 도심과 예전의 도시였던 폐허 사이에, 일종의 전원풍 빌라 경관이 성지 순례지, 농경지, 인프라 흔적, 훼손된 대리석 재질의 고대 유물과 뒤섞여 형성되었다. 존 딕슨 헌트John Dixon Hunt는 이렇게 설명한다. "16세기와 17세기의 지도들에는 로마가 정원과 경작지가 정교하게 혼합된 곳으로 그려져 있나. … 팔다Falda의 1676년 로미 지도는 … 도시 방어 요새뿐만 아니라 고대 목욕탕과 사원 사이의 오픈 스페이스를 채우고 있는 정원들을 보여준다. 여행자들이 이 영원의 도시의 정원들에서 목격한 모든 것은 넓은 고대 경관의 일부분인 근대의 정원들이다."[19]

디스아비타토가 특정 지명을 뜻하는 신조어로 쓰이기 시작했을 당시, 이 단어로 묘사된 경관은 경작cultivation과 천이succession 간의 병치, 혼합, 지속적 경쟁이 일어나는 특징을 지니고 있었다. 정원, 숲, 포도밭의 경작은 로마의 빌레자투라villeggiatura(휴일의 시골 생활) 개념 또는 농촌 환경에서 보내는 여름 휴가 문화로 설명될 수 있을 것이다. 교황 식스투스 5세Pope Sixtus V가 야심차게 수도를 재건한 지 한 세기 후인 1676년에 제작된 팔다의 '로마 시가지도Pianta di Roma'(그림 5.6)와 뒤이어 출판된 1683년 '로마의 정원*Li Giardini di Roma*'에는 바로크 시대의 디스아비타토라고 할 수 있는, 잘 경작된 정원과 관리된 농업 경관의 길들여진 풍경이 매우 상세하게 기록되어 있다. 이를 잘 보여주는 사례는 팔다가 자세히 묘사한, 파르마Parma 공작이 당시에 리노베이션한 팔라티노 언덕Palatine Hill의 오르티 파르네세Orti Farnesiani 정원이다.[20] 이와 같이 팔다의 지도와 도판은 대규모로 경작된 교외 지역에 해당하는 17세기의 디스아비타토를 전반적으로 이해하게 해 준다. 이 디스아비타토에서 소박한 빌라와 거대한 개인 정원이 점차 늘어나 길들여진 농경 지역의 성격을 형성해 갔다. 1748년 놀리가 제작한 '로마의 신지형*Nuova Topografia di Roma*'을 보면, 포도밭, 과수원, 채원, 묘목장, 기타 농업 목적 경작지가 디스아비타토에서 아주 넓은 면적을 점유하고 확산된 것을 알 수 있다(그림 5.7, 5.8).[21]

이처럼 경작된 경관과 대조적으로, 대부분의 디스아비타토는 19세기까지 저절로 자연 천이가 일어나는 곳이었으며, 공격적인 외래종과 잘 적응해 온 토착종의 역동적 상호 작용이 계속 벌

5.6 지오반니 바티스타 팔다, 로마 시가지도, 1676.

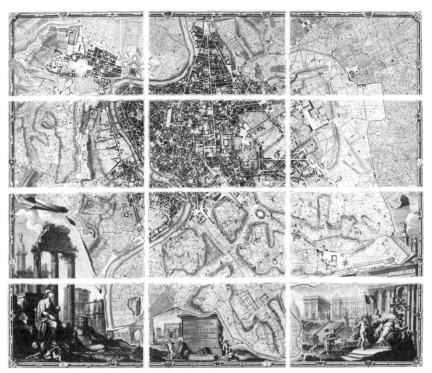

5.7 지오반니 바티스타 놀리, 로마의 신지형, 1748.

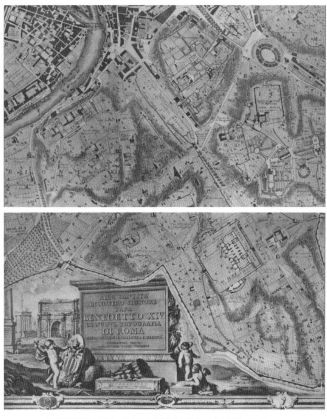

5.8 지오반니 바티스타 놀리, 로마의 신지형, 부분 확대, 1748.

어졌다. 1855년 말, 영국의 식물학자 리처드 디킨Richard Deakin은 콜로세움의 폐허 내부와 그 인근에 자생하고 있는 420종의 식물을 기록할 수 있었다. 디킨은 『로마 콜로세움의 식물상Flora of the Colosseum of Rome』에 50종이 넘는 풀의 변종과 수십 종의 야생화를 묘사했다. 그는 여러 가지 외래종이 존재하는 것은 검투사 경기에 불려온 동물들의 털이나 소화관을 통해 외래종이 지속적으로 번식했기 때문이라고 설명한다.[22] 18세기와 19세기의 많은 영국 여행자에게, 자생 및 적응 식물 군락과 경작된 정원이 고대의 폐허와 병치된 경관은 그 자체로 고대의 전통으로 여겨졌다. 로마를 여행한 많은 사람과 여행을 하지는 못했지만 재현물을 통해 로마를 소비하고자 한 더 많은 사람들에게, 경관이라는 문화적 구성물은 로마의 디스아비타토 그림을 통해 형성되었다. 대체로 프랑스 출신의 로마 거주 화가들이 그러한 그림을 그렸다. 그들은 고대의 폐허 속에 뒤섞인 경작된 정원과 자연 천이된 식물을 그려냈다. 1603년에 영어에서 처음 구체화된 "경관landscape"은 로랭 가문의 영지에서 클로드라는 이름을 가지고 태어난 한 로마 풍경화가에 의해 일 년 후에 그림으로 재현되었다.[23]

· · · · ·

클로드 로랭Claude Lorrain의 풍경화는 버려지고 잡초가 무성한 고대 로마의 시각적 이미지를 구성했다. 예컨대 '로마 포룸의 폐허Caprice with Ruins of the Roman Forum'(1634년 경)와 같이 1620년대 후반부터 1680년대 초반 사이에 로마에서 그린 일련의 회화를 통해 클로드는 18세기와 19세기의 영어권 경관 개념을 만들었다. 역사가 리처드 랜드Richard Rand는 한 걸음 더 나아가 클로드는 "서양의 전통에서 회화의 혁명을 이루었다. 그림 경력의 대부분을 보낸 로마에서 … 클로드는 19세기에까지 영향력을 남긴 풍경화의 형식을 완성했다"[24]고 주장한다.

12세에 고아가 된 클로드는 장식 디자인과 제빵 기술 수련을 위해 이탈리아로 갔다. 나폴리와 로마에서 여러 예술가들과 도제 생활을 한 후, 클로드는 1627년에서 1628년 사이에 자연을 묘사한 첫 드로잉을 그렸다. 첫 풍경화인 '소떼와 농부들이 있는 풍경Landscape with Cattle and Peasants'을 그린 것은 1628년이었다. 디스아비타토와 로마 캄파냐로의 스케치 여행이 그의 초기 드로잉과 풍경화의 소재가 되었다. 1630년대 초반, 그는 로마 스페인 광장 인근의 이민자 예술가 커뮤니티에서 살았고, 이탈리아 화가와 조각가의 공식 길드인 산 루카 아카데미아Accademia di San Luca에 소속되었다.

1635년, 클로드는 자신의 책 『진리의 서_Liber Veritatis_』에 수록한 각 그림의 세부 드로잉을 연습하고 기록하기 시작했는데, 그는 1682년 세상을 떠날 때까지 이 책 속의 드로잉들을 원본 그림의 출처로 삼았다.

1630년대 후반이 되자 왕자부터 왕에 이르는 정치 권력자와 추기경에서 교황에 이르는 교회 지배 세력까지 클로드를 후원했다. 클로드의 명성이 높아지면서 유럽 전역의 국제적 수집가들이 그의 회화를 구하고 구입하고 주문했다. 그가 사망하자 그의 작품은 대륙 전역의 엘리트 수집가들 손에 들어갔다. 클로드가 사망한 후 한 세기에 걸쳐 그의 풍경화와 드로잉은 어울리지 않게도 영국의 감정가들에 의해 개인적으로 수집되었는데, 결국 이러한 개인 수집품 중 다수는 오늘날 『진리의 서』를 소장하고 있는 대영박물관과 같은 공공 기관에 기증되었다.

클로드 풍경화의 혁신적 방식 중 하나는 야외에서 자연을 스케치하는 연습이었다(그림 5.9). 클로드는 대형 회화의 공간적 모티브로 사용하기 위해, 그리고 식물 소재와 광선의 질을 세부적으로 묘사하기 위해 이 기법을 고안했다. 디스아비타토를 주제로 한 이런 시도는 그의 작업실에서 완성한 보다 정교한 그림의 일부가 되기도 했고, 그러한 그림의 제재가 된 스케치는 같은 주제의 판화와 드로잉으로 발전되기도 했다.[25] 클로드는 주기적으로 스페인 광장 인근의 집에서 출발해 로마 디스아비타토의 여러 곳과 성벽 바로 밖의 로마 캄파냐를 당일로 여행했다. 그는 집에서 인접한 성

5.9 클로드 로랭, 팔라티노 전경, 1650년 경.

5.10 클로드 로랭, 캄포 바치노 전경, 1636년 경.

5.11 클로드 로랭, 캄포 바치노 전경, 1638.

베드로 대성전, 콜로세움, 원형 경기장, 팔라티노 언덕 그리고 디스아비타토 전역의 고대 폐허를 자주 답사했다. 또한 로마 평원으로 가는 고대의 길인 비아 아피아 안티카Via Appia Antica와 비아 티부르티나Via Tiburtina를 따라 산책하곤 했다. 클로드의 이런 답사 여행을 다른 예술가들이 동행하기도 했고 병력이 호위하기도 했다.[26]

        로마 포룸이나 캄포 바치노Campo Vaccino는 클로드가 특히 좋아했던 곳으로, 1630년대 중반 그는 이곳들을 소재로 한 다양한 그림의 이미지를 그렸다. 갈색 염색지에 갈색 잉크로 그린 드로잉, 흰색 종이에 그린 동판화용 드로잉, 갈색 잉크와 붉은색 분필을 사용한 스케치 등이 있다(그림 5.10, 5.11). 그는 특히 수목과 여타 상세한 것들의 선과 질감을 현장에서 포착하기 위해 연필, 잉크, 수채 물감을 사용했는데, 그러한 상세는 작업실에서 그리는 대형 작품의 바탕이 되었다. 클로드의 1638년 작 '오크 나무 습작A Study of an Oak Tree'과 '빌라 마다마 포도밭의 나무들Trees in the Vigna of the Villa Madama'은 현장 작업을 예시해 주는 사례다. 클로드의 로마 디스아비타토 풍경화는 영국 픽처레스크picturesque 설계가들의 모델이 되었는데, 대부분 그의 드로잉을 모방했다. 픽처레스크 경관 이론의 지지자인 리처드 페인 나이트Richard Payne Knight는 클로드 드로잉의 빼어난 컬렉션을 소장하고 있었는데, 이를 1824년 대영박물관에 기증했다. 클로드 연구자인 리처드 랜드는 영국 풍경화식 정원술landscape gardening을 유행시킨 촉매가 된 클로드의 회화와 드로잉의 취득과 수용에 대해 다음과 같이 설명한다. "잔존하는 약 1,200점의 클로드의 드로잉 중 『진리의 서』에 수록된 것을 포함해 약 500점을 … 대영박물관이 소장하고 있다. 이 눈부신 컬렉션은 토마스 콜Thomas Cole이 1820년대 말에 런던을 방문하는 동안 하루 전체를 박물관에서 보내야 대략 훑어볼 수 있었던 정도로 방대했다. 콜의 방문은 리처드 페인 나이트의 기증 직후였을 것이다. 클로드가 직접 그리거나 그가 소유한 260점 이상의 드로잉을 모은 나이트의 컬렉션에는 특히 자연을 습작한 작품이 풍부했다."[27]

        클로드 풍경화의 많은 수요자에게 대영박물관의 회화와 드로잉 컬렉션은 고대 로마 유적지로 여행을 떠나는 결정적 계기가 되었다. 그랜드 투어grand tour에 나선 영국인들에게 클로드의 풍경화는 디스아비타토와 로마 캄파냐 근방을 지나는 여행의 일정과 주제를 제공해 주었다. 제러미 블랙Jeremy Black에 따르면, 이 여행자들에게 "종잡을 수 없이 변하며 대조적인 영국의 경치는 고대의 이미지와 주제에 근간을 둔 고전 교육과 공공 이데올로기의 강한 영향으로부터 나온 이탈리아의 복합적 표현과 상호 작용했다. … 이러한 대조는 여행에 관한 논쟁에서뿐만 아니라 18세기 영국의 또 다른 유명 문화 상품인 풍경화식 정원술에서도 해석되었고, 심지어 '맥락화'되었다."**28** 블랙의 견해를 따르자면, 로마를 통해 재해석된 은둔과 아름다움이라는 고전적 모티프의 영국화는 그랜드 투어의 고대 유적을 직접 모방한 영국식 경관을 낳았다. 이러한 맥락에서 새로운 경관 설계는 "예술 모델, 특히 클로드 로랭의 풍경화에 재현된 이탈리아 로마의 경관으로부터 상당 부분 유래했다."**29**

존 딕슨 헌트는 이러한 설명을 보완하며 다음과 같이 주장한다. 클로드의 작품들은 "1720년대에 존 우튼John Wooton과 같은 예술가가 모사하거나 판화 형식으로 유통되기 오래 전에 이미 여행자들 사이에서 잘 알려졌을 것이다. 이탈리아에서 유래한 이들 경관은 … 클로드의 목가적 경관이든 강도가 있는 거친 장면이든 간에 주로 이상적인 경치였다. … 이 이상적인 미술은 특히 정원술에서 새로운 양식을 주창한 사람들에게 매력적이었는데, 정원이 연상시키는 파라다이스와 황금시대의 이상에 알맞은 시각적 이미지를 제공했기 때문이다."**30**

헌트는 『유럽의 픽처레스크 정원The Picturesque Garden in Europe』에서 클로드의 17세기 이미지가 18세기 영국의 경관 취미에 수용되는 과정을 상세히 설명한다. 헌트는 윌리엄 켄트William Kent의 작업을 통해 "픽처레스크가 정원 설계에서 중요하면서도 인정받는 역할을 하기 시작했다. … [켄트는] 벌링턴 경Lord Burlington이 1727년에 구입한 『진리의 서』를 통해, 그리고 자신이 로마에 체류했던 기간에 직접 본 클로드의 회화와 드로잉을 통해 클로드 로랭을 알게 되었다"**31**고 파악한다. 클로드 작품의 수용은 18세기는 물론 19세기에 이르기까지 영국에서 픽처레스크 경관 취미가 발전하는 데 큰 영향을 미쳤다. 윌리엄 길핀William Gilpin의 풍경화식 정원을 위한 픽처레스크 원리 이해로부터 토머스 그레이Thomas Gray의 픽처레스크 여행 옹호론을 거쳐 유브데일 프라이스Uvedale Price의 픽처레스크 이론에 이르기까지, 영국의 픽처레스크 풍경화식 정원은 로마의 폐허를 보는 클로드 회화의 렌즈를 통해 상상되고 지각되었다.**32**

· · · · ·

클로드가 그린 "예전의 도시"의 이미지가 영국식 경관의 기원과 발전에 미친 영향의 오래된 사례는 여행 문화와 경관 경험의 필수품 중 하나였던 어떤 모호한 물건에서 발견된다. 18세기의 발명품인, 작은 손잡이가 달린 어두운 오목 거울이 바로 그것이다. 이 도구는 예술가(와 여행자)가 픽처레스크 원칙에 따라 경관을 볼 수 있도록 고안된 것으로, 클로드의 회화를 아주 비슷하게 모방할 수 있게 해 주었다. 에른스트 곰브리치Ernst Gombrich가 말하듯, 이 도구는 "부분의 색을 제한된 색조로 바꿔놓는" 데 도움을 준다. "부드러운 표면의 곡면 거울로 구성된 이것은 흔히 '클로드 거울Claude glass'이라고 불렸다."[33] 클로드의 『진리의 서』 표지에는 바로 그 어두운 곡면 거울 속에 비친 예술가의 자화상이 그려져 있다(그림 5.12). 토머스 게인즈버러Thomas Gainsborough의 날짜 미상의 연필 스케치인 '거울을 쥔 남자Man Holding a Mirror'(그림 5.13)는 18세기 중엽 이 거울의 사용 방식을 보여준다. 어느 경관 여행자가 경관을 보다 완벽하게 파악할 수 있도록 경관을 등지고 앉아서 거울에 어둡게 반사된 경관을 응시하고 있다. "그의 사례는 확신을 주었고 또 그의 영향력은 지대했기에, 19세기 후반, 경관은 유럽과 미국에서 회화의 주요 장르로 떠올랐다. … 이탈리아의 전원에 대한 클로드의 평화롭고 목가적인 비전과 에덴을 지향한 19세기 미국 문화의 경관 전통 사이에는, 주제가 아니라 분위기

5.12 클로드 로랭, 클로드 로랭의 자화상(『진리의 서』 표지 삽화), 1635-36년 경.

5.13 토머스 게인즈버러, 클로드 거울을 보는 예술가, 1750-55년 경.

와 감성 측면에서 분명한 관계가 … 있다."[34]

　　　　클로드의 로마 디스아비타토 재현은 영국 풍경화식 정원술 논의에 수용되는 과정을 거쳐 대부분의 서구에서 경관이라는 문화적 형식의 이미지 그 자체를 대표하게 되었다. 이 특정한 형식, 경관의 이러한 이미지, 그리고 그것이 최근의 설계 문화에 함의하는 바는 모두 오늘날의 전문 분야에도 계속 막대하면서도 은은한 영향을 미치고 있다. "예전의 도시"의 지위는 서구 경관의 기원을 다시 해석할 것을 요청한다. 버려진 도시라는 문제의 부지 및 주제와 긴밀히 관련된 문화적 범주로서 경관은, 전통적인 건축적 모델의 결과로 남겨진 사회·환경·문화적 조건을 다루는 데 특히 유용한 역할을 하게 되었다. 도시의 밀도 감소와 수축이라는 맥락에서 보면, 경관은 아주 긴 역사를 가지고 있다. 다음 장에서는 변화하는 산업 경제의 최악의 사회·환경적 영향으로부터 도시의 인구를 보호하기 위해 근대 도시계획의 혁신적 실천이 어떻게 경관을 배치했는지 살펴볼 것이다.

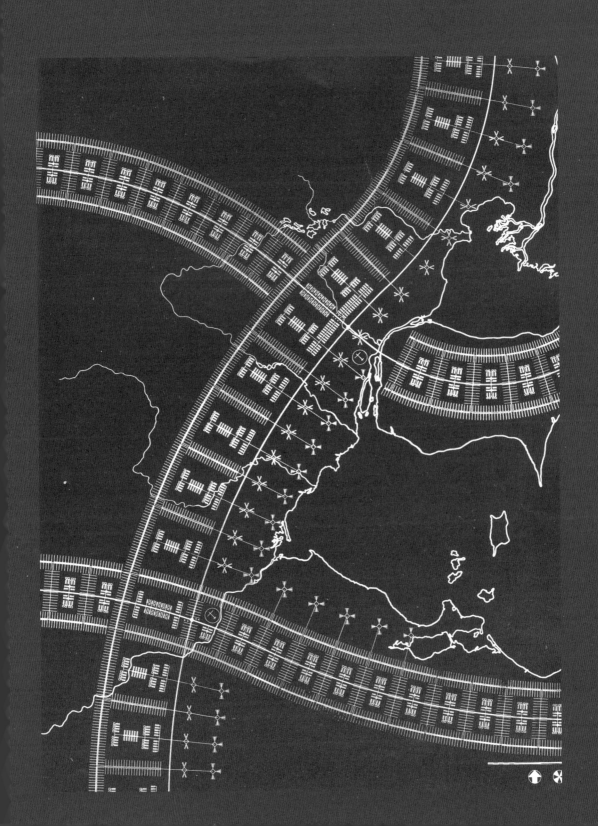

6

도시의 질서와 구조적 변화

도시의 구조는 잘못됐다. ⋯ 도시의 구조적 변화만이
필수적인 질서를 가져올 수 있다.
_ 루트비히 힐버자이머, 1949

근대 도시계획 중 적어도 한 프로젝트는 디트로이트의 인구 감소를 설계를 통해 효과적
으로 예비했으며 경관이 근대 대도시 어바니즘의 매체임을 주장했다. 모더니즘 도시계획의 최악의
실패 사례들과 대조적으로, 이 프로젝트는 디트로이트가 20세기 후반에 경험하게 될 탈중심화, 인구
감소, 건축적 조직의 소멸 등에 미리 대처할 수 있는 특유의 매체로 경관을 배치했다. 포디즘Fordism
성숙기의 탈중심화가 북미의 도시화 과정과 패턴에 미칠 영향을 예견하면서 루트비히 힐버자이머
Ludwig Hilberseimer는 생태적 고려와 인프라스트럭처에 대한 고려 모두에 바탕을 둔 급진적 계획 과
제를 구상했는데, 이는 경관이 어바니즘의 한 형태라는 최근의 주장에 반세기나 앞선 것이었다.

디트로이트의 구조적 변화에 대한 열정적 주장을 담아 출판한 지 6년 만인 1955년, 루트
비히 힐버자이머는 디트로이트의 악화된 다운타운 중 한 곳의 도시 "재생renewal" 계획을 의뢰받았
다. 디트로이트에서 반세기에 걸친 인구 대탈출이 시작될 무렵, 힐버자이머는 20세기 전반부에 그가
도시계획가, 건축가, 교육자로서 발전시켜 온 이론적 원칙을 계획에 적용했다. 그의 계획은 기본적으
로 이 자동차 도시의 일부 도시 패턴을 재구상하는 것이었고, 프로젝트를 위해 모인 재능 있는 다학

< **6.1** 루트비히 힐버자이머, "디트로이트 지역," 계획 다이어그램, 1945년 경. Ludwig Hilberseimer, *The New Regional Pattern: Industries and Gardens, Workshops and Farms*(Chicago: Paul Theobald, 1949), 173, Figure 114.

제간 팀을 조율하는 도시 다이어그램을 제시했다. 라파예트 파크Lafayette Park라는 이름으로 알려지게 될 연방 정부가 보증한 이 도시 재생 프로젝트는, 계속되는 디트로이트의 악화와 쇠퇴의 중심에서 다양한 소득과 인종의 커뮤니티가 뒤섞여 활기차게 생활하는 공공 보조금 주택과 그러한 환경이 꾸준히 유지될 수 있는 바탕을 만들어냈다.[1] 모더니즘 도시계획의 전략인 슈퍼블록에 대한 최근의 새로운 비판적 관심, 전국적으로 계속 진행 중인 모더니즘 주거 프로젝트의 철거, 도시 재건을 위한 "뉴 어바니즘" 모델의 대중적 수용 등에 비추어 볼 때, 라파예트 파크라는 흥미로운 비교 대상은 모더니즘 건축과 어바니즘이 실패했다는 기존의 인식을 진지하게 재고하게 한다.[2]

　　　라파예트 파크에서 경관과 인프라스트럭처는 도시의 질서를 구축하는 공간적·조직적 매체로서 건축을 대체한다. 여기서 알프레드 콜드웰Alfred Caldwell의 조경 설계는 부동산 개발업자 허버트 그린월드Herbert Greenwald의 사회적 비전만큼이나 중요하다. 미스 반 데어 로에Mies van der Rohe의 슬래브 고층 아파트, 2층 타운하우스, 단층 중정형 주택 등의 건축도 그 자체로 중요하지만, 그것은 힐버자이머의 계획, 콜드웰의 조경, 그린월드의 개발이 만들어낸 사회·환경적 맥락에 힘입은 것이었다.

　　　명백한 장점과 문화적 계보를 가졌음에도 불구하고 라파예트 파크는 20세기 건축과 어바니즘의 역사에서 무시되어 왔지만, '어바니즘의 매체로서 경관'을 보는 최근의 관점은 이 낙관적이고 대안적인 모더니즘 도시계획을 재평가할 계기가 되고 있다. 탈중심적 어바니즘에 질서를 부여하는 요소로 경관을 고려하는 오늘날의 관점에서 보면, 힐버자이머의 라파예트 파크 계획은 산업 도시의 급진적 재개념화에 관한 매우 특별한 사례라고 할 수 있다.

· · · · ·

　　　세계 2차 대전의 인종 폭동 이후, 그리고 반세기에 걸친 도시 해체가 시작되기 바로 직전, 후원자, 계획가, 정치인 등으로 구성된 디트로이트의 시민 그룹이 도시 다운타운의 동네 한 곳을 개조하는 데 뜻을 모았다. "블랙 보텀Black Bottom"으로 불렸던 이 지역은 당시 도시계획가들이 공들여 만든 "슬럼slum"이라는 전문 용어로 널리 알려지게 되었다. 이는 곧 이 동네가 셀 수 없이 많은 "사회병리"의 장소임을 뜻한다. 이는 또한 일찍이 아프리카계 미국인이 공장 일자리를 찾아 수차례에 걸

6.2 루트비히 힐버자이머+미스 반 데어 로에, 라파예트 파크, 디트로이트, 부지 계획도, 1956.

쳐 남부에서 북부로 이주한 흑인 대이동Great Immigration과 마찬가지로, 블랙 보텀의 주민들도 이 도시를 떠나야 했음을 의미한다.[3] 디트로이트의 정치와 비즈니스 커뮤니티는 탈중심화된 교외의 소수 민족 거주지를 구상했다. 이러한 교외 생활의 질을 재생산하는 개발이 시도되었는데, 이는 유럽계의 후손인 많은 수의 백인이 도시를 떠나 교외로 향하도록 유인했다. 교외에서는 낮은 밀도에 넓은 오픈스페이스를 갖추고 살 수 있었고 편리한 자동차 생활이 가능했다.[4] 1951년 주민들을 퇴거시키고 건물들을 허문 후, 이곳은 4년간 비어 있었다. 스토노로프Stonorov, 야마사키Yamasaki, 그루언Gruen의 계획안이 공모전에서 당선되고 시 당국의 승인을 받았지만, 이 프로젝트를 진행할 의지와 자금을 갖춘 지역의 개발 팀이 없었다. 이 시기에는 시 당국의 개발 사업 실패를 조롱하며 이 프로젝트 부지를 "코보Cobo 시장의 놀이터"라고 불렀다. 또한 도시 재생과 함께 진행된 인종 경계 지구 지정 및 슬럼 정리 과정을 겪으며, 블랙 보텀 주민들은 20세기 후반 디트로이트에 닥칠 운명을 예시하는 수년간의 도시 유기에 직면했다. 프로젝트를 실행할 지역 내 개발업자의 부재로 인해 디트로이트 시는 1955년 결국 시카고의 허버트 그린월드가 이 부지를 개발하는 것에 동의했다(그림 6.2).

시카고의 부동산 개발업자 허버트 그린월드는 새뮤얼 케이친Samuel Katzin과 함께 다양한 소득 계층과 다양한 인종이 어울릴 수 있는 라파예트 파크 개발을 구상했다. 초기 구상안 이후 반세기 동안 라파예트 파크는 주변의 도시나 교외 지역보다 많은 원주민이 거주하며 비교적 높은 시장 가치를 누렸고 인종, 민족, 계급 다양성이 풍부했다. 그린월드의 개념이 계속 이어지면서 오늘날에도

6.3 그래티엇 재개발(라파예트 파크), 디트로이트, 철거된 부지, 항공 사진, 1955.

6.4 그래티엇 재개발(라파예트 파크), 디트로이트, 조감 포토몽타주 위에 모형, 1955.

이 동네에는 활기가 넘친다. 중산층 주민들에게 도심에 거주하면서도 동시에 낮은 밀도, 풍성한 경관과 공공 공원, 편리한 자동차 접근성, 어린이가 뛰놀 수 있는 안전한 놀이터 등 교외 생활의 질을 제공해 주는 곳이 되고 있다.[5]

그린월드는 이전에 시카고에서 860-880 레이크 쇼어 드라이브 아파트Lake Shore Drive Apartment를 개발할 때 함께 작업했던 건축가 미스 반 데어 로에에게 라파예트 프로젝트의 설계를 의뢰했다. 미스는 루트비히 힐버자이머 팀에게 부지 계획을 맡겼고, 알프레드 콜드웰에게는 조경 설계를 담당하도록 했다(그림 6.3, 6.4, 6.5, 6.6). 힐버자이머는 미국과 독일에서 이전에 진행한 학술적 프로젝트들에 바탕을 두고 라파예트 파크에 자신의 가장 중요한 개념이자 사명인 "정주 단위settlement unit"를 적용했다. 힐버자이머의 정주 단위는 북미 도시의 탈중심화에 적합한 계획 원칙과 유형의 집합체로 작용했다.(그림 6.7).[6]

· · · · ·

6.5 그래티엇 재개발(라파예트 파크),
디트로이트, 부지 모형, 1955.

6.6 그래티엇 재개발(라파예트 파크) 전시회,
디트로이트, 1955.

힐버자이머의 계획에서는 경관이 최우선의 기본 요소로 제안되었다. 위원회는 활기 없는 도시의 빈 땅일 뿐이었던 이 부지에 충분한 면적과 예산을 제공했다. 여기서 핵심은 그린월드의 재무 및 마케팅 전략이었는데, 그의 구상은 경관을 부지를 양분하는 17에이커의 공원 형태로 배치해 핵심 어메니티를 만들고 많은 사람들이 추구하는 사회·환경적 어메니티를 디트로이트 한가운데 제공하는 것이었다. 반면, 미스의 도시 프로젝트 중 규모가 비슷한 IIT 캠퍼스 계획은 상대적으로 식재가 빈약하고 입체 개발이 부재하며 자동차에 대한 고려가 부족했다. IIT 계획안도 라파예트 파크에서 그랬던 것처럼 계획과 조경 설계에 관심을 기울였다면 큰 이점을 지닐 수도 있었을 것이다(그림 6.8, 6.9).[7]

피상적으로 보기에는 IIT처럼 백지 상태의 빈 부지에 슬라이딩 바 형태의 건물들을 위계

80. A NEW SETTLEMENT UNIT. A—Industry. B—Main highway. C—Local highway. D—Commercial area. E—Residential area. F—Schools in the park area.

6.7 루트비히 힐버자이머, 정주 단위, 평면도, 1940년 경.

6.8 미스 반 데어 로에, 일리노이 공대, 시카고, 조감 포토몽타주 위에 모형, 1940.

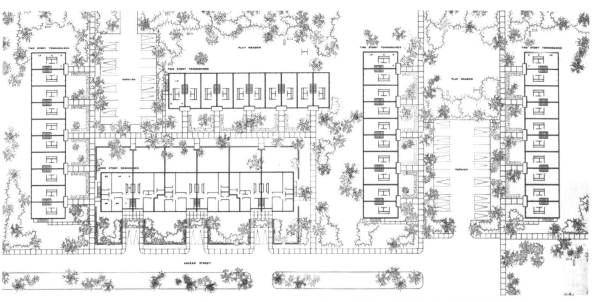

6.9 루트비히 힐버자이머+미스 반 데어 로에, 라파예트 파크, 디트로이트, 타운하우스와 중정형 주택 계획 모듈 평면도, 1956.

없이 배치한 것 같지만, 라파예트 파크 계획은 풍성하고 무성한 대규모 녹지tabula verde를 통해 한물간 19세기 도로 그리드grid의 흔적을 지웠다. 힐버자이머는 자동차를 각 주거 단위와 연결하면서 동시에 부지의 최우선 요소인 공공 공간에 부차적인 것으로 다루는 방식으로, 자동차를 완벽하게 수용했다. 그는 도로를 부지 외곽에 배치해 하여 공공 경관 전반에 자동차가 미치는 영향을 제한하는 방식으로 자동차 문제를 해결했다. 이렇게 함으로써 주민들은 도로를 건널 필요가 없었고 보행자와 차량의 교차를 최소화할 수 있었다. 힐버자이머가 이런 관계를 평면적으로 다루었다면, 미스 반 데어 로에는 주요 주거 공간의 지면을 도로보다 높여서 보행자를 도로로부터 한층 더 분리시켰다. 또한 공공 경관의 지면을 도로면보다 1m 높이는 방식으로 미스는 자동차로 인한 가장 직접적 영향으로부터 커뮤니티를 효과적으로 보호했다(그림 6.10).[8]

조경 식재는 개별 주택 스케일뿐만 아니라 계획 스케일에서 부지 개발의 중요한 틀이었다. 공간의 보편성과 공업적으로 표준화된 꾸밈없는 건물 입면에 대한 미스의 신념과 대조적으로, 콜드웰이 만들어낸 경관은 지역의 성격과 계절감을 반영한 외부 공간을 선사했다.[9] 이제 성숙한 상태

6.10 라파예트 파크 1단계, 디트로이트, 항공 사진, 1957.

가 된 이 경관은 계속해서 부지의 공간 조직과 일관성을 위한 기본 틀을 만들고 있으며, 공유 마당이나 개인 정원보다 더 큰 공동의 경관을 제공하고 있다. 이러한 조경 공간은 표준화 방식으로 지은 타운하우스, 중정형 주택, 아파트라는 세 갈래의 건축과 앙상블을 이루고 있다.

표준화된 건축 요소로 지은 미스의 주거 건물은 공기를 단축시키고 비용을 절감시킨 반면, 건축 자재의 품질은 각 주거 단위 내부와 외부 공간의 관계에 비해 공간적으로나 시각적으로 부차적이었다. 이러한 전략은 체감 밀도를 효과적으로 낮출 수 있었는데, 절대 다수의 주거를 얇은 슬래브로 섬세하게 쌓아올려 빛, 공기, 지면 접근성을 보장하는 방식이었다. 아파트, 타운하우스, 중정형 주택 등 각 유형은 서로 다른 방식으로 주택 내부와 외부의 관계를 구성하며, 외부의 조경 공간은 다른 미스식 계획에 함축된 공간적 명료성과 한정감을 제공해 준다(그림 6.11, 6.12).

· · · · ·

신즉물주의Der Neue Sachlichkeit에 몰두한 건축가이자 미술비평가였던 힐버자이머는 실현되지 않은 도시설계 프로젝트로 1920년대부터 유명해지기 시작했다. 한때 힐버자이머는 고층 도시Hochhausstadt(1924)나 대도시 건축Groszstadtarchitektur(1927)과 같은 모더니즘 도시계획의 종합적 합리성 일변도의 계획안 구상으로 악명이 높았다. 이러한 초기 작업은 "대도시라기보다는 공동묘지more

6.11 라파예트 파크, 디트로이트, 홍보용 사진, 1959.

6.12 라파예트 파크, 디트로이트, 항공 사진, 1963.

a necropolis than a metropolis"[10]라는 악평을 낳기도 했다. 그는 그러한 개념을 빠르게 포기하고, 산업 도시가 낳은 해악의 치유제로서 탈중심화와 경관을 탐구하는 프로젝트에 집중했다. 이러한 변신은 "정원-도시로서 대도시The Metropolis as a Garden-City"라는 제목을 단 1927년 작 스케치에서 확연히 나타난다.[11] 1930년대 힐버자이머의 작업은 정원 도시라는 유럽의 선례로부터 명백한 영향을 받았다. 저밀도 패턴에 경관과 혼합 층수 주거를 배치한 전략이 그 증거다. 이 패턴은 이후 수십 년간 미국에서 펼쳐진 그의 작업에서도 계속 나타난다. 힐버자이머의 개념이 체계화된 사례로 혼합 층수 주거 Mischbebauung(1930년 경)(그림 6.13)와 베를린 대학교(1935년) 프로젝트를 들 수 있는데, 그를 널리 알리게 될 계획 원칙이 여기서 정립되었다.[12] 저밀도 패턴에 경관과 혼합 층수 주거를 넣는 힐버자이머의 방식은 그가 미국에서 진행한 프로젝트들에서도 꾸준히 등장한다. 그는 초기 작업에서 당시 독일 도시 계획계의 영향으로 도시 경관Stadlandschaft 개념에 몰입했는데, 그것은 성숙한 산업 생산에 따른 전통적 도시 형태의 탈중심화 경향이라는 당대의 현실을 반영한 것이기도 했다. 이러한 사고는 헨리 포드Henry Ford가 산업 생산의 탈중심화를 선언한 1920년대에 이미 힐버자이머에게서 두드러지게 나타난다.[13]

포드가 나치즘에 공감한 여러 기록에서 볼 수 있듯이, 독일의 전쟁 무기 인프라와 물류 논리는 포디즘의 이동성 개념에 핵심 사례 역할을 했다. 단순한 생산 방식의 모델이 아니라 포디즘의 핵심 규율인 이동성은 군사력 증진의 준비일 뿐만 아니라 산업의 과정 자체를 완전히 개편하는 수단이었다.

6.13 루트비히 힐버자이머, 혼합 층수 주거, 조감도, 1930.

힐버자이머는 포드의 정치적 신념과 반대로 1920-30년대의 사회적 상황에 문제의식을 지닌 급진주의자였다. 독일에서 그는 정통 마르크스주의의 사회 비판을 따르는 공공 사회주의의 입장을 지지했다. 1920-30년대 힐버자이머의 계획 프로젝트들도 이런 신념에 영향을 받은 것으로, "공정성"이 용해되어 있다.[14] 형평성에 대한 힐버자이버의 사명은 모두에게 평등한 조건을 구현한 그의 계획 프로젝트를 통해, 특히 건강한 주택에 모두가 평등하게 접근할 수 있게 한 프로젝트를 통해 실천되었다. 그는 토지 분배가 공평해야 할 뿐만 아니라 일 년 내내 햇빛을 받을 수 있는 시간이 공정해야 함을 역설했다. 경작지의 사회적 형평성과 일조권을 연관시켰다는 점에서 힐버자이머는 생태적 어바니즘의 원형을 제시한 셈이다.[15] 1938년, 시카고로 이주한 무렵, 그는 계획 프로젝트들을 통해 이러한 이슈의 공간적·도시적 함의를 탐색했다. 그는 사회적 사명을 유지했지만 미국에서는 사회주의에 대한 공식적 입장 표명을 삼가면서 그의 동료들과 학생들이 공공에 대한 비판적 태도를 가질 수 있도록 했다.[16]

1940년대 중반, 힐버자이머의 "정주 단위" 개념은 한층 분명한 형태를 갖추게 되어 주간interstate 고속도로 시스템을 예비하게 했고 교통 네트워크, 정주 단위, 지역 경관 간의 명확한 관계를 연결되게 했다. 북미 대륙의 유기적 어바니즘organic urbanism에 대한 힐바자이머의 관심은 전후의 탈중심화 현상에 따른 도시 방어의 필요성에 의해 더욱 가속화되었다. 히로시마 원폭 이후, 힐버자이머는 도시 방어 인프라이자 포디즘 생산 방식의 연장으로서 주간 고속도로 시스템의 건설을 예비하는 데 자신의 구상을 적용시켰다. 이러한 맥락에서, 그리고 프랭크 로이드 라이트 Frank Lloyd Wright의 브로드에이커 시티Broadacre City 및 혁신적 TVA 프로젝트와 이를 지지한 미국 지역계획협회 회원들과 함께, 힐버자이머는 지역 고속도로 시스템과 사언 환경 조건을 기반으로 한 북미의 저밀도 정주 패턴이라는 도시상을 지향하는 새로운 도시New City 계획 구상을 발전시켰다(그림 6.14).

1945년, 힐버자이머는 "도시와 방어"라는 글에서 세계 2차 대전 이후 도시의 해체와 이에 따라 경관으로 파고든 도시의 분산을 하나의 민방위 전략으로 파악했다(그림 6.15).[17] 힐버자이머는 사실상 불가능했던 도시와 교외의 구별을 가능하게 하기 위해 인프라스트럭처 및 환경과 뒤섞여 경관을 가로지르며 분산된 미국식 유기적 어바니즘을 제안했다. 경관을 가로질러 인구가 분산된 얇고 넓은 준교외 정주 패턴은 잠재적 핵 공격으로 인한 사상자를 줄일 뿐만 아니라 항공 관측으로 표적을 조준하는 데 혼란을 주어 공습을 예방하는 데에도 유용하다고 여겨졌다. 이러한 분산과 저밀도의 어바니즘 사례는 국가 민방위 인프라의 일부로 건설된 주간 고속도로 시스템으로 귀결된다. 이러한 논리에 토대를 두고, 경관을 가로지르는 분산의 동력으로서 고속도로 교통 시스템의 형성은 전후 정주 패턴에 막대한 영향을 미친다.

전후 미국의 지역 인프라의 급진적 탈중심화 패턴을 제안한 힐버자이머의 구상은 탈중심화된 산업 생산이라는 포디즘 모델에 적합했으며, 원자 폭탄 시대의 공습 표적이 되어 온 대규모 인구 집중을 분산시켰다. 일리노이 주의 중앙에 원자 폭탄이 터지는 반경을 그린 힐버자이머의 드로잉은 밀집된 도시 인구를 도시의 위험으로부터 상대적으로 안전한 교외로 이동시킬 수 있는 도시 방어 인프라 건설이 필요함을 명백하게 보여준다.[18] 도시 방어 인프라로서의 고속도로라는 모델은 위장을 통한 격리의 형식을 제공한다. 우연치 않게도 냉전에 따른 도심의 인구 축소는 힐버자이머가 이전 작업을 통해 효율적 산업 생산과 최적화된 배치라는 명목 하에 예측했던 바로 그 인구 밀도의 감소를 낳았다.

・・・・・

힐버자이머는 1944년과 1955년 사이에 자신의 계획 이론과 방법에 대한 세 권의 저서를 영어로 발간했다. 세 권의 책은 일부 내용이 겹치고 기본 자료도 같지만, 각각은 힐버자이머의

6.14 루트비히 힐버자이머 계획, 알프레드 콜드웰 그림,
정주 단위와 상업 지역, 조감 투시도, 1942년 경.

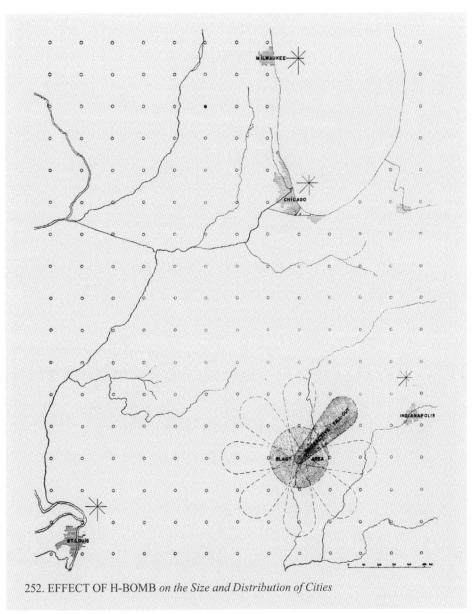

252. EFFECT OF H-BOMB *on the Size and Distribution of Cities*

6.15 루트비히 힐버자이머, 분산된 도시에 원자 폭탄이 미치는 영향을 보여주는 탈중심화 평면도,
지도 다이어그램, 1945년 경.

주장을 고유한 방식으로 발전시켰다. 첫 번째 책인 『새로운 도시: 계획의 원칙The New City: Principles of Planning』(1944)에는 힐버자이머가 아우구스티누스적 의미의 질서에 대해 가지고 있는 신념이 소개되어 있는데, 그것은 평등과 불평등의 유기적 관계와 그 각각의 전체적 관계에 대한 내용이다. 이러한 점에서 힐버자이머와 미스는 건축과 계획이 개혁의 메커니즘이라기보다는 문화의 구현이라는 신념을 공유했다. 미스는 『새로운 도시』의 서문에서 힐버자이머의 도시계획을 질서의 작업이라고 설명한다. "이성은 인간의 모든 작업에서 제일의 원칙이다. 힐버자이머는 의식적으로 또는 무의식적으로 이 원칙을 따르며, 이는 그의 작업의 기초를 이룬다. … 도시계획은 본질적으로 질서의 작업이다."[19]

『새로운 도시』는 힐버자이머의 『새로운 지역적 패턴The New Regional Pattern』(1949)의 분석적·방법론적 토대를 포함하고 있다. 『새로운 지역적 패턴』에 담긴 힐버자이머의 계획안은 경관의 수평적 판을 가로지르는 교통 및 통신 네트워크의 배분이 주를 이루며 조직되어 있다. 확장된 수평적 영역 내에서 주거, 농장, 경공업, 상업 건물, 도심 공간이 탈중심적 배분의 장을 가로지르며 다양한 스케일의 네트워크를 구성한다. 『새로운 지역적 패턴』의 조직 구조는 추상적 그리드를 따르지 않고 지형, 수문, 식생, 풍향 등과 같은 자연 환경에 바탕을 둔다. 이 책은 인프라스트럭처 시스템을 건조 경관과 융합하고, 북미 대륙의 급변하는 정주 패턴을 형성하는 환경 조건을 발견했다. 이러한 맥락에서 힐버자이머의 프로젝트는 근대기의 사회적·기술적 조건을 다루기에 전통적 도시 형태와 도시계획 담론이 부적절하다는 점을 깊이 있게 비판하고 있는 셈이다.

힐버자이머는 가속화되고 있는 탈중심화가 북미의 정주 패턴을 적절히 설명하고 있다는 점을 주장하면서 포드를 직접 인용한다. 힐버자이머는 전통적 도시 형태를 완전히 삭제하고 재구성하는 "구조적 변화structural change"만이 필수적 질서를 가져올 수 있을 것이라고 주장한다. 이러한 입장에서 힐버자이머는 디트로이트의 재계획을 제안했다. 자신의 계획 원칙과 일관되게 힐버자이머의 디트로이트 분석은 19세기의 가로 그리드가 사회적 형평성 및 생태적 기능이라는 당대의 사명과 양립할 수 없다는 점에 초점을 두었다.

힐버자이머는 이와 같은 주장을 특히 그래티엇Gratiot(라파예트) 부지에 대한 사전 프로젝트 노트에서 펼쳤다. 이 프로젝트 노트에서 힐버자이머는 "고대"의 가로 그리드를 시대착오적인 것이라고 규정한다. "기존의 가로 시스템은 고대로 회귀하고 있다. 그러나 자동차는 한때는 완벽했던 시스템을 구식으로 만들고 있다. 그래서 우리는 고속도로를 건설하지만, 각 가로의 코너에서 죽음의 덫에 직면한 보행자를 잊고 있다. 이러한 위험을 피하려면 주거 지역에 통과 교통이 없어야 한다. 하지만 동시에 각 주택이나 건물에 차로 접근할 수도 있어야 한다."[20]

힐버자이머는 부동산 개발업자 허버트 그린월드에게서 미국 도시의 "구조적 변화"를 만들어내야 한다는, 자신과 똑같은 사명감을 발견했다. 라파예트 파크를 다양한 인종과 계층이 혼합된 커뮤니티로 만든다는 그린월드의 신념도 힐버자이머와 마찬가지로 혁신적이었다. 연방 정부가 지원한 도시 재생 프로젝트의 절대 다수가 단일 인종, 단일 계층을 지향했지만, 그린월드는 계층의 혼합과 임차를 통해 다양한 인종이 공존하는 미국 도시의 미래를 주장했다. 그린월드와 힐버자이머는 모두 그러한 급진적 사회 변혁을 가능하게 하는, 경관을 바탕으로 구축된 새로운 공간 구조를 그렸다. 이러한 맥락에서 힐버자이머와 그린월드는 그래티엇 프로젝트가 경관에 의해 형성되는 탈중심화 어바니즘의 국가적 모델이 될 것을 꿈꿨다. 힐버자이머는 코보 디트로이트 시장과 디트로이트 공유지 위원회에 프로젝트 성과를 보고하면서 다음과 같이 주장했다. "그래티엇 개발은 디트로이트뿐만 아니라 전국을 대상으로 한 중요한 도전이다. … 도시는 도시를 얽매는 속박으로부터 해방되어 경관의 오픈스페이스와 연결될 수 있어야 한다."[21]

비극적이게도, 1959년 2월, 시카고 발 아메리칸 항공이 뉴욕 라과디아 공항에 불시착하는 사고로 그린월드가 갑작스러운 죽음을 맞게 되어, 경관 중심의 미국 어바니즘에 대한 이 혁신적 비전도 좌절되고 말았다. 그린월드가 사망한 후, 그의 후계자 파트너들은 라파예트 파크 부지의 잔여 부분을 나누어 미스를 비롯한 여러 건축가에게 의뢰했고 힐버자이머의 계획 없이 건물들이 지어졌다. 라파예트 파크는 힐버자이머의 경력 전체에서 그의 계획 이론이 실제로 구현된 대표 시례라고 그가 인정할 만한 유일한 프로젝트일 것이다.[22] 힐버자이머의 계획 이론이 실물로 구현된 더 적합한 사례가 없기 때문에, 이에 비견할 만하게 경관을 도시 질서의 매체로 다룬 다른 나라의 혁신적 선례를 살펴볼 필요가 있다. 그 중 같은 시기에 루시우 코스타Lucio Costa가 브라질리아에서 실행한 "시범계획"은 주목할 만한 사례. 코스타의 계획은 혁신적 도시 질서의 최우선 조직 요소로 경관을 배치하는 한편, 환경적 측면과 사회적 측면 모두에서 성공을 거두었다. 적어도 그러한 점에서 이 브라질리아 사례는 주목받을 만하며, 다음 장에서 살펴볼 주제인 광범위한 스케일에서 힐버자이머의 사회적·생태적 의제가 지닌 잠재력을 보여준다.[23]

• • • • •

힐버자이머의 라파예트 파크 계획은 미국 도시의 공간적·사회적 구조를 급진적으로 다시 고려함으로써 공공이 보조하는 사회적 주거 가운데 가장 성공을 거둔 사례 중 하나다. 힐버자이머는 강의를 통해 라파예트 파크의 교훈을 계속 다루었는데, 그는 라파예트 파크를 전후 시기의 지배적 공간 질서가 된 자동차 기반의 탈중심화 현상과 레빗타운Levittown의 대안이라고 설명했다.[24] 라파예트 파크의 사회·환경적 성공에도 불구하고 힐버자이머의 계획은 대부분 무시되었으며, 끝내 "실패한 모더니즘 도시계획"의 증거로 취급받기도 했다. 1960년대 후반, 에너지 보존, 태양열의 이용, 환경 이슈가 점차 주목받게 되자, 미스 반 데어 로에는 힐버자이머의 작업을 재평가하지 않는 것에 대해 통탄하기도 했다.[25]

1959-60년, 라파예트 파크가 완공되자 다양한 인종과 문화의 교점에 있는 여러 대중지와 전문지가 그 소식을 크게 보도했다. 디트로이트의 한 신문은 이 프로젝트의 건축가를 "마일스Miles 반 데어 로에"로 오기하기도 했다. 미국 내 다수의 전문 저널이 다양한 형식으로 이 프로젝트를 실었다. 『아키텍처럴 포럼』 1960년 5월호는 "디트로이트에 타워와 연립 주택을 더하다"라는 제목으로 이 프로젝트의 사진, 평면도, 인터뷰 등을 포함한 여러 쪽의 기사를 실었다. 이 기사는 "쇠락한 디트로이트 다운타운의 암울함"에 대한 대응으로 새로운 삶의 방식을 사회적·도시적으로 실험한 것이라고 라파예트 파크를 설명한다.[26]

많은 건축가와 비평가도 라파예트 파크에 사로 잡혔다. 앨리슨 스미드슨Alison Smithson과 피터 스미드슨Peter Smithson은 라파예트 파크의 "이상적 평온"을 찾아낸 "한 건축가가 요청하는 자기 통제와 과묵함"을 언급했다. 케니스 프램턴Kenneth Frampton도 이에 공감하며 그것을 "겸양과 낯섦"이라고 묘사했다.[27] 반면, 전문지 『캐나다 건축가』의 편집 서문에서 지빌 모홀리-나기Sybil Moholy-Nagy는 라파예트 파크를 아주 혹독하게 다뤘다. 그녀는 라파예트 파크를 비평하면서 힐버자이머의 이름 철자조차 제대로 알고 있지 않았고, 그를 "이론적" 계획가이자 그저 선생에 불과하다고 저평가했다. 모홀리-나기는 라파예트 파크가 "도시 일관성의 총체적 부재"로 고통 받고 있으며 "도시적 환경을 전혀" 제공하지 "않는다"고 주장했다.[28]

모홀리-나기는 『캐나다 건축가』에 펼친 공격과 함께 좌파 관점의 비판을 개시했는데, 특히 그린월드의 혼합 계층 전략은 저비용 주택이 되어야 할 것에 대한 중상위 계층의 투기성 침입에 불과할 뿐이라고 주장했다. 만프레도 타푸리Manfredo Tafuri도 유사한 비판을 했다. 타푸리는 힐버자이머의 이론적 계획 잡업의 많은 부분을 존중하면서도 라파예트 파크는 저소득층의 주거를 빼앗는 "부르주아"의 투기적 개발이라고 일축했다.[29]

· · · · ·

힐버자이머의 라파예트 파크 계획에 대해 가장 지속적으로 오래 이야기한 것은 찰스 젠크스Charles Jencks였다. 『건축협회지Architectural Association Journal』 1966년 5월호에 쓴 "미스의 문제점"이라는 건방진 제목의 글에서, 당시 대학원생이던 젠크스는 이후 20년간 이어질 미스와 힐버자이머에 대한 공격의 포문을 열었다. 그는 라파예트 파크를 "형태의 순수성이 불분명한 건축을 낳는, 또는 욕실 환기구 같은 부착물 요소가 지루한 기념비를 낳는" 곳의 전형적 사례라고 비판했다.[30] 10년 후 『아키텍처럴 디자인』의 특집에서 젠크스는 모더니즘 건축과 어바니즘의 실패에 성급한 맹공을 가하기 시작했는데, 미스를 공격하기 위해 그의 대리자로 힐버자이머를 선택했다. 세인트루이스에 있는 한 공공 주택의 폭파 철거 장면이 텔레비전으로 방송된 1972년 4월 22일, 젠크스는 결국 그 유명한 "모던 건축의 죽음"을 선언했다.[31] 젠크스의 공격에서 가장 자주 등장하는 주장은 힐버자이머가 "유행에 뒤쳐졌다"는 것이다. 젠크스의 협력 연구자 조지 베어드George Baird는 1977년에 렘 콜하스에 대해 쓴 에세이에서 힐버자이머를 "유행에 가장 뒤쳐진 모던 건축가"라고 평가했다. 다음의 7장에서도 살펴보겠지만, 베어드는 1995년에 출간한 책 『현상의 공간The Space of Appearance』의 한 징 전체를 할애해 도시를 사유하는 유기적 전통에 대해 비판했다. 베어드는 힐버자이머를 직접 언급하지는 않았지만, 도시에 대한 유기론적 왜곡은 "현존하는 공공 영역의 모든 형태에 대한 불신"을 보여준다고 주장했다.[32]

1980년대 초반, 조셉 리쿼트Joseph Rykwert는 힐버자이머의 작업에 특별한 장점이 없는데도 그가 성공을 거둔 것은 정말 놀라운 일이라는 결론을 내린다. 또한 리쿼트는 힐버자이머의 계획들은 모더니스트 도시계획이 만들어낸 그 어떤 것보다도 못하다고 주장했다. "되돌아보면, 루트비히 힐버자이머의 성공에 놀라움을 금할 수 없다. 그의 황량하고 우울하며 위협적인 드로잉은 거리가 없는 도시를 예언했다. 그것이 가능했다면 아마도 이미 실현된 것보다 더 좋지 않았을 것이다. 그의 성공은 가장 이상한 종류의 사회학적 현상이다."[33] 이 시기에 힐버자이머의 계획 프로젝트들은 대서양 양쪽에서 모두 놀림 받는 주제로 전락했다. 힐버자이머의 유일한 실현 프로젝트의 장점은 대부분 무시되었고, 비난의 초점은 대도시라기보다는 "공동묘지"라는 혹평에 힐버자이머 스스로 단념했던 1920년대의 작업 "대도시 건축"에 다시 맞춰졌다. 1989년, 시카고 미술관이 개최한 "미스의 그늘에서In the Shadow of Mies"라는 제목의 힐버자이머 심포지엄 리뷰에서, 피터 블런델 존스Peter Blundell Jones는 힐버자이머가 유행에 뒤쳐진 구식이라는 당시의 통상적 입장을 고수했다.[34] 존스의 리뷰가 출판된 것은 포스트모더니즘 비판 이론의 상징으로 힐버자이머를 복권시킨 마이클 헤이즈K. Michael Hays의 책이 나오기 불과 3년 전의 일이었다.[35]

　　　모더니즘 도시계획의 전략인 슈퍼블록에 대한 최근의 새로운 비판적 관심, 전국적으로 계속 진행 중인 모더니즘 주거 프로젝트의 철거, 도시 재건을 위한 "뉴 어바니즘" 모델의 대중적 수용 등에 비추어 볼 때, 라파예트 파크라는 흥미로운 비교 대상은 모더니즘 건축과 어바니즘이 실패했다는 기존의 인식을 진지하게 재고하게 한다. 미스 반 데어 로에의 건축이 가장 많이 모여 있는 곳이자 루트비히 힐버자이머의 가장 중요한 계획 작업인 디트로이트의 라파예트 파크는, 탈중심화된 전후 도시의 슈퍼블록 전략을 가장 완전하게 실현한 미국 사례이기도 하다. 힐버자이머의 도시계획과 알프레드 콜드웰의 조경이 조화를 이룬 라파예트 파크는 '어바니즘으로서 경관'에 대한 오늘날의 관심을 예비한 중요한 선례라고 할 수 있다.

　　　'어바니즘으로서 경관'에 대한 최근의 이해와 관련하여, 『새로운 지역적 패턴』은 다음 장에서 상세하게 다룰 몇 가지 중요한 통찰을 제공해 준다. 그 중에는 사회적 어젠다로서 프로그램 또는 계획이라는 개념이 있다. 이는 적어도 어느 정도는 전통적 산업 도시의 사회적 병리, 경제적 불평등, 비위생적 환경 등에 대응하는 선언이었다. 뿐만 아니라 『새로운 지역 패턴』은 랜드스케이프 어바니즘이라는 오늘날의 이슈와 관련하여 재현의 역할, 특히 다이어그램의 역할을 제기한다. 『새로운 지역 패턴』에 실린 힐버자이머의 다이어그램들은 경관 재현에 대한 최근의 관심과 유사한 면을 보여주며, 창발적 형태의 어바니즘을 표현하는 개괄적 관점을 제시해 준다. 힐버자이머의 다이어그램 활용은 조감aerial view의 종합적synthetic, 개괄적synoptic, 평면적planometric 국면을 암시하며, 여러 스케일을 넘나드는 생태와 인프라 시스템 사이의 쉽게 지각할 수 없는 관계를 보여준다. 가장 큰 스케일에서,

그의 드로잉은 자연 자원, 인구 밀집 지역, 가상의 원자 폭탄 폭발 등과 관련된 전국 규모 고속도로 시스템의 대규모 배치를 보여준다. 가장 작은 스케일에서는 파크웨이, 주차장, 농장, 들판, 사생활의 기초인 가정 정원 등 세심하게 만든 경관을 보여준다. 이 극단적인 두 스케일의 사이에서 힐버자이머와 콜드웰은 경관이 사회·공간적 질서의 매체를 제공해 줌으로써 전통적 도시 형태의 무거운 짐을 덜 수 있는, 거의 전적으로 새롭게 구상된 어바니즘을 선보였다.

7
농경 어바니즘과 조감의 주체

산업은 스스로 탈중심화될 것이다.
만약 도시가 쇠퇴한다면, 현재의 계획으로는 누구도 재건할 수 없을 것이다.
_ **헨리 포드, 1922,** 루트비히 힐버자이머, 1949에 인용

　　　　미국형 유기적 어바니즘organic urbanism을 위한 루트비히 힐버자이머Ludwig Hiberseimer의
탈중심적 계획은 도시를 경관과 관련시켜 급진적으로 재개념화하는 데 초점을 두었다. 힐버자이머
가 내건 미국 도시의 "구조적 변화"라는 개념의 핵심은 경제적·생태적 질서로서 지역region의 역할이
다. 그가 말하는 도시화의 새로운 "지역적 패턴"은 영국의 정원도시운동garden city movement과 프랑스
의 반도시desurbanist의 전통을 포함한 다양한 선례를 참고해 구상한 것이다. 그의 개념은 그밖에 프
랭크 로이드 라이트Frank Lloyd Wright의 브로드에이커 시티Broadacre City 프로젝트와 표트르 크로포트
킨Petr Kropotkin의 농지와 공장 지대의 융합이라는 아이디어도 참고한 것이었다.[1] 이러한 식으로 힐버
자이머는 농경과 도시의 혼합을 제안했다.

　　　　농경과 도시, 이 두 범주는 대개 서로의 반대로 여겨져 왔다. 다양한 학문 분과를 통틀어
수 세기 동안, 도시와 농촌은 이분법적 대립항으로 규정되어 왔다. 그러나 이와 대조적으로 최근 들
어 도시에 관한 설계 문화와 담론에서는 도시 농업urban agriculture의 가능성에 대한 주장이 넘쳐나
고 있다. 이 장에서는 농업 생산에 따른 공간, 생태, 인프라스트럭처의 영향으로 형성된 도시 형태의

< **7.1** 루트비히 힐버자이머, 경관 속의 도시, 조감도, 1945년 경.

역사를 재검토하고자 한다. 잠정적 반역사counterhistory를 구성하는 이 작업에서, 농업 생산은 전통적 도시 형태에 부속되거나 바깥으로 밀려나거나 삽입되는 것으로 고려되는 것이 아니라 오히려 도시 구조를 형성하는 중요한 요소로 이해된다. 도시의 대안적 역사를 재조명하는 작업인 이 장에서는 도시의 경제, 생태, 공간적 질서에 내재된 농업 생산을 중심에 둔 세 개의 도시 프로젝트로부터 유용한 과거를 재발견하고자 한다.

• • • • •

다수의 20세기 도시계획 프로젝트가 농경 어바니즘을 구축하고자 했다. 대개 농경 어바니즘에 대한 열망은 산업 대도시와 농촌 정주 환경의 사회·문화적 조건 간의 겉으로 보기에는 모순적인 충동을 화해시키고자 하는 시도였다. 이와 관련된 여러 프로젝트에서 농경주의agrarianism는 19세기와 20세기 초 서유럽과 북미에서 일어난 농촌에서 공업 도시로의 폭발적 이주 현상이 낳은 고밀도 산업 대도시 형태에 대한 하나의 대안으로 표출되었다. 여러 모더니즘 도시계획안에서 등장한 농경에 대한 열망은 이미 1910년대와 1920년대에 헨리 포드Henry Ford와 여타 산업주의자들이 선호했던 상대적으로 탈중심화된 산업 구조 모델의 초기 사례에서도 볼 수 있다.[2] 탈중심적 공간 구조를 선호한 포드의 영향으로 산업 구조가 수평적으로 확산되고 전통적 산업 도시의 형태를 버리는 경향이 나타났다. 부분적으로는 대공황 시대의 사회 상황에 대한 반응으로, 농경주의는 자급 농업을 기반으로 한 예전의 농경 인구와 근대 대도시의 상대적으로 취약한 산업 노동자 간의 연속성을 지니는 형식이라고 여겨졌다. 여러 모더니즘 도시계획가들은 공업과 농업의 혼합을 통해 노동자들이 공장과 집단 농장 사이를 번갈아가며 일할 수 있는 순환 노동 체계를 꿈꾸었다. 대개 이 새로운 영역의 공간적 질서는 광대한 지역적 규모의 경관으로 이해되었다. 이러한 양상과 관련된 프로젝트에서는 조감도와 지도를 섞어서 사용했는데, 이는 곧 하늘에서 내려다보는 조감 주체의 영향력이 커졌음을 암시한다.

20세기의 이러한 경향의 출현은 탈중심적 농경 어바니즘을 지지한 "브로드에이커 시티"(1934-35), 루트비히 힐버자이머의 "새로운 지역적 패턴New Regional Pattern"(1945-49), 안드레아 브란치Andrea Branzi의 "아그로니카Agronica"(1993-94) 등 일련의 프로젝트를 통해 읽어낼 수 있을 것이다.[3] 서로 성향이 다른 이 세 건축가의 프로젝트들은 30년 이상의 시간차가 있지만, 도시 구조에 내재된 농업 생산의 도시적 형태의 의미를 총체적으로 보여준다. 또한 이 프로젝트들은 농업 어바니즘이라는 주제에 대한 일관성 있는 사상적 계보를 형성한다. 브란치는 힐버자이머의 도시 구상안을 참고했음이 분명하고, 힐버자이머의 작업은 라이트의 도시 프로젝트와 밀접하다. 그들의 프로젝트는 당시 사람들에게 도시에 대한 새로운 개념을 선보였으며, 도시의 형태를 생산적 경관으로 탈중심화하고 해체하는 급진적 사고를 제시했다. 형figure에서 장field으로의 해체는 교외화 지역주의suburbanized regionalism라는 혼성적 상황을 지지함으로써 도시와 농촌의 전통적 구별을 부적절한 것으로 만들었다. 도시 농업에 대한 관심이 커지고 있는 오늘날의 시각에서 보자면, 그들의 프로젝트는 도시 형태의 정통 역사에 못지않은 대안적 역사라고 해석할 수 있다.

이들 세 어바니스트의 작업에 내포된 것은 산업 경제로 인한 도시 탈중심화의 지속적 진행 과정이다. 라이트, 힐버자이머, 브란치에게 있어서 탈중심화라는 새로운 산업 논리가 낳은 감소된 밀도의 어바니즘은 도시 형태의 핵심 매개체인 경관에 달려 있다. 이와 같은 교외 경관은 농경지, 농장, 들판 등을 통해 형성되고 구체화되었다. 이러한 프로젝트들은 기존의 자연 환경이 새로운 농업 및 공업 경관과 관계 맺는, 도시 인프라스트럭처의 광역 네트워크를 제안했다.

이들 프로젝트 각각은 도시에 대한 재개념화를 시도했으며 급진적 탈중심화와 해체를 통해 경관으로 분산된 도시의 형상을 제안했다. 형에서 장으로의 이행은 곧 도시와 시골의 고전적 차이를 적절하지 않은 것으로, 농경과 산업 경제의 혼성을 적절한 것으로 보는 입장이다. 오늘날의 랜드스케이프 어바니즘 관점에서 보면, 이 프로젝트들은 혁신적 정원 도시 모델로부터 산업 도시의 예외적 공간이었던 도시 공원의 전통으로 이어진, 도시 경관에 대한 정통 역사에 못지않은 대안적 역사를 제시했다고 할 수 있다. 이 프로젝트들은 도시와 시골, 마을과 농지의 근본적 차이를 재개념화했고, 어바니즘과 경관은 산업화된 북미 모더니티의 세 번째 국면, 즉 최초의 생태적 랜드스케이프 어바니즘으로 용해된다. 오늘날 '어바니즘으로서 경관'에 대한 관심은 이 20세기 중반의 역사적 선례에 대한 검토를 요청한다. 이러한 관점에서 보자면, 당대의 도시 형태를 지배하는 매체라는 건축의 전통적 역할을 경관이 대체한다. 이는 20세기 중반의 모더니즘 계획 담론에서 조감의 주체aerial subject가 등장한 것과 탈중심화된 도시 형태의 주요 매체로서 경관의 역할이 강화된 것이 일맥상통한다는 점에서 특히 주목할 만하다.

· · · · ·

대공황이 한창이던 시기, 한때는 미국 건축가들의 수장으로 우뚝 섰던 위상을 다시 회복할 가망이 거의 없던 시기에, 프랭크 로이드 라이트는 아직 남아 있던 후원자들을 설득해 자신이 구상해 온 미국형 유기적 어바니즘 개념의 순회 전시 기금을 모았다. 1934년 말과 1935년 초의 겨울, 이른바 브로드에이커 시티는 라이트의 작업장 탈리어센Taliesin에서 학생 도제들이 제작한 대형 모형과 설명 자료로 구성되었다. 프로젝트의 기저에 깔린 전제는 이미 1920년대의 강연에서 나타났고 전체 내용은 1932년에 출간된 『사라지는 도시The Disappearing City』에 담겼지만, 브로드에이커의 물리적 모형과 드로잉은 1935년 뉴욕 전시회에서 비로소 첫 선을 보인다(그림 7.2, 7.3, 7.4, 7.5). 더 많은 곳에서 후속 순회전이 열렸고, 매우 오랫동안 지속된 이 프로젝트는 『민주주의의가 건설될 때When Democracy Builds』(1945)와 『살아 있는 도시The Living City』(1958) 등 후속 저서를 통해 더 널리 전파되었다.[4]

전시를 본 미국인들에게 브로드에이커 시티는 근대 산업 도시에 대한 라이트의 신랄한 비평의 결정체였다. 전시회에서 브로드에이커는 경계 없이 드넓은 경작된 경관 카펫 위에 펼쳐진 북

7.2 프랭크 로이드 라이트, 브로드에이커 시티, 평면도, 1934-35.

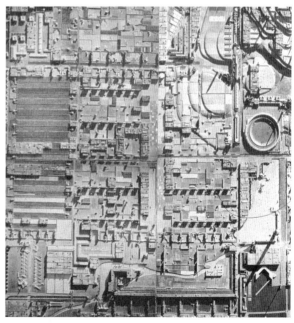

7.3 프랭크 로이드 라이트, 브로드에이커 시티, 모형, 1934-35.

미 정주 환경의 토착적이고 유기적인 모델로 상정되었다. 도시와 시골을 구별하는 유럽적 전통에서 탈피한 브로드에이커 시티는, 제퍼슨식 그리드Jeffersonian grid를 기본 조직 체계로 삼은 교통과 통신 인프라의 네트워크를 제안한다. 이 거의 동질적인 영역에서는 군county 총괄 건축가가 이끄는 군 정부가 토지를 소유한 농민 인구를 관리하던 기존의 다른 정부 기관들을 대체한다. 라이트는 헨리 포드가 말한 북미의 탈중심적 정주 패턴에 대한 개념을 확실히 알고 있었고 그것에 공감했다. 실제로 구현된 것 중 브로드에이커에 담긴 라이트의 개념과 가장 가까운 것을 찾는다면, 단연 포드가 착수해서 이후에 완성된 테네시 강 유역 개발공사Tennessee Valley Authority(TVA)를 들 수 있다. TVA는 미래 도시화의 씨앗을 뿌리는 과정의 일환으로 전 지역에 전기를 공급하기 위해 테네시 강 일대에 수력 발전 댐과 고속도로를 건설하는 임무를 맡았다.[5]

　　브로드에이커(또는 라이트가 이후에 칭한 바에 따르면, 우소니아Usonia)의 거주자는 타고난 권리로 1인당 1에이커의 토지를 소유하고, 최저 수준 이상의 풍성한 정원과 소규모 농장이 딸린 현대식 주택을 누린다. 이를 기본 패턴으로 한 다양한 규모의 주거 및 경관 유형 사이사이에 경공업 시설, 소형 상업 센터와 시장, 공공 건물, 어디로든 뻗어가는 고속도로가 배치된다. 브로드에이커 프로젝트는 극도의 저밀도 개발이지만 대부분의 땅은 개간되고 경작된다. 때로는 오래된 물길, 지형적 특성, 여타의 기존 생태계에 순응하기 위해 경관의 인위적 관리를 줄이기도 한다. 아마 미국 중서부에 기원을 둔 브로드에이커 시티가 북미 대륙의 나머지 지역으로 확산되기 위해서는 문화적·물질적 역사까지는 아니더라도 지역의 기후, 지리, 지질 등을 여러 수준에서 수용해야 했을 것이다. 라이트의 브로드에이커 시티 바깥에 위치하는 기존 도시화 지역의 위상은 물음표로 남겨졌다. 아마 그런

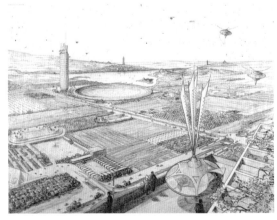

7.4 프랭크 로이드 라이트, 브로드에이커 시티, 조감도, 1934-35.

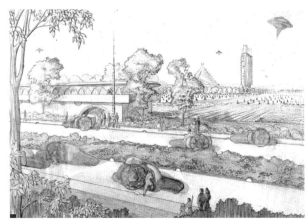

7.5 프랭크 로이드 라이트, 브로드에이커 시티, 조감도, 1934-35.

지역은 그 자리에 버려졌을 텐데, 이러한 점에서도 라이트의 구상은 포드의 선례를 따른다고 볼 수 있을 것이다.

　　　최악의 대공황으로 인해 파산한 가족 농가들은 중서부의 저당 잡힌 농장을 버리고 떠나 동부 지역이나 서부의 캘리포니아에서 시위를 벌였다. 도시와 관련된 사적 소유, 과시적 소비, 부의 축적 등에 대한 라이트의 비판은 브로드에이커에 제시된 강한 사회 비평에서 적지 않은 부분을 차지했다.[6] 라이트는 축적된 부와 투기성 자본의 해악을 우려했지만, 역설적이게도 포드의 지역 인프라 개념에서 미국식 유기적 도시 개발 패턴의 기초를 발견했다. 당시의 미국 도시는 포드식 생산 분산의 경향에 의해 주도된 철저한 탈중심화의 과정을 겪고 있었지만, 라이트의 브로드에이커 시티는 산업 도시 관련 이익에 대한 끊임없는 수요를 유예시켰다.

· · · · ·

　　　라이트의 브로드에이기 전시회가 개최된 지 4년 후인 1939년, 뉴욕 만국박람회에서 제너럴 모터스General Motors(GM)의 후원으로 "내일의 세계World of Tomorrow" 전시회가 열렸다. GM사의 하이웨이 앤드 호라이즌스Highway and Horizons 관의 핵심 전시작인 "푸투라마Futurama"는 합리적으로 계획되고 기술적으로 최적화된 고속도로 시스템의 산물인 탈중심적 미국 어바니즘을 생생히 보여주었다. 미국의 산업 디자이너이자 무대 디자이너인 노먼 벨 게데스Norman Bel Geddes가 디자인한 푸투라마는 박람회에서 가장 인기를 끈 명소였는데, 두 시즌 동안 무려 2천 5백만 명 이상이 푸투라마를 방문했다.[7] 푸투라마를 찾은 1939년과 1940년의 관객들은 1960년 경 미국 중서부의 딜중심화된 대도시를 조감하는 경험을 했다. 벨 게데스의 공중 관객은 높은 곳에 매단 이동식 차량을 통해 거대한 스케일의 북미 중앙부 모형을 보았는데, 이 모형은 미래의 세인트루이스Saint Louis와 가장 흡사한 모습을 공중에서 본 것처럼 보이도록 제작된 것이었다. 위에서 모형을 보게 한 벨 게데스의 전략은 북미 경관의 항공 사진에 대한 디자이너의 광범위한 리서치를 효과적으로 활용한 것이었고, 개인별로 자동차를 소유하게 될 것이라는 전망에 기초해 탈중심적 도시성을 가장 잘 예측한 이미지를 제시했다. 여전히 대공황의 질곡을 겪고 있던 푸투라마의 관람객들에게 대규모 항공 여행의 시뮬레이션은 당시에는 아직 엘리트적이고 사치스럽다고 여겨지던 여행 방식의 유토피아적 이미지로 다가왔다. 이처럼 아주 특별한 관객성spectatorship은, 공중에서 내려다보는 자의 이동하는 감시의 시선을 통해 기술의 진보와 개인의 자유를 실현했다. 수백만 명의 푸투라마 방문객은 위에서 보며 파악한 도시화의 탈중심성에 즉시 사로잡혔지만, 결국은 아래를 택하게 된다. 공중과 지상이라는 두 가지 형태의 주체성은 모두 기술과 진보—GM사의 사회 공헌 사업이 후원한—를 통해 더 많은 개인의 자유를 약속했다.[8]

벨 게데스가 조감 이미지를 통해 보여 준 도시성은 전국 다차선 고속도로 체계를 통해 가능해진 자동차 교통의 탈중심화 시스템이었다. 고속도로는 교외로 접근하기 위해 도시 중심부를 우회했고, 공학적으로 잘 설계된 체계적 진출입로를 통해 안전성이 강화되었으며, 속도와 방향에 따라 차선을 분리했다. 한마디로 말하자면, 푸투라마는 2차 세계대전 이후 도시 방어와 군사적 인프라로 건설된 미국 주간 고속도로US interstate highway 시스템에서 실현될 많은 것을 미리 예측한 이미지를 보여준 셈이다. 이듬해에 벨 게데스는 자신의 비전을 『마법의 고속도로Magic Motorways』(1940)에 담아 출간했는데, 이 책에서 그는 더 많은 대중을 위해 푸투라마 전시회를 기록했고 전국 고속도로 시스템 건설을 주장했다.[9] 이 책은 (효율성, 안전성, 이동의 자유를 통한) 기술적 진보를 궁극적으로는 탈중심화된 북미의 정주 패턴과 연관시켰다. 라이트의 브로드에이커와 마찬가지로, 벨 게데스의 푸투라마는 단순히 미래의 탈중심화를 옹호한 점뿐만 아니라 조감의 주체성 —바로 이 점 때문에 푸투라마의 구상이 널리 이해되고 인기를 모았다— 모드를 제시했다는 점에서 중요한 의미를 지닌다. 브로드에이커와 푸투라마는 둘 다 쉽고 경제적인 항공 여행 시대의 도래를 알리는 징후였다. 두 전시회에서 대공황 시기의 관람객들은 신기한 조감의 주체성을 경험하는 데 초대된 셈이다. 이런 방식으로 두 프로젝트는 조감의 장면을 기술적 진보 및 민주적 가치와 연결시켰으며, 관람객들은 얼마 뒤에 지상에서 일어날 탈중심화된 미래의 모습을 상상할 수 있었다.[10]

• • • • •

이러한 잠재력은 패트릭 게데스Patrick Geddes로부터 이안 맥하그Ian McHarg로 이어진 지역 정보 기반 계획의 오랜 전통에도 있지만, 힐버자이머의 『새로운 지역적 패턴』은 토목공학과 생태학적 산물의 복합적인 문화적 결합을 우선시했다는 점에서 계보가 다르다. 힐버자이머의 도시 질서라는 유기적 개념은 도시와 시골 사이의 근본적 차이를 부적절하게 만들며, 산업 도시와 이에 수반된 사회적 해악을 비판했다. 힐버자이머의 패턴은 대도시 지역의 재조직을 주장하는 지역계획의 혁신적 전통뿐만 아니라 정원 도시의 전통으로부터도 큰 영향을 받았다(그림 7.6, 7.7, 7.8).[11]

    앞 장에서 살펴본 바와 같이, 힐버자이머의 『새로운 지역적 패턴』은 소규모 "정주 단위 settlement unit"를 기반으로 구성되며 이 정주 단위에 의존한다. "정주 단위"는 주거, 농장, 경공업, 상업으로 구성된 반半자치적이고 집합적인 단위다. 정주 단위는 개발의 기본 모듈을 형성하며, 협동 생활과 협동 노동의 정주 형식을 지닌 보행 위주의 자족적 사회 단위를 구성한다. 수평적으로 넓게 펼쳐진 땅에 배치된 자동차 중심의 인프라스트럭처 안으로 보행 가능한 규모의 정주 단위가 배치되며, 이 인프라스트럭처는 각 지역의 상황에 따른 대규모 환경 시스템에 의해 조직된다. 이처럼 보행자가 걸을 수 있는 거리와 자동차를 타야 하는 범위 사이의 스케일 차이는 라이트가 제시했던 스케일 없는scale-less 틀과 완전히 다르다. 라이트는 이웃 간의 사회 관계와 생활이 주거의 물리적 배치보다는

7.6 루트비히 힐버자이머(계획), 알프레드 콜드웰(표현), 경관 속의 도시, 조감도, 1942.

계약 관계에 의해 형성되는 틀을 제시한 바 있다. 대조적으로, 벨 게데스의 푸투라마는 가장 쉽게 볼 수 있는 오늘날의 경관 유형을 충실히 재현하고 수많은 고층 준교외ex-urban 클러스터를 보완한, 탈중심화된 도시의 평원을 보여주었다. 이러한 차이는 저자이자 건축가인 세 사람이 전념했던 방향의 정치적 차이라고 이해할 수 있다. 힐버자이머의 제안은 복합적인 사회적 배열과 공간적 집합성 형태를 취한 반면, 벨 게데스의 푸투라마는 대중 광고와 정치적 지지를 통한 기업 선전의 형식을 제시했다. 라이트는 대규모의 유기적 질서 속에서 개별적으로 거주하는 자치적이고 무정부적인 시민–농부를 구상했으며, 그의 구상에는 사회적 질서 스케일의 개입이 상대적으로 적은 편이었다. 탈중심화된 북미의 정주 패턴이 낳은 민주 시민권의 가장 적절한 형식으로서 "조감 주체성"의 대칭성은, 라이트, 벨 게데스, 힐버자이머의 서로 다른 정치·문화적 성향을 감안할 때 특히 두드러진다. 라이트의 반도시적 판타지는 그의 후속 주택 프로젝트 다수에서 실현된 반면, 그의 브로드에이커 시티는 주택 계획 시 지켜야 할 일반적 맥락의 지침이나 개별 건물 프로젝트의 배경 그림으로 활용된 경우를 제외하면 전혀 실행된 적이 없다. 마찬가지로, 지역 스케일에서 유기적 어바니즘을 제시한 힐버자이머의

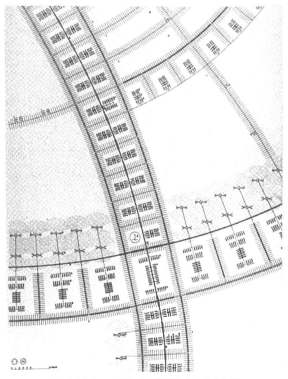

7.7 루트비히 힐버자이머, 도시계획 시스템(변용), 계획 다이어그램, *The New Regional Pattern*(Chicago: Paul Theobald, 1949), 163, Figure 107.

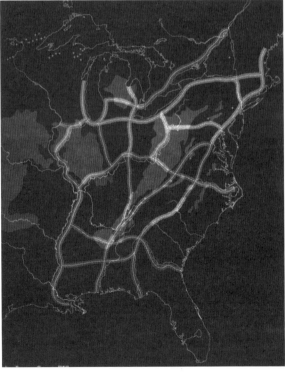

7.8 루트비히 힐버자이머, 새로운 지역적 패턴, 계획 다이어그램, *The New Regional Pattern*(Chicago: Paul Theobald, 1949), 142, Figure 93.

구상 역시, 알프레드 콜드웰Alfred Caldwell의 조경이 공공 영역을 규정한 디트로이트 라파예트 파크
Lafayette Park 사례 하나를 제외하면 전혀 실현되지 않았다.[12]

　　미국형 유기적 농경 어바니즘을 지향한 라이트와 힐버자이머의 프로젝트는 전후의 교외
화 프로젝트를 예견한 것으로, 또는 교외화에 협력한 것으로 평가받는 경우가 많았다. 앞의 6장에
서 논의한 바와 같이, 바로 이러한 점 때문에 모더니즘 도시계획에 대한 포스트모더니즘 비평은 경
관에 기반을 둔 힐버자이머의 도시 패턴이 결국 반도시적이라고 공격하며, 경관 중심의 도시 제안
은 그 어떤 것도 19세기의 가로 벽과 블록 구조를 재편하는 데 제대로 기여하지 못했다는 꼬리표를
달게 되었다. 조지 베어드George Baird는 이러한 논점을 가장 잘 표현한 대표적인 비평가다. 베어드의
책 『현상의 공간』의 한 장은 "유기론자의 갈망과 그 귀결"이라는 제목을 달고 있다. 베어드는 힐버자
이머의 지역 프로젝트에서 명백하게 드러나는 유기론의 전통을 스코틀랜드 출신 계획가 패트릭 게
데스와 그의 영향을 받은 루이스 멈포드Lewis Mumford, 그리고 이안 맥하그의 『디자인 위드 네이처
Design with Nature』(1969)에 이르는 혁신적 지역계획의 계보로 추적한다.[13]

· · · · ·

　　이탈리아의 건축가이자 어바니스트인 안드레아 브란치의 작업은 농경 어바니즘을 오늘
날에 적용할 수 있는 가능성에 대한 이해를 돕게 해 준다. 브란치는 도시 프로젝트 자체를 사회·문
화적 비평으로 이용하는 오랜 전통을 되살려냈다. 이러한 형식의 도시 투영projection에서 프로젝트는
단순한 일러스트레이션이나 "비전"이 아니라 현재 도시가 처한 곤경을 이해하기 쉽게 징제하여 묘사
하는 수단으로 쓰인다. 이러한 의미에서 브란치의 도시 프로젝트는 유토피아적인 미래의 가능 세계
라기보다는 오히려 동시대의 도시 상황을 만들어내는 권력 구조, 힘, 흐름 등에 대한 비판적이고 참
여적이며 정치적인 서술이라고 볼 수 있을 것이다. 지난 40년 간 브란치의 작업은 수많은 자유방임
도시 개발이 낳은 사회적, 문화적, 지적 빈곤에 대해 일관된 비판을 던져 왔고, 도시설계와 계획을
앞세운 현실 정치를 비판해 왔다. 기성의 계획을 넘어서는 대안으로서 브란치의 프로젝트들은 동시
대 도시의 실패에 대한 환경, 경제, 미학적 비평의 형식을 갖춘 어바니즘을 제안하고 있다.[14]

　　피렌체에서 태어나고 교육받은 브란치는 노동자주의의 문화 환경과 마르크스주의 비평의

164

지적 전통 속에서 건축을 공부했다. 이러한 배경은 문화 비평의 형식을 띤 그의 사변적 도시 구상안에 깊이 배어들어 있다. 브란치가 처음 국제적으로 주목받게 된 것은 1960년대 중반 아키줌Archizoom 그룹의 일원이 되면서였다. 아키줌은 밀라노에 근거지를 두었지만 피렌체의 급진주의 건축Architettura Radicale 운동과 긴밀한 관계를 지닌 단체였다. 아키줌의 프로젝트이자 텍스트인 "노-스톱 시티No-Stop City"(1968-71)에는 연속적인 이동성, 유동성, 가변성의 어바니즘이 상세히 표현되어 있다. "노-스톱 시티"는 어떤 측면에서는 영국 아키그램Archigram의 기술지향주의에 대한 풍자라고 볼 수 있지만, 또 다른 측면에서는 특질 없는 어바니즘의 재현, 즉 도시화의 "절대 영도degree-zero" 상태를 표현한 것이라고 이해할 수도 있다(그림 7.9, 7.10, 7.11, 7.12).**15**

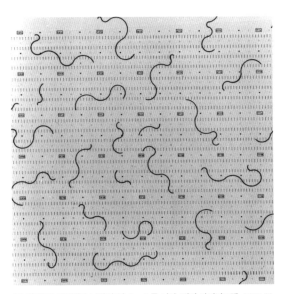

7.9 아키줌+안드레아 브란치 외, 노-스톱 시티, 평면 다이어그램, 1968-71.

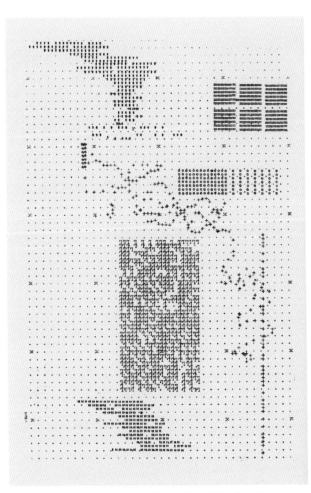

7.10 아키줌+안드레아 브란치 외, 노-스톱 시티, 평면 다이어그램, 1968-71.

아키줌은 "노-스톱 시티"의 비형상적 계획 연구를 표현하기 위해 A4 용지에 타자기 자판으로 쳐서 입력하는 방식을 썼는데, 이는 오늘날 관심이 커지고 있는 지표적indexical이고 파라메트릭parametric한 도시 재현의 원조라고 할 수 있을 것이다. 아키줌의 작업은 현대 대도시의 수평적 장의 조건, 즉 경제적·생태적 흐름의 강력한 힘에 의해 형성된 판에 대한 최근의 관심을 예견한 셈이다. 또한 아키줌의 드로잉과 텍스트는 도시 형태의 비형상적 동인인 인프라스트럭처와 생태에 대한 오늘날의 관심을 예비한 것이었다. 이처럼 최근의 어바니스트 세대는 브란치의 지적 유산에 큰 빚을 지고 있다. 장field의 조건에 관심을 둔 스탠 앨런Stan Allen과 제임스 코너James Corner로부터 물류 경관에 주목한 알렉스 월Alex Wall과 알레한드로 사에라-폴로Alejandro Zaera-Polo에 이르기까지, 브란치의 작업에 영향을 받은 최근의 여러 건축가와 어바니스트는 랜드스케이프 어바니즘 담론의 지적 토대를 형성하게 되었다.[16] 또한 브란치의 도시 프로젝트는 최근의 건축 문화와 어바니즘이 동물계, 불확정성, 범용성 등 폭넓은 범위의 주제에 관심을 두는 데 기여했다.

"비형상적" 어바니즘의 형식을 띤 "노-스톱 시티"는 비형상적 도시 투영의 사회주의 비평으로서의 보잘 것 없는 전통을 극복하고 갱신했다. 이러한 맥락에서 브란치의 "노-스톱 시티"는 루트비히 힐버자이머의 도시계획 프로젝트와 이론, 특히 『새로운 지역적 패턴』과 이 책에 나타난 초기 생태적 어바니즘의 영향을 받았다.

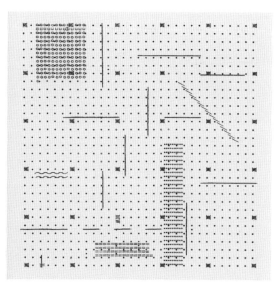

7.11 아키줌+안드레아 브란치 외, 노-스톱 시티, 평면 다이어그램, 1968-71.

7.12 아키줌+안드레아 브란치 외, 노-스톱 시티, 모형, 1968-71.

우연치 않게도, 브란치와 힐버자이머는 모두 도시를 사물의 집합체가 아닌, 서로 관련된 힘과 흐름의 연속적 시스템으로 설명했다. 이러한 의미에서 힐버자이머에 대한 지속적 재평가, 그리고 브란치와 동시대 어바니즘의 관련성은 특히 생태적 어바니즘ecological urbanism 논의에 적절한 논거라 할 수 있다. 안드레아 브란치는 전후 모더니즘 도시계획의 사회·환경적 열망과 영어권에 자신의 작품이 첫 선을 보인 1968년의 정치적 상황 사이를 연결한 독보적인 역사적 위상을 지닌다. 이러한 점에서 그의 작업은 새롭게 부상하고 있는 생태적 어바니즘에 관한 논의를 조명하는 데 특히 적합하다.

브란치의 아그로니카 프로젝트(1993-94)는 영역 안의 얇은 조직을 가로질러 끊임없이 뻗어나가는 자본의 수평적 확산을, 그리고 그 결과로 신자유주의 경제 패러다임이 낳은 "약한 도시화weak urbanization"를 보여준다(그림 7.13). 아그로니카는 농업 생산과 에너지 생산의 잠재적 유사성, 포스트–포디즘 산업 경제의 새로운 양상, 그리고 이로 인해 형성된 소비 문화를 구체화한다.[17] 6년 후인 1999년, 브란치는 (밀라노의 대학원 연구소인 도무스 아카데미Domus Academy와 함께) 에인트호번의 스트레이프 필립스Strijp Philips 구역에 대한 프로젝트를 수행한다. 이 계획 프로젝트에서 브란치는 자신의 모든 작품에서 볼 수 있는 전형적 위트이자 핵심 주제로 돌아가 "신경제의 영역"을 표현하고 있는데, 이 개념에서 농업 생산은 도시의 형태를 끌어내는 주요 요인으로 작용한다(그림 7.14).[18]

에인트호번의 "약한 작업"에 담긴 비판적·투영적 정신은 도시 형태를 만드는 경제적·농업적 동력에 관심을 지닌 새로운 어바니스트 세대에 영향을 미친다. 약한 도시 형태와 비형상적 장의 개발에 대한 그의 요청은 이미 지난 10년간 랜드스케이프 어바니즘을 논의해 온 사람들의 사고에 영향을 미쳤으며, 생태적 어바니즘의 출현을 전망하고 있다.[19] 뿐만 아니라 브란치가 내놓은 투영적이고 논쟁적인 도시의 과제는 농경 어바니즘의 과제 또한 조명하고 있다고 볼 수 있다.

피에르 비토리오 아우렐리Pier Vittorio Aureli와 마르티노 타타라Martino Tattara/도그마Dogma는 최근 프로젝트인 "스톱–시티Stop-City"에서 브란치가 비형상적 도시 프로젝트를 사회·정치적 비평의 형식으로 활용한 것을 직접 참조했다(그림 7.15, 7.16).[20] 건축의 자율성에 관심을 지닌 아우렐리는 비형상적인 것의 잠재력과 비판적 사고에 주목했다. 베어드와 마찬가지로 아우렐리는 정치적 프로젝트로서의 건축을 통해 비판성을 지키는 입장에 전념했으며, 경관이 어바니즘의 매체라는 주장에는 회의적이다. 이러한 입장에도 불구하고, 또 경관이 녹색 세탁의 수단으로 이용되는 경우가 많다는 우

7.13 안드레아 브란치+단테 도네가니+안토니오 페트릴로+클라우디아 라이몬도/
타마르 벤 다비드+도무스 아카데미, 아그로니카, 모형, 1993-94.

7.14 안드레아 브란치+라포 라니+에르네스토 바르톨리니,
스트레이프 필립스 마스터플랜, 에인트호번, 모형, 1999-2000.

7.15 피에르 비토리오 아우렐리+마르티노 타타라/도그마,
스톱 시티, 조감 포토몽타주, 2007-8.

7.16 피에르 비토리오 아우렐리+마르티노 타타라/도그마,
스톱 시티, 전형 평면도, 산림 캐노피, 2007-8.

려에도 불구하고, 아우렐리는 정치적 프로젝트로서 유럽의 도시 프로젝트의 전통에 영향을 받았다. 또한 그는 도시의 형태학적 분석 수단으로서 유형학에 계속 관심을 두고 있다.

　　여기서 아우렐리가 베르나르도 세치Bernardo Secchi와 파올라 비가노Paola Viganò의 제자 였다는 점은 매우 중요하다. 세치와 비가노는 "분산 도시città diffusa" 개념을 전개해 왔는데, 그들 은 비판 이론과 건축적 자율성의 전통을 확산된 도시 형태가 증가하고 있다는 명백한 실증적 사 실과 조화시킨다. 세치는 "분산 도시"가 21세기의 가장 중요한 도시 형태라고 말한다. 세치와 비가 노는 경관을 어바니즘의 매체로 삼아 동시대 도시의 이론적 틀, 정치적 입장, 접근 방법론을 발전 시켰다.[21]

· · · · ·

　　경관을 어바니즘으로 이해하는 최근의 시각으로 보자면, 이 장에서 다룬 계보는 몇 가지 의미 있는 통찰을 제시해 준다. 무엇보다도 중요한 것은 프로그램이나 계획이 사회적 어젠다라는 개 념이다. 이는 매우 분명한 정치적 관점을 동반했다. "푸투라마"는 대중적 오락의 방식으로 기업의 광 고를 위해 구상된 것이 분명한 반면, "브로드에이커 시티"와 "새로운 지역적 패턴"은 적어도 부분적 으로는 기존 산업 도시의 사회적 병리, 경제적 불평등, 비위생적 환경에 대한 비판적 대응으로 구상 되었다. 브로드에이커 시티와 새로운 지역적 패턴은 공업, 농업, 주거의 물리적 규모 제한을 주장했 고, 노동, 가정, 식량, 도시 생활을 근접시켜야 한다는 의미 있는 주장을 펼쳤다. 자본주의 개발의 특 징인 사회적 불평등과 불량한 건강에 대한 처방으로 제안된 이 두 프로젝트는 사적 소유, 축적, 투기 등 사회적 한계의 공간적 시사점을 예시한 것이었다.

　　세 프로젝트 각각은 급진적 탈중심화를 제안했는데, 이때 탈중심화는 단순히 푸투라마에 서처럼 성숙한 포디즘 산업 경제의 묘사가 아니라 북미 정주 패턴의 유기적 조건이다. 서로 다른 맥 락에서 라이트와 힐버자이머는, 근대 대도시가 실패한 것은 인간이 경관을 점유해 온 서구의 긴 역 사에서 명백히 드러나는 유기적 관계의 위험한 모순 때문이라고 여겼다. 라이트의 유기적 건축에 대 한 관심은 주로 미국 중부의 지역적 특성에 집중된 반면, 힐버자이머는 근대 산업 경제의 조건 자체 에서 유기적 어바니즘을 발견했다. 이는 지역적 적용에 비중을 둔 라이트의 모델과 크게 다른 점이다. 자연 선택 이론과 관련하여 라이트와 힐버자이머의 유기적 어바니즘 모델의 채 검토되지 않은 관계에 대해서는 추후 심층 연구가 필요하다.

  탈중심화에 대한 비전을 표명하기 위해, 이들의 프로젝트는 건축가의 중요한 역할을, 특히 계획의 정치적 의사 결정에서 공인으로서의 역할을 유지하고 있기는 하지만, 공공과 시민 영역에서 건축의 매개 역할이 크게 감소했다는 점을 반영하고 있기도 하다. 그 대신, 라이트의 브로드에이커 시티, 힐버자이머의 새로운 지역적 패턴, 브란치의 아그로니카는 경관을 기존 자연 환경과 토목 인프라 시스템 간의 공간적 관계를 구조화하는 매체로 제안하고 있다. 이 프로젝트들은 공공 공간과 사적 공간을 조직함에 있어서 새롭게 재규정될 수 있는 농경의 역할을 제시한다. 이러한 정의는 장식 예술 또는 환경 과학으로 이해되어 온 경관 매체의 전통적 영역을 확장시킨다. 경관이 다양한 규모에서 작동할 것이라는 전망, 즉 광역적 지역 환경과 국지적 사회 조건 사이의 의미 있는 관계를 만들어낼 것이라는 전망은 지극히 타당하다. 이러한 잠재력은 힐버자이머가 다양한 규모의 뜰, 마당, 정원에서의 가정 생활을 이것들과 연결된 대규모 공원 구역과 관련시키고 있다는 점에서 분명히 드러난다. 라이트는 가족 농사를 모든 시민 주체의 일상적 활동의 주요 요소로 강조했다. 라이트의 브로드에이커에서는 텃밭이 다양한 규모의 농업적 이용으로 형성된 공공 경관 형식의 소규모 협동 농장과 시장을 대체하는 반면, 힐버자이머의 "정주 단위"는 개인별 반사적 공간인 마당을 합쳐서 만든 보행자의 공공 공원 구역을 기초로 한다. 공공 생활 개념에 대한 세 사람 간의 사소하지만 의미심장한 차이는 이들이 생각한 공공 경관의 위상에서 잘 드러난다. 즉, 라이트는 생산적 농지를, 벨 게데스는 확산된 공원 도로 전망 시설을, 힐버자이머는 점유되고 프로그램이 투여된 공원 구역을 공공 경관이라고 보았다. 이러한 전략들이 축적된 결과라 할 수 있는 '어바니즘으로서 경관'에 대한 오늘날의 관심은 개별 주거의 국지적 조건과 공공 인프라의 시민 영역을 생태적 맥락에서 보다 성숙하고 확고한 일련의 관계로 변화시킬 수 있다.

  또한 이 장에서 20세기 중반 도시계획의 농경에 대한 열망과 관련하여 다룬 프로젝트들은, 민주적으로 탈중심화된 북미 어바니즘에 적합한 거주자로서 조감 주체의 우월한 위상을 예고했다. 이 프로젝트들은 새롭게 구상된 공공 영역을 만드는 과정에서 토목공학과 공공 사업의 새로운 역할을 제안한다. 새로운 공공 공간은 자동차와 주차장을 통해 경험되며, 이는 공공 공간의 기본 요소였던 보행 가로와 공공 광장의 기존 역할을 대체해 나간다. 다음 장에서 논의하겠지만, 어바니즘의 매체로서 경관과, 조감하는 주체와 재현이라는 특별한 형식의 상관 관계에는 오랜 역사가 존재한다. 경관 매체로 조감하는 주체와 부지 사이의 관련성은 오늘날 경관으로 어바니즘을 이해하는 또 하나의 독법을 알려준다. 다름 아닌 공항이다. 공항은 랜드스케이 어바니즘의 주체이자 대상인 것이다.

8

조감 재현과 공항 경관

관례적인 경계의 삭제가 20세기 후반의 가장 두드러진 공간적 특징이라면,
그런 특징이 가장 완벽하게 나타나는 곳은 공항일 것이다.

_ **데니스 코스그로브**, 1999

도시의 매체이자 모델로서 경관에 대한 오늘날의 관심은 산업 경제의 변화로 인해 생겨
났다. 랜드스케이프 어바니즘의 어젠다는 대부분 예전의 산업과 예전의 도시에 뒤이어 등장한 반면,
그 실천 사례는 급속한 도시화와 경제 성장을 겪은 부지와 관련되어 출현했다. 이 장에서는 그러한
성장의 한 측면인 조감 재현aerial representation의 출현과 그에 따른 경관으로서 공항을 살펴보고자
한다. 이 주제는 오염된 독성 산업 부지를 치유하는 개선 매체로서 경관의 역할을 넘어, 공항과 그
부속 도시 영역의 구성에 있어서 랜드스케이프 어바니즘 전략의 가능성과 관련된다.

랜드스케이프 어바니즘에서는 경관의 개념이 아름다운 경치와 그림 같은 이미지로부터
공중에서 가장 잘 보이는 고도로 관리된 판surface으로 바뀌었다. 한때 조경은 길들여지지 않은 미지
의 황야와 반대되는 장소를 만드는 것으로 그 존재감을 보여주었다면, 이제는 잘 알려진, 또는 적어
도 알 만한 대지의 판을 다양한 원격 조감 재현을 활용해 다시 다루기 시작했다. 여기서 핵심은 지도
와 평면도이지만, 항공 사진도 그에 못지않게 중요하다.[1]

< **8.1** 막스 에른스트, 무제(살인적 비행기), 포토몽타주, 1920.

．．．．．

    18세기 후반과 19세기에 걸쳐 카메라가 개발되기 시작할 무렵, 지면보다 높은 곳에서 사진을 찍는 것은 풍경 사진을 제작하는 대규모 프로젝트에서는 사소한 장르였지만 소수의 개인을 사로잡은 중요한 작업이기도 했다.[2] 롤랑 바르트Roland Barthes의 견해에 따라 니에프스Niepce의 자연광 아래의 저녁 식탁 사진(1823년 작)을 최초의 사진으로 받아들인다면, 이 이미지는 경관을 찍은 최초의 사진이라고도 할 수 있다.[3] 최초라고 기록된 공중에서 찍은 사진은 또 다른 프랑스인 가스파르 펠릭스 투르나숑Gaspard Félix Tournachon(일명 나다르Nadar)의 것이다. 1858년, 나다르는 고다드Goddard 열기구의 암막 커튼 뒤에서 거의 나체로 벗은 채로 공중에서 사진을 촬영하는 데 처음 성공했다(그림 8.2). 기술이 계속 발전된 10년 뒤 나다르가 찍은 파리의 샹 드 마르Champs de Mars 사진은 1868년 오스망Haussmann의 파리 도시 개조의 기록으로서 그의 공중 사진의 정점을 찍었다. 파리의 오스망화를 열기구에서 찍은 사진들은 도시의 조직으로 건설되고 있던 대로, 하수관, 공원, 기타 토목 구조물 등 도시의 질서를 예리하게 드러낸 최초의 조감 장면이다.[4] 나다르의 첫 열기구 사진(1858)과 대중의 공중 관람 플랫폼인 에펠탑 건설 사이의 30년 동안, 관측용 열기구는 관광객뿐만 아니라 파리지앵들에게 대중적 공중 관람의 초기 형태를 제공해 주었다. 미국에서는 조지 로렌스George Lawrence가 연kite 사진으로 1906년 지진에 의해 파괴된 샌프란시스코를 기록했고, 라이트 형제의 비행 이전에 이미 동부 해안 도시들의 도시 공원과 자연이 공중에서 촬영되었다.[5] 결국 에펠탑의 전망대는 파리의 비행장에 건설된 대규모 관람석으로 대체되었는데, 그 중 최초가 르 부르제Le Bourget(1918)였다. 1927년 린드버그Lindbergh가 단독으로 대서양 횡단 비행을 마치고 한 밤 중에 파리 외곽으로부디 르 부르제에 착륙한 이벤트는 대규모 군중이 항공 행사에 참석한 대표적인 사례다. 이러한 대중의 항공 관람 문화에 르 코르뷔지에Le Corbusier는 큰 관심을 가졌고, 그의 첫 저서인 『에어크래프트Aircraft』(1935)는 파리 외곽에서 그가 항공 관람객으로 경험한 바를 기록한 것이었다. 결과적으로 르 코르뷔지에와 다른 모던 어바니스트들은 조감도를 분석과 개입의 기법으로 활용하기 시작했다(그림 8.3).

    항공 물체의 새로운 에로티시즘을 선언하는 이미지로 가득 차 있는 이 책에는, 새롭고 한 눈에 보이는 계획 실무의 잠재력뿐만 아니라 도시의 실패도 드러내 보여주는 항공 관찰의 유용성이 깊이 있게 서술되어 있다. 공중에서 찍은 사진에 담긴 도시의 적나라한 이미지는 르 코르뷔지에에게 전통적 도시가 직면한 빈사 상태를 보여주는 가장 생생한 증거였다. 20세기 어바니즘의 상황을 드러내 보이는 조감 재현의 유용성에 대해 그는 이렇게 말했다. "비행기가 고발한다!"[6] 흥미롭게도, 르 코르뷔지에가 다른 곳에서 암시한 바 있듯이, 도시의 조감 이미지가 도시계획의 잠재적 수단을 갖춘 특별한 도구로 권장된 것은 바로 픽처레스크picturesque 감성이 없었기 때문이다.[7]

· · · · ·

살아남은 항공 사진의 초기 사례 대부분은 흐릿하고 낮은 화질에도 불구하고 하나의 물체로서 도시에 초점을 두는 경향이 있었다. 그러나 항공기에서 촬영하는 사진의 기술적 진보에 힘입어 조감 재현의 초기 실험은 경관을 집합적으로 내려다보는 경향으로 옮겨갔다. 결국 이와 같은 새

8.2 나다르, 첫 번째 결과물, 파리 샹 드 마르 위에 띄운 열기구에서 찍음, 최초의 항공 사진, 1858.

8.3 르 코르뷔지에, 항공기, 항공 사진, 1935.

로운 형태의 관객성spectatorship은 미래의 항공 여행자들과 경관이라는 것을 인식한 새로운 관객들에 의해 경험되기에 이른다. 항공 사진과 더불어 오늘날 항공 여행이 대중화되면서 하늘에 떠 있는 주체의 지극히 현대적인 지각 방식이 형성되었다. 이러한 형태의 주체성은 많은 문화 현상에 영향을 미쳤는데, 관객−소비자로서 공중에서 보는 주체라는 개념을 여러 문화 현상에서 발견할 수 있다.

    항공 사진은 끊임없이 변하는 전투의 양상을 나타내기 위해 1차 세계대전 중에 완성된 기술이며, 경관을 가로지르며 펼쳐진 군사력을 감시, 통제, 투영하는 은유가 되었다. 대지의 관객이라는 특별한 종류의 인간 주체를 낳은 공중에서 본 경관의 힘은, 미래주의자Futurist의 글에서도 목격되며 소비에트와 파시스트의 정치 선전 도구로도 활용되었다.[8] 이러한 지각−재현−투영의 메커니즘은 대규모 군중 집회의 항공 사진을 국가 권력을 표현하는 파시스트 선동의 주요 도구로 사용한 사실에서 극명하게 나타난다. 그러한 국가 권력은 새로운 형태의 집단 주체성을 동시에 투영하고 지각하기 위해 집결된 대규모 관중의 조감 장면을 재현하고 유포하는 과정에서 입증되었다.

    20세기를 거치며 항공 사진은 주로 군사적 활용을 위한 자금 지원, 연습과 숙련, 이론적

8.4 NASA, 아폴로 8호에서 본 지구, 사진, 1968년 12월 24일.

원리 등에 의존하며 발전했다. 그 중에서도 감시, 역감시counversurveillance, 위장 등의 군사 기술은 건조 환경 및 자연 환경에 조감 재현의 효과를 직접 적용하는 연구를 가능하게 했다.[9] 풍부한 자금, 기술적 전문성, 대중 정치적 지원을 바탕으로 군대가 개발한 항공 관측을 피하기 위해 경관을 개조하는 사업이 진행되었는데, 이는 곧 조감 이미지 처리 기술 자체의 발전을 반영한다고 볼 수 있다. 20세기 전반부에는 군대의 위장 전문가 대다수가 시각 예술가, 무대 디자이너, 건축가 출신이었던 데 반해, 전후의 역감시 기술은 군대의 감시 기술자와 전문인의 권한이 되었다. 초음속 정찰기, 대륙간 미사일, 항공 정찰 위성이 개발되었고, 냉전은 지구 표면을 전 세계적으로 감시하는 좋은 핑계가 되었다.[10] 머리 위를 도는 위성에 의해 계속 감시되는 지구 표면이라는 개념은 오늘날 보편적 문화 현상이 되었다(그림 8.4).

• • • • •

1950년대와 1960년대부터 극소수의 기관이 디지털 매체를 통해 조경을 마주하기 시작했다. 그 최초의 기관 중 하나는 1960년대 중반 하버드에 설립된 컴퓨터 그래픽 랩Laboratory for

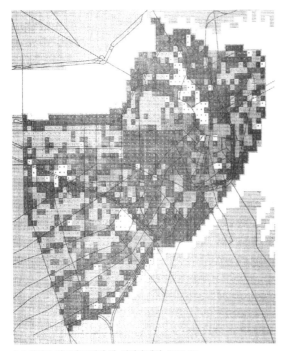

8.5 하버드 컴퓨터 그래픽 랩, 디지털 맵핑, 1967-68.

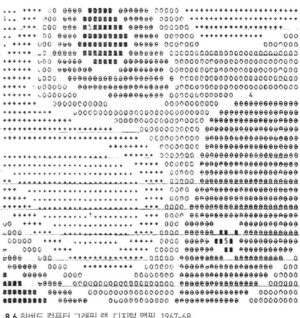

8.6 하버드 컴퓨터 그래픽 랩, 디지털 맵핑, 1967-68.

Computer Graphics이었다(그림 8.5, 8.6).[11] 이 랩은 미국 도시의 사회·공간적 문제 해결에 디지털 기법과 컴퓨터 그래픽을 적용하는 방법을 탐구하기 위해 포드 재단의 지원으로 하버드에 설립되었다. 1965 년에 하버드에는 단 한 대의 슈퍼컴퓨터가 있었는데, 한 명이 펀치 카드를 조합했고 순서대로 처리하 기 위해 줄을 서서 기다려야 했다. 이런 작업은 지금의 기준으로 보면 매우 조악했지만, 하버드 랩은 미국 도시의 문제를 나타내기 위해 소프트웨어와 하드웨어를 개발했다. 1967년부터 랩은 1960년대 후반에 개발한 시맵SYMAP 프로그램으로 만든 애니메이션을 기록하고 배포하는 수단으로 비디오를 사용했다.[12] 이 방식을 처음 적용한 비디오는 미시건 주 랜싱Lansing의 성장을 보여주는 것이었다. 디 지털 모델링 기법을 개발하는 데 비디오를 이용한 이 초창기의 시도들은 사회, 환경, 도시의 문제에 초점을 맞추곤 했다.

랩의 목표 중 하나는 생태학, 사회학, 인구학의 데이터를 수집해 공간화하는 것이었다. 이 런 맥락에서 랩은 보다 나은 사회 정책과 계획을 제공하기 위해 북미와 유럽의 다양한 기관과 협력 해 데이터 시각화와 컴퓨터 기술을 연결하고자 노력했다. 하버드 설계대학원 조경학과 교수 칼 스타

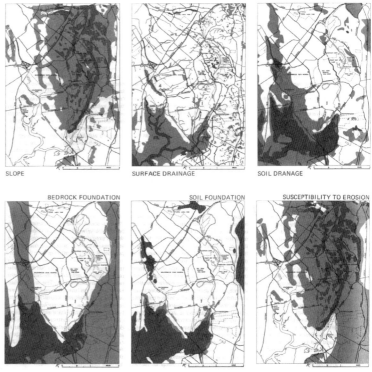

8.7 이안 맥하그, 스태튼 아일랜드, 뉴욕, 중첩 맵핑, 『디자인 위드 네이처』, 1969.

180

이니츠Carl Steinitz는 이 랩에서도 활동하며 경관 계획 관련 디지털 매체를 연구했다. 스타이니츠는 케빈 린치Kevin Lynch와 함께 연구했던 MIT에서의 박사과정을 마치고 하버드 랩에 합류했다. 그의 연구는 도시의 구조와 그것에 대한 인간의 경험에 중심을 두었다는 점에서 린치의 연구와 구별된다. 스타이니츠는 대규모 스케일의 생태·사회적 계획 프로젝트에 컴퓨터 기법의 가능성을 활용하는 데 초점을 맞춘 설계 스튜디오 수업을 진행했다.[13] 거의 같은 시기에 펜실베이니아 대학교의 이안 맥하그Ian McHarg는 생태적·사회적 데이터를 합성한 중첩 분석overlay analysis이라는 유사한 기법을 개발하고 있었다(그림 8.7, 8.8).[14]

랩의 지적 에너지의 대부분은 훗날 지리정보시스템GIS과 같은 플랫폼을 생산하게 될 맵핑mapping과 모델링modeling에 투입됐다. 랩의 디지털 맵핑 작업의 목표 중 하나는 사회학과 인구학 데이터를 모델링하는 것이었다. 또 다른 목표는 환경과 생태학 데이터를 모델링하는 것이었다. 1970년대 중반, 한때는 40여명의 연구원과 스탭이 근무했던 랩이 12명의 핵심 인력으로 축소되었다. 랩은 소프트웨어 저작권으로 수익을 창출했고, 더 많은 랩의 에너지가 GIS에 투입되었다. 랩의 일부 인

8.8 이안 맥하그, 스태튼 아일랜드, 뉴욕, 중첩 맵핑, 『디자인 위드 네이처』, 1969.

원이 민간 기업 형태로 분사했는데, 그들이 이전한 기술이 GIS 수요를 창출하고 연방 정부, 주, 지역 단위의 공공 분야에 관련 서비스를 제공했다.[15]

인구 통계와 정보의 축약에 대한 랩의 관심은 1970년대 내내 지속되었다. 연구의 지적 호기심과 실천적 에너지의 대부분은 자연 환경을 완벽하게 모사한 모델을 만드는 데 집중되었다. 1970년대 후반, 랩은 미국 산림청의 의뢰로 실증적 지식의 공간화를 통해 복잡한 자연 환경을 모델링하는 연구를 진행했다. 이 작업의 목표는 모사mimetic 모델을 구축하는 것, 즉 자연계의 복잡성, 불확정성, 자율성을 충분히 상세하고 탄탄하게 반영한 디지털 모델을 만드는 것이었다. 이 모사 모델링의 보다 현대적인 버전은 오늘날 어디에서나 구할 수 있는 기성품 소프트웨어 및 일반적인 상업용 하드웨어인데, 이러한 최근 버전은 랩이 독점권을 가진 소프트웨어를 대체했지만 동시에 디지털 환경을 통해 자연을 모사한다는 랩의 정신을 공유하고 있다.

· · · · ·

조감 이미지 처리 기술aerial imaging은 군사적 감시, 사유 재산의 보호, 환경 분석 등 다양한 목적을 지닌 과학적 도구 중 하나가 되었다. 조감 재현은 매우 아름답게 보이기도 하지만, 그것의 제일 중요한 활용 가치는 글로벌 경제 정보의 정량적 데이터를 시각적으로 분석하는 데 있다. 그러한 데이터는 기상 패턴, 토지 이용, 군사 전략, 자연 재해, 인구 추정, 그밖에 방대한 형태의 사회적 객관화 등의 분석을 가능하게 한다.[16] 이러한 도구적 조감 재현은 주어진 조건을 드러내 주는 분석 수단으로 유용하지만, 오늘날 조감 이미지 처리 기술은 주어진 조건의 분석을 미래의 혁신과 통합하는 방향으로 점차 통합되고 있다. 겉보기에는 중립적이고 객관적인 정량적 정보를 투영하는 잠재력은, 인구 조사가 인구 조절로, 군사 감시가 개입으로, 토지 이용이 계획으로, 기상 관측이 응급 상황 관리로 바뀌는 속도에서 명백하게 입증되고 있다.[17]

지난 20여 년 동안, 조감 이미지 처리 기술을 활용한 생태계획의 궤적은 인식론적 고갈 상태에 접어들었다. 첫째, 컴퓨터의 처리 속도와 능력이 빠르게 발전했음에도 불구하고 자연계의 복잡성을 여전히 모델링할 수 없었기 때문이다. 둘째, 이 시기를 거치며 설계 문화가 도시와 관련된 의사 결정의 틀로 대두되었기 때문이다. 조감 재현을 생태계획에 활용하고자 한 시도의 이면에는 보다

182

정교한 자연계 모델과 보다 깊이 있는 생태학 지식이 사회 및 환경 정책을 개선할 수 있다는 가정이 있었다. 만일 정책 수립자가 환경과 인구 정보에 접근할 수 있다면 그들이 건조 환경과 관련하여 사회적으로 정의롭고 환경적으로 건강한 의사 결정을 할 수 있을 것이라는, 나름대로 합리적인 가정이 있었던 것이다. 그러나, 당시의 디지털 매체는 계획 실무에서 공간화하고 시각화할 수 있는 다량의 실증적 데이터를 제공했지만, 안타깝게도 미국의 정치와 경제는 자유방임주의의 규제 없는 도시화 방식을 채택하기 시작했다. 지난 수십 년간 북미에서는 도시화가 대규모 투기 자본에 의해 빠르게 진행되었고, 하버드 랩과 그 동료들이 전 세계에 제공했던 디지털 기반의 실천적 계획 연구 성과는 그 과정에서 배제되고 말았다.

이 시기에, 계획 실무에 필요한 실증적 지식을 디지털 모델링하는 패러다임에 대한 다양한 대안이 포스트모더니즘과 조경의 맥락에서 등장했다. 실증주의적 계획 모델에 비판적인 이러한 흐름 중에서, 특히 제임스 코너는James Corner 설계 매체로서 경관의 직관적eidetic 작동과 상상력을 위해 경관 재현이 중요하다는 점을 주장했다. 코너는 펜실베이니아 대학교에서 맥하그의 제자였으며 경관 계획에 적용할 수 있는 맥하그의 중첩 분석법뿐만 아니라 GIS도 익혔다. 1996년, 알렉스 매클레인Alex MacLean과 함께 쓴 획기적인 책 『미국의 경관을 가로지르며 측정하다Taking Measures Across the American Landscape』에서 코너는 항공 사진, 과학적 지식, 문화적 산물의 융합을 주창했는데, 그에

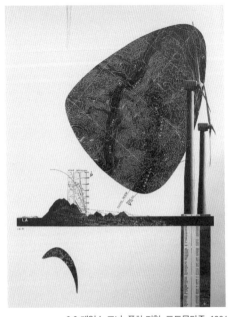
8.9 제임스 코너, 풍차 지형, 포토몽타주, 1994.

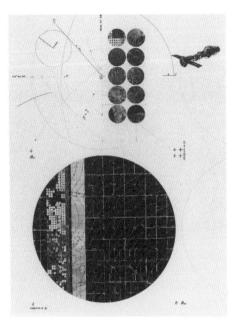
8.10 제임스 코너, 회전형 관개 시설, 포토몽타주, 1994.

따르면 그러한 융합은 '어바니즘의 매체로서 경관'이라는 열망에 상응하는 포스트모던한 경관 재현을 가능하게 한다.(그림 8.9, 8.10).[18]

코너의 『미국의 경관을 가로지르며 측정하다』는 수단, 감시, 통제의 현대적 도구인 항공 사진과 지도를 조합해서 쓰면 문화적 프로세스와 환경적 프로세스 사이의 숨겨진 관계를 드러내는 데 유용하며 동시에 장래의 프로젝트를 위한 새로운 프레임을 설정하는 데도 효과적이라는 점을 제시한다.[19] 20세기를 거치며 발전된 조감 이미지 처리 기술은 경관의 정의를 '측정될 수 있는 전현대적 전망'에서 '전망될 수 있는 현대적 측정'으로 사실상 전환시켰다. 이는 곧 순수한 시각적 재현에서 지표적indexical 기록으로의 전환이다.[20] 이러한 점에서 항공 사진은 수평적 장의 조건을 담은 일종의 지도로 기능한다.

· · · · ·

코너의 용어인 "장의 작동field operations"에서 상상력과 도구성의 매력적인 교차점은, 재현과 투영이 동시에 일어나는 메커니즘인 "평판flatbed" 개념에서 찾아볼 수 있다. 경관의 조감 재현에 있어서 평판의 기본적인 정의는 레오 스타인버그Leo Steinberg의 "평판" 회화 개념과 우연히 일치할 뿐만 아니라 항공 정찰 사진을 분석할 때 쓰는 "평판" 라이트테이블에서도 발견된다. 스타인버그는 화가 로버트 라우션버그Robert Rauschenberg가 신체적 지각을 본뜬 수직적 판으로부터 문화적 의미를 지닌 수평적 판으로 화면을 변환시킨 것을 설명하기 위해 "평판"이라는 용어를 사용했다(그림 8.11).[21] 스타인버그는 다양한 문화적 콘텐츠를 축적할 수 있는 수평적 판인 평판을 인쇄기에 비유하기도 했다. 마치 일간 신문이 절대로 양립할 수 없는 다양한 콘텐츠를 함께 싣는 것처럼, 스타인버그의 평판은 이질성의 기호학적 의미를 지지하는 입장에서 직립 자세가 시각적으로 그럴듯하다는 일반적 가정을 거부한 시각적 재현의 판이다.[22] 또한 그림 원본의 표면을 수작업하는 것으로부터, 아우라의 손실과 저자의 문제가 수반되는 인쇄용 판(사진이든 텍스트이든)을 기계적으로 복제하는 것으로 전환시켰다는 점도 중요하다.[23] 이와 같이 시각적 재현을 광학적 의미가 아닌 기호학적 의미로 이해하는 것은, 부지의 인식을 망막의 영역에서 문화적으로 축적된 언어의 영역으로 전환시키는 것이다. 이는 또한 감광 유화제 위에 기록된 빛의 지표적 기록이 문화적 콘텐츠를 읽고 쓰는 시스템을 통해 의미를 부여받게 된다는 것을 의미한다.

이와 유사한 가정을 바탕으로 한 동시대의 사례로는 군사적 감시 목적으로 원격 위성 이미지를 해석하는 작업이 있다. 전문적으로 훈련된 분석 요원들이 "평판" 라이트테이블 위에서 지표면의 자취를 끊임없이 반복적으로 기록한다.[24] 공중에서 내려다보는 가상의 화면을 복제하는 대신 경관의 영화 같은 자취를 해석하는 이 작업은, 이동 패턴, 인간의 건설, 환경의 변화 과정 등과 관련된 지표적 단서를 기호학적으로 읽는 것이다. 다양한 문화 콘텐츠가 혼합된 수평적 판인 경관의 자취에는 콩 농장과 미사일 발사대, 계절 농작물 소각과 원자력 발전소 사고, 지역 농로와 비밀 비행장 등 서로 어울리지 않는 것들이 병치되어 있다. 따분하고 진부한 것, 정치적 무게가 실린 것, 세속적인 것, 잘못된 것 모두가 보이지 않는 공중의 눈을 통해 지구의 대상 표준지strip sampling에 매일 누적된다. 지금은 수직형 컴퓨터 모니터로 대체된, 항공 사진 해석용 평판 라이트테이블은 지구 표면의 기

8.11 로버트 라우션버그, 세 번째 회화, 1961.

록과 그 문화적 콘텐츠의 독해가 우연히 융합되는 매체였다.

· · · · ·

공중에서 내려다보는 방식이 경관의 문화적 구성에 중요하다는 점은, 최근 들어 조감 관찰의 장소로 공항 경관 자체가 주목을 끌고 있다는 사실에서 알 수 있다. 이는 전에는 경관이라고 여겨지지 않았던 부지가 경관 프로젝트의 대상지로 확장되고 있음을 뜻한다.[25] 경관은 무엇이고 경관은 어디인지에 대한 이해의 이러한 변화는 동시대 조경 못지않게 현대의 문화적 조건과 관련해서도 함의하는 바가 크다. 그러한 문화적 조건 중에서는 순수한 시각적 차원의 경관이 지배적이다. 공항 경관은 신체적으로 가장 접근하기 어려운 곳이기 때문에, 공항에서는 신체적 점유나 감각적 경험 또는 물질적 특질 대신 시각적인 면이 전면에 부각된다.

많은 사람들은 공항을 경관으로 이해하는 것이 어색하다고 여기겠지만, 여러 연구에 따르면 현대의 공항 부지를 그저 건물이나 단순한 도시 인프라스트럭처로 이해하는 것은 매우 부적절하

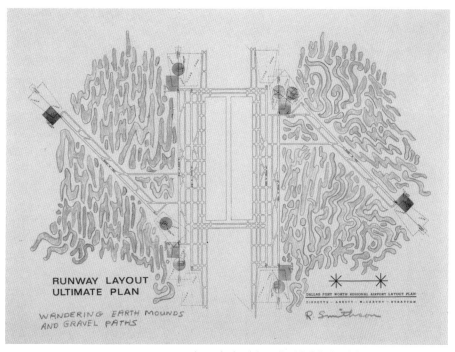

8.12 로버트 스미드슨, 댈러스 공항, 마운딩이 있는 평면도, 1967.
© 홀트 스미드슨 재단, 뉴욕 주 뉴욕 시 VAGA의 허가

다. 제트기 시대의 현대 공항이 끊임없이 정교하게 연출되고 주도면밀하게 관리되며 주기적으로 손질된 경관이 아니라면 무엇인가? 로버트 스미드슨Robert Smithson의 작업은 공중 관객성에 기반을 둔 경관의 중요한 사례 연구감이다. 1966년, 스미드슨은 티페츠 애비트 맥카시 앤드 스트래튼 설계사무소Tippetts, Abbett, McCarthy & Stratton Engineers and Architects의 의뢰로 댈러스/포트워스Dallas/Fort Worth 국제 공항 설계의 "예술가 겸 컨설턴트" 역할을 맡았다(그림 8.12). 스미드슨은 지면에서뿐만 아니라 공중에서도 경험할 수 있는 조감 갤러리/경관을 설계해야 한다고 자문했다. 항공 청사 단지의 일부로 갤러리 혹은 미술관을 도입한 것은 경관의 조감 경험이 가능한 일종의 재현 렌즈 역할을 의도한 것이었다. 스미드슨은 "항공 청사 부지의 개발에 대하여"와 "항공 예술"이라는 두 편의 글에서 이 새로운 형태의 문화 생산 및 수용의 이론적 가능성을 탐색했다. 갤러리 내에서 장소를 재현하는 것과 그것을 조감 경험하는 것 사이의 변증법적 관계에 대한 스미드슨의 관심은 마침내 재현적이고 투영적인 작업인 "비장소non-site"를 낳았다. 스미드슨의 항공 예술 개념과 재현적 메커니즘으로서 비장소 개념은 동시대 경관 작업에 조감이라는 주제를 상정했고 보다 심도 있는 후속 탐구를 낳았다.[26]

　　　　스미드슨의 실현되지 않은 구상안인 댈러스/포트워스 국제 공항 "항공 예술"의 뒤를 이어, 조경가 대니얼 카일리Daniel Kiley가 이 부지의 경관 계획을 수행했다. 카일리는 특히 조감 주제와 밀접하게 관련된 다양한 범위의 경관 프로젝트를 진행했다. 그 중에서 댈러스/포트워스 국제 공항(1969)과 덜레스Dulles 국제 공항(1955-58)은 제트기 시대 공항 유형의 발전사에서 큰 의의를 지닌다(그림 8.13). 카일리는 댈러스와 덜레스에서 일반적인 조경을 한 것 외에, 지면에서는 물론 공중에서도 경

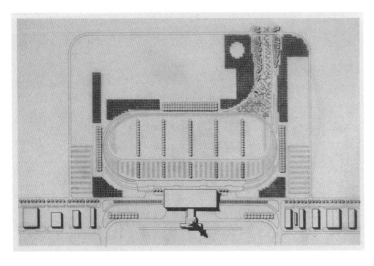

8.13 대니얼 어반 카일리, 덜레스 공항, 워싱턴 DC, 부지 계획도, 1955-58.

험할 수 있는 항공 정원을 적어도 두 개 조성했다. 항공 정원에는 보행로와 가로수 길로 연결된 대형 수반이 각각 배치되었다. 두 항공 정원은 공군사관학교 캠퍼스를 비롯한 또 다른 프로젝트를 낳았다. 공군사관학교 프로젝트를 함께 진행한 사람들은 다시 시카고 호수변의 공공 공원과 상수도 인프라스트럭처 프로젝트를 소개했다. 카일리가 월터 네이치Walter Netsch 및 SOMSkidmore, Owings & Merrill 과 공동 작업한 공군사관학교 캠퍼스 경관 계획(1954-62)은 간부 후보생 캠퍼스의 중앙에 대규모 "항공 정원"을 둔 특징을 지니고 있다(그림 8.14).**27**

공군사관학교 프로젝트에서 카일리와 작업한 바 있는 시카고의 건축가 스탠 글래디치Stan Gladych는, 실행 불가능하다는 이유로 히데오 사사키Hideo Sasaki가 거절한 자딘 정수장Jardine Water Filtration Plant 프로젝트를 위해 카일리를 C. F. 머피C. F. Murphy에게 소개했다. 카일리의 조경이 성공을 거두고 정수장에 대한 대중의 호평이 이어짐에 따라, 머피는 시카고의 도시 역사상 가장 큰 공공 사

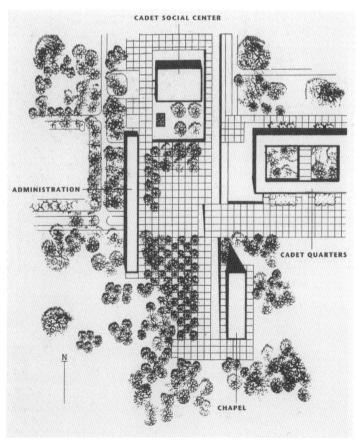

8.14 대니얼 어반 카일리, 공군사관학교, 부지 계획도, 1968.

업인 오헤어O'Hare 국제 공항의 설계를 맡게 되었다. 유감스럽게도 머피는 오헤어 팀에 카일리나 다른 조경가를 포함시키지 않았다. 그 결과, 제트기 시대의 가장 중요한 공항은 그 건축적 혁신에 견줄 만한 공공 경관을 갖추는 데 실패하고 말았다.

그 이후 머피와 협업한 카일리의 프로젝트는 시카고 호수변의 자딘 정수장인데, 여기서도 항공 정원이 특징적이다. 이 정원은 골드 코스트 초고층 아파트의 "절벽에 사는" 거주자들에게 조감의 경험을 선사했다. 이 프로젝트에는 자딘 정수장의 경관뿐만 아니라 인근의 공공 공원도 포함되었다. 이 공원의 특징은 지평선까지 뻗어나가다 캔틸레버 면에서 정점에 이르는, 카일리 스타일의 고전적 아카시아 가로수 길이다. 공원의 골격을 잡는 주요 장치는 오대호를 연상시키는 다섯 개의 대형 분수다. 이 거대한 수반들은 정수 시설의 단조로운 기능에 수사학적 차원을 불러일으킨다. 카일리의 설계는 조감의 주체가 공중에서 보는 물을 재현함으로써 공공 시설과 공원을 통합시켰다.[28]

· · · · ·

경관으로서 공항이라는 주제는 최근 들어 경관을 어바니즘의 매체로 이해하는 담론의 중심에서 되살아나고 있다. 지난 십여 년간, 폐기된 비행장을 공원으로 전환시키는 다수의 국제 설계 공모가 개최되는 등, 공항을 공원화하는 일련의 프로젝트가 주목을 받으며 진행되었다. 2001년 아테네의 국제 공항이 엘레니콘Hellenikon의 해안에서 메소게이아Mesogeia로 이전하면서, 530에이커 상당의 부지가 아테네 시민에게 공공 공원으로 개방되었다. 불필요해진 활주로의 공원화 설계뿐만 아니라 부지 경계부의 향후 도시 개발 구상안을 제출하는 국제 설계공모가 열렸다. 바다를 내려다보는 방대한 수평적 대지에 주택, 상업 건물, 문화 시설을 배치하는 야심찬 프로그램이 제안되었다. 필립 쿠아네Philippe Coignet/오피스 오브 랜드스케이프 모폴로지Office of Landscape Morphology가 DZO 아키텍처, 엘레나 페르난데스Elena Fernandez, 다비드 세레로David Serero, 아르노 드콩브Arnaud Descombes, 안토니 르뇨Antoine Regnault와 공동 작업한 당선작은, 전에는 평평했던 비행장을 복잡한 형태로 굽이치는 둔덕 경관으로 바꾸면서 높은 지역과 낮은 해안가를 위 아래로 연결한 특징을 지닌다(그림 8.15). 이 절토 및 성토 전략은 장대한 스케일의 비행장과 눈에 띄게 설계된 경관의 공간성을 조화롭게 해 주며, 공원을 가로질러 빠르게 흐르는 지표수는 잘 흐를 수 있도록, 또 공원을 천천히 걷는 산책자는 그럴

수 있도록 해 준다. 이러한 지형을 구축하는 과정 내내, 식물 천이의 복합 다이어그램이 공원을 천천히 만드는 초기 상태로부터 자가 조절이 가능한 수목 생태계로 진화시키는 데 기준 역할을 한다. 이 야심찬 구상은 결국 실현되지 않았지만, 랜드스케이프 어바니즘의 가능성과 폐기된 공항의 공원화에 대한 주목할 만한 사례라고 할 수 있다.[29]

다운스뷰 공원Downsview Park은 토론토의 버려진 공군 기지에 위치하며, 폐기된 공항 부지를 2단계 국제 설계공모를 통해 개선하고자 한 매우 의욕적인 사례다. 이 공모전은 캐나다 최대 인구의 도시인 토론토의 외곽이었지만 이제는 주변부가 아니며 빠른 속도로 노후화가 진행되고 있는 지역에 위치한 공군 기지 이전지를 공원화하는 프로젝트였다. 다운스뷰 프로젝트는 냉전 종식 이후 캐나다에 찾아든 평화의 상징이기도 하다. 이 공군 기지는 1940년대부터 1990년대까지 거의 반세기 동안 다양한 목적의 군사 정찰을 위해 사용되었는데, 1990년대에 이용이 종료되면서 장래의 활용을 위한 공공의 논의가 시작되었다. 이 부지는 2차 세계대전 이전에는 토론토에서 꽤 멀리 떨어진 주변부였지만, 전쟁 이후에 급격한 교외화가 진행되면서 확장된 도시가 이 지역을 에워싸서 이제는 토론

8.15 필립 쿠아네/오피스 오브 랜드스케이프 모폴로지,
엘레니콘 아테네 공항 공원 설계공모, 평면도, 2001.

토 대도시권의 중심부 근처가 되었다. 비행장은 지형적으로나 생태적으로 특별하지 않은 땅에 위치하기 마련이다. 다운스뷰도 예외가 아니었다. 다운스뷰 비행장은 높고 건조하며 비교적 평탄한 땅에 들어섰는데, 이곳은 지역의 중요한 유역인 동쪽의 돈Don 강과 서쪽의 험버Humber 강 사이의 넓은 공지였다.

제임스 코너와 스탠 앨런Stan Allen의 다운스뷰 공모전 결선작은 경관 공원으로서 공항 부지의 잠재력을 알린 대표적 실례이자 랜드스케이프 어바니즘의 규범을 보여준 상징적 사례다. 이 프로젝트 특유의 특징이자 이제는 이런 유형의 프로젝트에서 일종의 표준이 된 특징은, 프로그램과 계획 방식을 나타낸 다이어그램뿐만 아니라 단계별 계획, 동물 서식처, 식생 천이, 수문 체계 등을 다룬 상세 다이어그램이다. 특히 강한 설득력을 지닌 부분은 자연 생태계와 현대 도시의 사회, 문화, 인프라 층위를 복합적으로 고려한 점이다.[30]

콜하스Koohaas/OMA(브루스 마우Bruce Mau와 협업)와 베르나르 추미Bernard Tschumi도 다운스뷰 설계공모 결선에 진출했다. 이 설계공모에서는 역사의 행운이 반대로 작용하여 20년 전 라빌레트 공원 설계공모의 당선작과 2등작 설계자였던 추미와 콜하스의 등수가 바뀌었다. 이미지가 강렬하고 미디어 친화적인 콜하스/OMA와 마우의 다운스뷰 구상안 "트리 시티Tree City"가 당선작으로 선정되어 설계권을 받았다. 숭고하고 겹겹의 층위가 쌓여 있으며 지적으로 매우 도전적인 추미의 작품은 건축 문화계에 막대한 영향을 미쳤으며, 특히 정보화 시대가 변화시킨 "자연적"인 것에 대한 우리의 이해와 그 한계에 문제를 제기했다. 추미의 다운스뷰 계획안인 "디지털과 코요테The Digital and the Coyote"는 도시의 이벤트에 대한 그의 관심을 전자 아날로그 기법으로 표현했는데, 매우 상세한 식생 천이 다이어그램과 황량한 초원 한가운데 잔잔한 도시성을 파종하는 장면이 인상적이다(그림 8.16, 8.17). 다운스뷰 작업에서 추미의 입장은 라빌레트에서 취한 그의 독창적 태도와 대칭적이다. 두 프로젝트는 모두 19세기의 옴스테드식 모델에 도전하고 있으며, 공원이라는 장소를 "전 지구적 도시화"에 효과적으로 대응할 수 있는 경관으로 설정하고 있다. 추미가 설계 설명서에 밝힌 바와 같이, "주제 공원도 아니고 야생 보호지도 아닌 다운스뷰에서는 보Vaux나 옴스테드 방식의 전통적 공원 구성의 관례를 다시 써서는 안 된다. … 모든 곳, 심지어 황야의 한가운데조차도 '도시적'인 21세기 환경에서는 활주로, 정보 센터, 공공 공연장, 인터넷과 월드와이드웹 접속 모두가 공원, 자연, 레크리에이션에 대한 기존의 개념을 재정의하게 한다."[31]

다운스뷰라는 상징적 사례 이후, 폐기된 공항을 대상으로 경관과 어바니즘 제안을 받는 국제 설계공모가 세계 전역의 도시에서 개최되고 있다. 독일의 베를린(2012), 아이슬란드의 레이캬비크Reykjavik(2013), 에콰도르의 키토Quito(2011), 베네수엘라의 카라카스Caracas(2012), 모로코의 카사블랑카Casablanca(2007), 대만의 타이중Taichung(2011) 등 여러 도시에서 진행된 공항 변환 프로젝트가 그러한 경향을 잘 예증해 준다. 이들 사례의 결선작들은 모두 랜드스케이프 어바니즘의 열망을 구현했다. 일코 후프트먼Eelco Hooftman/그로스.맥스Gross.Max의 베를린 템펠호프Tempelhoff 공항 당선작, 앙리 바바Henri Bava/아장스 테르Agence Ter의 카사블랑카 구상안, 루이스 카예하스Luis Callejas의 키토와 카라카스 구상안, 크리스 리드Chiris Reed/스토스 랜드스케이프 어바니즘Stoss Landscape Urbanism의 타이중 게이트웨이 공원Taichung Gateway Park 계획안 등은 폐기된 공항을 대상으로 한 랜드스케이프 어바니즘 실천의 창조적 성과로 이목을 집중시켰다.

• • • • •

대형 경관 프로젝트로 공항을 재개발하는 것은 랜드스케이프 어바니즘의 투영적 잠재력을 분명히 보여주지만, 현재 운영 중인 공항 자체를 경관으로 구상하는 프로젝트가 한층 더 도전적이다. 작동하고 있는 공항을 구축된 경관의 하나로 도전적으로 탐구한 가장 종합적이고 개념적인 프로젝트는 아드리안 회저Adriaan Geuze/웨스트 8West 8의 암스테르담 스히폴Schiphol 국제 공항 마스터

8.16 베르나르 추미, 다운스뷰 공원, 토론토, 투시도, 2000.

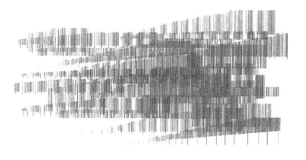

8.17 베르나르 추미, 다운스뷰 공원, 토론토, 식생 천이 다이어그램, 2000.

플랜이다.[32]

　　　　스히폴 공항 경관에 대한 야심찬 설계안에서 웨스트 8은 구체적이고 상세한 식재 설계라는 조경의 전통을 버렸다. 대신 해바라기, 클로버, 벌집으로 혼합한 종합적 식물 전략을 택했다. 복잡한 구성의 디자인과 정교한 식재 배치를 피함으로써 이 작업은 스히폴 계획이 추후 당면할 프로그램 측면의 변화와 정치적 상황 변화에 대응할 수 있도록 했다. 즉 경관이 (많은 경우에 그렇듯이) 공항 계획의 복잡한 과정 속에서 불운한 희생양이 되지 않고 전략적 파트너가 될 수 있도록 한 것이다. 경관이라는 매체를 미래의 불확실성에 대한 개방적이고 유연한 매트릭스로 설정한 점은 추미가 라빌레트와 다운스뷰에서 주장한 바를 떠올리게 한다. 이러한 개념은 랜드스케이프 어바니즘에서 흔히 반복되는 주장 중 하나다. 도시 구조물 중에서 한번 건설되면 거의 철거되지 않고 가장 오래 지속되는 것이 활주로이기는 하지만, 운영 중인 비행장, 공항 그 자체, 그리고 공항 주변의 도시 지역은 사실상 건설, 철거, 지속적 개선이라는 끊임없는 변화에 직면하기 마련이다. 이처럼 도시적 순응성과 유동성의 맥락에서, 특히 도시화의 방대한 수평적 장에 의해 특성이 규정되는 맥락에서, 경관은 도시 질서의 매체이자 모델을 제공한다.

　　　　공항을 경관으로 파악한 어바니스트 중 한 사람은 콜롬비아의 건축가 루이스 카예하스다. 카예하스는 도발적인 프로젝트를 통해 새로운 시대의 공중 감성을 제안한다. 런던 히드로 공항이 게릴라에 의해 해체되었다는 가정 하에 그린피스Greenpeace의 후원으로 진행된 2010년의 "에어플롯Airplot" 프로젝트를 시작으로, 카예하스는 폐기된 공항을 작동시키는 다양한 작업을 선보였다(그림 8.18). 카예하스는 에콰도르 키토의 라고 공원Parque del Lago 구상안에서 버려진 비행장의 수평선으로 뻗어나가는 수반의 반사성과 영원성에 한때 이 부지를 가득 메웠던 비행기의 반사 금속 표면을 병치시켰다.[33] 다양한 프로젝트에서 카예하스는 공기를 주입한 항공체aerial inflatables를 대규모로 배치해 활용하는 방식을 제안했다. 히드로 외곽의 광활한 대지에도 이 항공체를 다량 복제해 설치한 작품을 구상했다. 콜롬비아 이투안고Ituango 수력 발전소에 피해를 입은 커뮤니티를 기리는 주술적 구조물도 있다(그림 8.19, 8.20). 오브제의 한계를 넘어서는 건축을 추구한 카예하스는 공기를 주입한 구조물을 개발해 공중에 매단 스펙터클을 구상한 것이다.

　　　　카예하스는 경관을 다양한 작업의 틀로 전유함으로써 그의 작업이 놓인 세계 여러 곳의 환경의 다양성뿐만 아니라 동시대 설계 문화에서 생태학의 필요성을 표현하고 있다. 또한 공중에 대

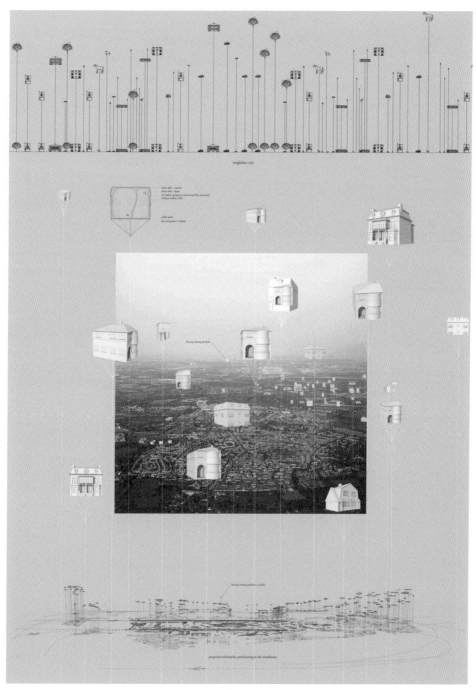

8.18 루이스 카예하스, 에어플롯, 히드로 공항, 런던, 조감 포토몽타주, 2010.

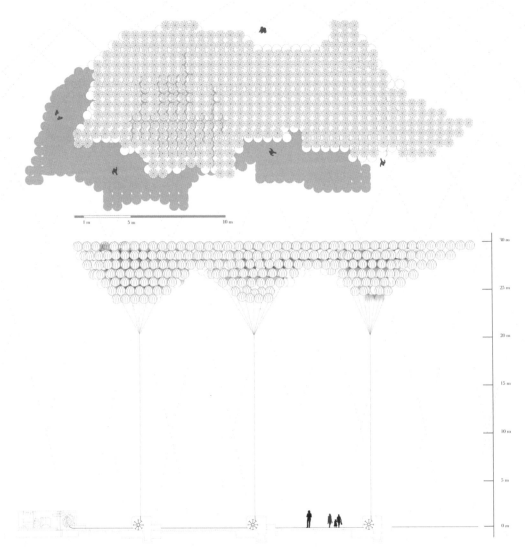

8.19 루이스 카예하스/파이사헤스 에메르헨테스, 클라우드, 이투안고, 콜롬비아, 평면도와 단면도, 2009.

8.20 루이스 카예하스/파이사헤스 에메르헨테스, 클라우드, 이투안고, 콜롬비아, 투시도, 2009.

한 카예하스의 관심을 건축의 성능과 위기에 관한 동시대의 논쟁과 연관시켜 해석할 수도 있다. 그의 작업에서 두드러지게 나타나는 건축 언어와 설계 감성은 동시대 건축 문화에 대한 혜안을, 특히 문제적 건물과 그 대지에 대한 건축가의 사명을 보여준다. 이러한 점에서 카예하스의 프로젝트는 앞에서 재조명한 바 있는 미라예스Miralles/피노스Pinós와 사에라—폴로Zaera-Polo/모우사비Moussavi의 작업과 유사하다. 물론 이러한 프로젝트들은 건물과 대지의 결합에 대한 관심을 공유하며, 더 극단적인 사례에서는 복합적 수평 판이 구축되고 있다. 또한 카예하스의 작업은 웅거스Ungers/콜하스의 축 및 "녹색 군도green archipelago"의 동시대적 가능성과 관련하여 조명될 만하다.[34] 카예하스의 작업은 부지의 급진적인 분산 개념에 초점을 둔 웅거스의 프로젝트와 공통점을 지니는데, 웅거스는 부지를 그것이 내륙이든 바다이든 관계없이 섬으로 여겼다. 맥락을 회피하거나 부정하는 작업들과 대조적으로, 카예하스의 프로젝트는 작품이 속한 부지의 성격에 종속되기 때문에 보다 큰 대지의 조건으로부터 고립된 잠재적이고 국지적인 조건을 드러낸다.

　　카예하스의 프로젝트는 건축적 오브젝트의 한계를 환경, 경험, 분위기로 밀어 넣어 그 한계를 초월함으로써 기존의 선례를 뛰어넘는다. 그의 작업은 건축적 투영의 주제와 대상으로 공중을 호출하곤 한다. 그러한 작업의 효과는 건축적 전략이나 교화라고 말할 수도 있겠지만, 경관이라고 설명하는 것이 최선이다. '어바니즘으로서 경관'이라는 주장이 전개된 이래로, (완벽하지는 않더라도) '경관'이라는 용어로 가장 잘 표현할 수 있는 일련의 작업이 다양한 도시 프로젝트에서 발전하고 있다. 그러나 그러한 실천과 프로젝트의 위상은 조경의 구체적인 전문적 정체성과 관련해서는 양면적인 경우가 많다. 한편으로, 그러한 실천은 건축가와 어바니스트에 의해 경관이 매체로 선택되고 있음을 시사한다. 다른 한편으로, 그러한 실천은 조경가의 전문적 역할에 이미 속했던 실천 영역에 관여하는 것일 뿐이라고 해석될 수도 있다. 다음의 마지막 장에서는 19세기의 "새로운 예술"로서 조경이라는 논제를 재조명함으로써 '어바니즘의 한 형태로서 경관'의 부상이 학문 분과이자 전문 직능인 조경에 미치는 영향을 다시 원점에서 재고할 것이다.

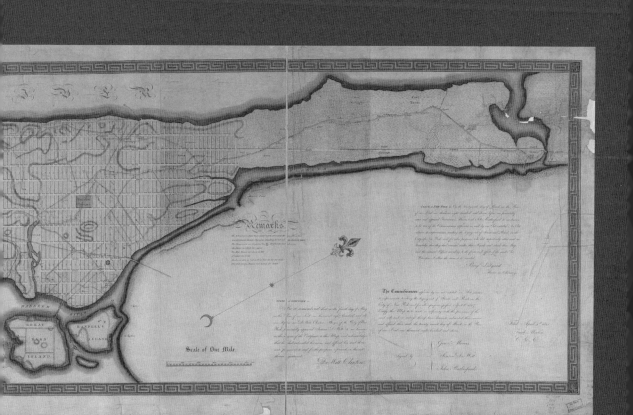

9

건축으로서 경관

랜드스케이프 아키텍트는 … 여전히, 분명히 잘못된 명칭이다.

_ 지오프리 젤리코 경, 1960

지난 20여 년간 랜드스케이프 어바니즘landscape urbanism의 부상은 분과 학문이자 전문 직능인 조경landscape architecture의 정체성에 대한 근본적 질문을 낳았다.* "경관landscape"의 다양한 어원은 수십 년에 걸쳐 많은 학자와 전문가에 의해 연구되어 왔지만, 전문 영역으로서 "랜드스케이프 아키텍처"라는 명칭의 기원은 별다른 주목을 받지 못했다.[1]

19세기에 시작된 이른바 새로운 예술의 주창자들은 이 전문 분야의 명칭 문제로 곤란을 겪었다. 명칭을 둘러싼 오랜 논쟁은 학문 분과로서의 정체성과 업무 영역 간의 팽팽한 긴장을 보여

---

*[옮긴이 주] 이 장의 여러 부분에서는 landscape architecture/landscape architect, landscape gardening/landscape gardener 등 전문 분야와 전문가의 영어 명칭을 번역하지 않고 랜드스케이프 아키텍처/트, 랜드스케이프 가드닝/너로, 의도적으로 소리 나는 대로 표기한다. 같은 뜻에 해당하는 불어 표현도 마찬가지다. 조경/조경가, 풍경화식 정원술(또는 조원)/풍경화식 정원사라는 통상적인 번역어를 따르지 않은 것은 번역 과정에서 발생하는 의미상의 혼란과 왜곡을 막기 위해서다. 랜드스케이프를 경관으로, 랜드스케이프 가드닝을 풍경화식 정원술(조원)로, 랜드스케이프 아키텍처를 조경으로 번역하고, 랜드스케이프 어바니즘은 소리 나는 대로 표기하는 관례를 따르면, 랜드스케이프에 해당하는 한국어 표현이 매번 달라지고 만다. 한국 조경학계가 치열하게 논의하고 해결해야 할 난제다.

준다. 이 새로운 분야의 창립자들은 랜드스케이프 가드닝landscape gardening과 농촌 개선의 전통을 따르는 사람들로부터 경관을 건축적이고 도시적인 예술이라고 주장하는 사람들에 이르기까지 매우 다양한 입장을 가지고 있었다. 이 분야를 주창한 여러 미국인은 랜드스케이프 가드닝이라는 영국 태생의 분야에 대해 강한 문화적 친밀성을 가지고 있었다. 이와 대조적으로, 경관과 관련된 유럽 대륙의 도시 개선 분야는 매우 다른 업무 범위를 전개하고 있었다. 사태를 복잡하게 만든 문제는 많은 이들이 기존의 전문 영역이나 예술 영역과 혼동되지 않는 단일한 독자적 정체성을 원했다는 데 있다.

　　　미국을 기반으로 형성된 이 새로운 분야는 19세기 후반의 급속한 도시화에 따른 사회·환경 문제에 진보적으로 대응하고자 했다. 이러한 지향을 정교하게 실천하고자 하는 큰 열의가 있었지만, 새로운 실천을 담당하는 전문가와 관련 학문 분야를 뭐라고 불러야 할지 애매했다. 19세기 말에 사용할 수 있었던 아키텍트, 엔지니어, 가드너와 같은 기존의 전문가 명칭은 새로운 (도시적, 산업적) 조건에 부적합하다고 여겨졌다. 새로운 조건은 경관과 명백히 관련되는 새로운 정체성을 요청했기 때문이다. 이 새로운 분야의 창립자들이 건축으로서 경관landscape as architecture을 주장한 것은 무엇을 의미하는가? 그리고 그들의 선택은 어바니즘으로서 경관landscape as urbanism이라는 오늘날의 이해와 어떻게 연관되는가?

　　　19세기 말, 미국의 새로운 경관 예술의 지지자들은 이 초창기 전문 직능의 성격을 건축이라는 기성의 예술과 연관된 정체성으로 규정했다. 전문성 면에서 가장 가까운 동료 그룹을 (예술, 엔지니어링, 가드닝이 아니라) 건축이라고 본 이런 결정은, 오늘날의 랜드스케이프 아키텍처에 대한 이해에 있어서 매우 중요하다. 이러한 역사는 20세기의 첫 10년 동안 랜드스케이프 아키텍처에서 분기되어 태동한 전문 직능인 도시계획city planning의 발전 양상을, 그리고 20세기가 끝날 무렵 '어바니즘의 한 형태로서 경관'이라는 논쟁을 해명해 준다.

· · · · ·

　　　영국의 시인이자 가드너인 윌리엄 센스턴William Shenstone은 18세기 중엽에 "랜드스케이프 가드너landscape gardener"라는 명칭을 창안했다. 험프리 랩턴Humphry Repton은 19세기로의 전환기에 자신의 전문가적 정체성을 나타내는 용어로 "랜드스케이프 가드닝"을 택했다(그림 9.2). 뿐만 아니라 자신의 세 가지 주요 저서인 『랜드스케이프 가드닝의 스케치와 방법*Sketches and Hints on Landscape Gardening*』(1794), 『랜드스케이프 가드닝의 이론과 실천에 대한 논평*Observations on the Theory and Practice of Landscape Gardening*』(1803), 『랜드스케이프 가드닝 취미의 변화에 대한 연구*An Enquiry into the Changes of Taste in Landscape Gardening*』(1806)의 제목에 "랜드스케이프 가드닝"을 넣었다.

프랑스의 건축가이자 엔지니어이며 정원 디자이너인 장−마리 모렐*Jean-Marie Morel*은 "아르시텍트−페이자지스트*architecte-paysagiste*"라는 명칭을 처음 고안한 사람이라고 인정된다. 작고한 해인 1810년, 모렐은 프랑스에서 영국식 가드닝을 지지한 가장 유명한 디자이너 중 한 명이었다. 그의 사망 기사가 아르시텍트−페이자지스트라는 전문가 직함과 함께 프랑스 전역에 전해졌다. 본래 모렐은 자신의 다양한 전문가적 정체성을 나타내는 표현으로 건축가 겸 풍경화가*architecte et paysagiste*를

9.2 험프리 렙턴, 랜드스케이프 가드너, 명함, 1790년 경.

사용했었다. 19세기로 접어든 후에는 "겸$_{et}$"을 삭제하고 하이픈으로 연결한 합성어를 썼다. 20년 후, 사후에 그는 하이픈 없이 아르시텍트 페이자지스트로 지칭되었다. 모렐의 이 신조어는 영어에서 "랜드스케이프 아키텍트"라는 용어가 사용된 것보다 시기적으로 앞서며, 이 현대적 전문 직능의 기원이라고 볼 수 있다.[2]

영어식 합성어 "랜드스케이프 아키텍처"의 최초 용례는 길버트 미슨Gilbert Meason의 책 『위대한 이탈리아 화가들의 랜드스케이프 아키텍처에 대하여On the Landscape Architecture of the Great Painters of Italy』(1828)에서 발견할 수 있다. 여기서 미슨은 이 신조어를 이탈리아 풍경화의 맥락 속에 배치된 건축을 특정하여 지칭하기 위해 사용했다. 12년 후, 존 클라우디우스 루던John Claudius Loudon은 렙턴의 작품을 모은 자신의 책 『고 험프리 렙턴의 랜드스케이프 가드닝과 랜드스케이프 아키텍처The Landscape Gardening and Landscape Architecture of the Late Humphry Repton, Esq.』(1840)의 표지에 같은 용어를 썼다. 이 책 표지의 "랜드스케이프 아키텍처"의 정확한 의미에 대해서는 여전히 논쟁이 계속되고 있다. 그러나 이 경우의 랜드스케이프 아키텍처는 책 표지와 본문에서 렙턴의 작업을 설명하기 위해 쓴 랜드스케이프 가드닝과는 다른 의미로, 즉 미슨의 용례를 따라서 풍경화나 경관 속에 배치된 건축을 가리키기 위해 쓴 용어라고 보는 것이 적절하다(그림 9.3, 9.4).[3]

랜드스케이프 가드닝이라는 영국식 취미를 지지한 19세기의 미국인들은 분명히 미슨과 루던의 책을 읽고 "랜드스케이프 아키텍처"라는 표현을 접했을 것이다. 이들 중 가장 저명한 인물로는 미국에서 새로운 예술을 주창하는 데 핵심적 역할을 한 앤드루 잭슨 다우닝Andrew Jackson Downing

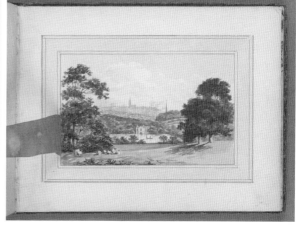

9.3 험프리 렙턴, 모즐리 홀의 레드 북, 버밍엄, 전후 비교 그림, 1792.

9.4 험프리 렙턴, 모즐리 홀의 레드 북, 버밍엄, 전후 비교 그림, 1792.

이 있다. 랜드스케이프 아키텍처가 하나의 전문 분야로 발전할 토대가 마련되었다고 여겨지던 무렵, 다우닝은 아마 미슨의 책과 루던의 글을 통해 "랜드스케이프 아키텍처"라는 표현을 이미 알고 있었을 것이다. 하지만 『랜드스케이프 가드닝의 이론과 실천에 대한 논고*A Treatise on the Theory and Practice of Landscape Gardening*』(1841)를 출간했을 때는 물론이고 때 이르게 사망한 1852년까지, 다우닝은 항상 "랜드스케이프 가드닝"이라는 용어를 고집했다. "경관의 건축 또는 또는 농촌의 건축Landscape or Rural Architecture"이라는 제목을 단 이 책의 9장을 보면, 다우닝은 경관 또는 농촌의 맥락에 놓인 건축을 지칭했던 미슨의 용례를 따랐다는 점이 분명하다.[4] 다우닝이 사망한 시기에 윌리엄 앤드루스 네스필드William Andrews Nesfield라는 영국의 정원 디자이너가 존 윌John Weale의 『전시된 런던*London Exhibited*』(1852)에 랜드스케이프 아키텍트라고 활자화된 드문 사례가 있기는 하다. 그러나 이런 표현은 19세기를 통틀어 영국에서는 매우 예외적인 경우다.

　　　같은 1852년, 프랑스의 랜드스케이프 가드너인 루이-쉴피스 바레Louis-Sulpice Varé가 불로뉴 숲Bois de Boulogne의 개선을 담당하는 자르디니에 페이자지스트*jardiniere paysagiste*(landscape gardener)로 임명되었다. 1854년, 바레는 "아르시텍트-페이자지스트 부서*Service de l'architecte-paysagiste*(Office of the Landscape Architect)"라고 새긴 직인을 불로뉴 숲 개선 설계 도면에 찍었다.[5] 얼마 지나지 않아 바레는 아돌프 알팡Adolphe Alphand과 장-피에르 바리에-데샹Jean-Pierre Barillet-Deschamps으로 교체되었지만, 랜드스케이프 아키텍트라는 그의 직위는 불로뉴 숲이 뉴욕 센트럴 파크의 가장 중요한 선례로 부각되었다는 사실을 입증하는 데 있어서 매우 중요하다.

· · · · ·

　　　1857년, 프레더릭 로 옴스테드Frederick Law Olmsted는 뉴욕의 "센트럴 파크 감독관Superintendent"으로 임명된다. 옴스테드는 농사와 출판업으로 큰 빚을 지고 절망한 상태였는데, 가족 간의 친구이자 새로 조직된 센트럴 파크 위원회의 구성원이었던 찰스 윌리스 엘리엇Charles Wyllys Elliott의 추천으로 감독관 자리를 얻게 된 것이다. 다음 해인 1858년, 엘리엇과 센트럴 파크 위원회는 새로운 공원을 위한 설계공모의 당선작으로 옴스테드(와 그의 협력자인 프랑스 출신 영국 건축가 칼베르 보Calvert Vaux)의 안을 선정했다. 옴스테드와 보의 안은 정당 간 표 대결에서 다수를 점하고 있던 공화당 측 심사위원들의 지지로 뽑혔다. 공모전 당선을 통해 옴스테드의 직위는 "수석 건축가Architect-in-Chief 겸 감독관"으로 승격되었고, 보는 "자문 건축가Consulting Architect"로 임명되었다(그림 9.5, 9.6).[6]

센트럴 파크 위원회의 위원 중 한 명이 아돌프 알팡을 설계공모 심사위원으로 초청했으나 섭외에 성공하지는 못했다. 그러나 이 추천 자체는 새로운 공원의 지지자들이 파리를 그들의 도시에 영감을 주는 모델로 보았다는 충분한 증거가 된다. 자문위원 중 한 명인 제임스 팰런James Phalen은 센트럴 파크 부지로 편입된 자신의 토지를 팔아서 생긴 수익금을 가지고 1856년 은퇴 후 파리로 간다. 파리에 도착한 팰런은 센트럴 파크 위원회를 대표하여 당시에 알팡의 대규모 도시 프로젝트의 한 부분으로 진행 중이던 불로뉴 숲의 개선 역사에 관한 자료를 요청했다. 팰런은 또한 옴

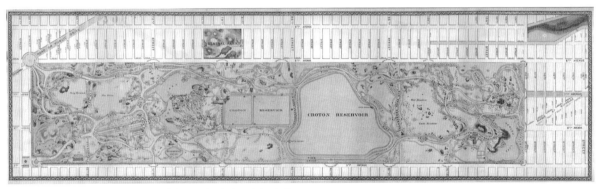

9.5 프레더릭 로 옴스테드+칼베르 보, 센트럴 파크 평면도, 뉴욕, 1868.

9.6 마르텔, 뉴욕 센트럴 파크 파노라마, 조감도, 1864년 경.

스테드가 1859년에 유럽 공원 사례 답사를 왔을 때 그에게 알팡을 소개해 주었다. 알팡은 불로뉴 숲에서 옴스테드를 수차례 만났고, 그가 진행하고 있던 도시 개조 프로그램에 대한 배경 정보를 제공하고 답사를 안내했다(그림 9.7, 9.8).[7]

옴스테드는 처음 감독관으로 임명된 1857년부터 이후 수석 건축가로 승격된 1858년까지 랜드스케이프 아키텍트라는 전문가 명칭을 쓴 적이 없다. 당시 옴스테드는 프랑스어 표현이 아르시텍트–페이자지스트를 알고 있었을 수도 있고 미슨과 루던이 사용했던 영어 랜드스케이프 아키텍처

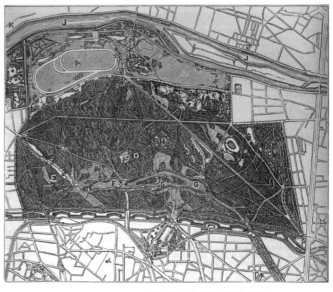

9.7 불로뉴 숲, 파리, 평면도, 1852.

9.8 불로뉴 숲, 파리, 조감도, 1852.

에 대해서도 알았을 수는 있지만, 1859년 11월 그가 파리를 방문하기 이전에 이 용어를 하나의 전문 직능을 가리키는 말로 인식하고 있었다는 명확한 증거는 없다. 이 용어는 옴스테드가 유럽의 공원들을 답사하고 알팡을 만난 이후에야 등장했다. 당시에 옴스테드는 불로뉴 숲의 개조와 관련된 "아르시텍트–페이자지스트 부서"라는 직인이 찍힌 도면을 보았을 것이다. 그리고 더 중요한 점은 그가 인프라의 개선, 도시화, 대형 공공 프로젝트의 관리와 관련하여 재정립되고 있던 랜드스케이프 가드닝의 확장된 영역을 목격했을 것이라는 점이다. 옴스테드는 다른 사례 답사지들보다 훨씬 많이, 2주간 여덟 차례나 불로뉴 숲을 방문했다.[8] 1859년 12월 하순에 뉴욕으로 돌아온 이후, 옴스테드가 도시 개선과 관련하여 수락한 모든 전문적 업무에는 그가 랜드스케이프 아키텍트라는 전문 직능의 정체

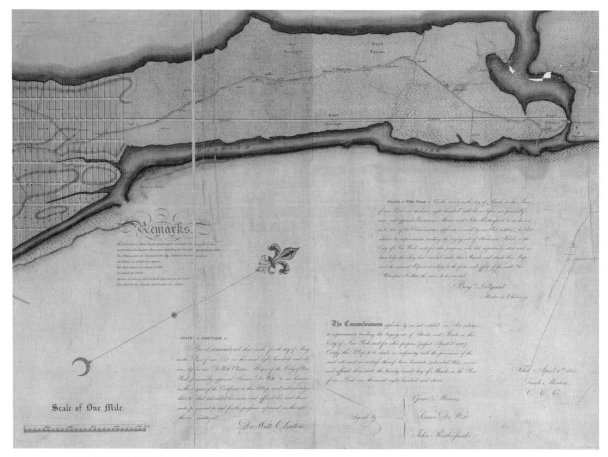

9.9 뉴욕 커미셔너, 뉴욕 계획도, 부분 상세, 1811.

성을 선호하는 특별한 내용이 포함되어 있다.

　　미국에서 전문가의 명칭으로 랜드스케이프 아키텍트가 처음 기록된 증거는 1860년 7월 옴스테드가 아버지 존 옴스테드John Olmsted에게 보낸 개인적 편지에서 찾을 수 있다. 이 편지와 이어지는 다음 편지에 옴스테드와 보가 1860년 4월 "북부 뉴욕 아일랜드 도시 배치 위원회"에 의해 "랜드스케이프 아키텍트"로 임명되었다는 내용이 기록되어 있다. 당시에 맨해튼 155번가 위쪽의 계획을 담당한 위원들 중에는 옴스테드를 센트럴 파크 감독관으로 추천했던 찰스 윌리스 엘리엇의 형인 헨리 힐 엘리엇Henry Hill Elliot이 있었다.[9] 미국에서 랜드스케이프 아키텍트에게 부여된 최초의 직무는 공원이나 유원지 또는 공공 정원을 설계하는 것이 아니라, 맨해튼 북부의 도시계획이었던 것이다(그림 9.9). 이러한 맥락에서 보면, 본래 랜드스케이프 아키텍트는 도시에 목가적인 예외의 경관을 만드는 일이 아니라 도시 자체의 형태를 계획하는 일을 담당하는 전문가로 창안되었다고 볼 수 있다(그림 9.10).

　　1862년 4월, 옴스테드와 보는 센트럴 파크 "위원회의 랜드스케이프 아키텍트Landscape Architects of the Board"라는 명확한 직함으로 임명되었는데, 이는 새로운 집단 정체성에 대한 열망을 입증한다고 볼 수 있다. 남북전쟁 시기의 프로젝트 중단 이후, 1865년 7월, 그들은 "센트럴 파크 커미셔너의 랜드스케이프 아키텍트"로 다시 임명되었다. 다음 해 5월, 옴스테드와 보는 브루클린 프로스펙트 파크Prospect Park의 "랜드스케이프 아키텍트"로 임명되었고, 새로운 예술에 몸담은 미국 전문가들의 뚜렷한 직능과 정체성을 확립해나가는 과정이 이 명칭을 바탕으로 진행되기 시작했다(그림 9.11, 9.12).[10]

　　새로운 이름으로 바뀌달았지만 옴스테드는 여전히 랜드스케이프 아키텍처라는 "비극적 명명 때문에 늘 괴롭다"고 했고, "조림 예술sylvan art"을 나타낼 수 있는 새로운 용어를 희망했다. 그는 "랜드스케이프는 좋은 단어가 아니다. 아키텍처도 좋지 않다. 둘의 조합도 마땅치 않다. 가드닝은 이보다 더 못하다"고 불평하곤 했다. 그는 도시를 조직하는 새로운 예술의 절묘한 성격을 보다 적절하게 담아낼 수 있는 프랑스 용어의 영어식 번역어를 찾고자 했다.[11] 그러므로 우리의 의문은 계속된다. 경관을 건축과 함께 묶는 데 대한 지속적인 불안에도 불구하고 왜 이 새로운 예술의 창설자들은 건축으로서 경관landscape as architecture을 주장했던 것일까? 옴스테드는 건축의 권위를 차용하는 것이 일반 대중에게 새로운 분야를 알리는 데 도움이 되고 새로운 분야가 주로 식물이나 정원과 관련

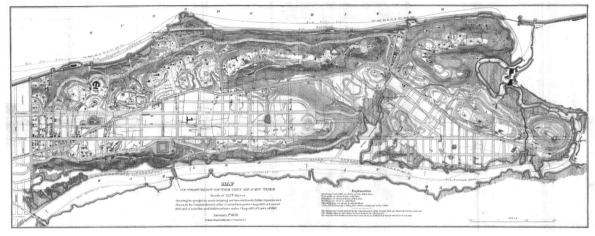

9.10 냅, 워싱턴 하이츠 계획도, 뉴욕, 1868.

9.11 옴스테드, 보 앤드 컴퍼니, 프로스펙트 파크, 브루클린, 평면도, 1870.

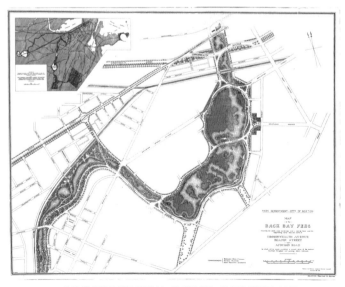

9.12 옴스테드 앤드 파트너스, 백 베이 펜스, 보스턴, 평면도, 1887.

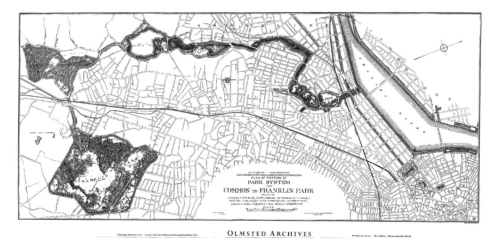

9.13 옴스테드, 옴스테드 앤드 엘리엇, 커먼–프랭클린 공원 간 공원 시스템 계획도, 보스턴, 1894.

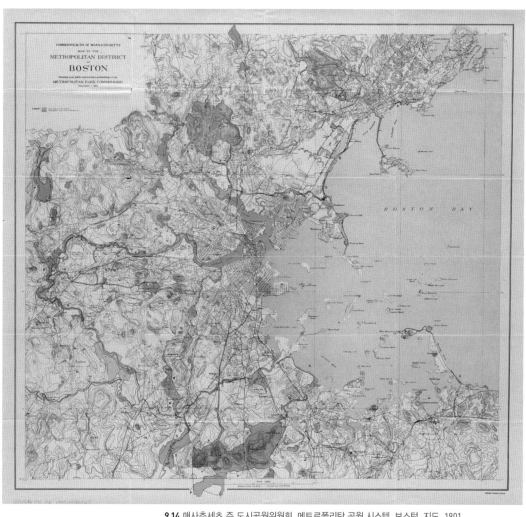

9.14 매사추세츠 주 도시공원위원회, 메트로폴리탄 공원 시스템, 보스턴, 지도, 1901.

되는 분야라고 오해되는 경향을 완화시킬 수 있을 것이라고 생각했다. 또한 옴스테드는 건축이라는 단어를 함께 씀으로써 건축과의 관계에서 발생할 수 있는 잠재적 "갈등"이라는 "더 큰 위험"을 예방할 수 있을 것이라고 주장했다. 옴스테드는 과학적 지식을 요청하는 연구 영역은 이 새로운 분야를 순수 예술이나 건축으로부터 멀어지게 하는 결과를 초래할 것이라고 확신하게 되었다.[12]

· · · · ·

19세기의 마지막 10년 간, 새로운 전문 직능을 세우기 위한 노력이 계속되었다. 전문가 단체가 설립되기 이전에 이미 유럽과 미국에서 많은 관련 실무가 진행되었지만, 전문가 단체로서는 1899년에 창립된 미국 랜드스케이프 아키텍트 협회American Society of Landscape Architects(ASLA)가 최초다. 프랑스어의 용례에 대한 옴스테드의 지지에 바탕을 두고 미국의 이 단체 창립자들은 새로운 예술에 가장 적합한 전문적 명칭으로 영어권의 "랜드스케이프 가드너" 대신 프랑스어권의 "랜드스케이프 아키텍트"를 채택했다. 의미론적으로 뚜렷한 특징을 지닌 이 명칭에 기반을 두고, 또 도시의 조직과 인프라의 배치 작업에 대한 필요성을 바탕으로, 이 전문 직능은 미국에서 완전한 형체를 가지게 되었다(그림 9.13, 9.14).

옴스테드의 위상과 그 이전 수십 년간의 선례에도 불구하고, ASLA의 창립자들은 "랜드스케이프 아키텍트"라는 명칭에 반감을 가졌다. 베아트릭스 패란드Beatrix Farrand는 노골적으로 이 용어를 거부했고 자신이 선호하는 "랜드스케이프 가드너"를 계속 고집했다. 이처럼 대립적 의견이 병존한 증거로, ASLA 설립기의 정관을 보면 랜드스케이프 가드너와 랜드스케이프 아키텍트 모두를 회원으로 받아들였다. 분야 창립자들의 더 큰 관심은 이 새로운 예술을 상업적 활동보다는 "교양적 전문 직능liberal profession"으로 세우는 것이었다. 따라서 협회는 노동력이나 식물 등을 팔거나 상업적 이익에 관계하기보다는 전문적 설계 행위를 통해 수익을 창출하는 이들에게 회원 자격을 부여했다.[13] ASLA 창립에 이어 새로운 학문 분과가 개설되고 전문 잡지가 창간되었다. 랜드스케이프 아키텍처에 관한 최초의 학문 전공이 1900년 하버드 대학교에 개설되었다. 하버드의 랜드스케이프 아키텍처 전공은 건축학과가 속한 로렌스 과학대학Lawrence Scientific School에서 교양 및 전문 교육으로 출발했다. 전문지 『랜드스케이프 아키텍처Landscape Architecture』가 1910년 계간지로 출간되기 시작했고, 분야의

제도적 토대를 강화하는 데 큰 역할을 했다.[14]

랜드스케이프 아키텍트의 전문가로서의 정체성과 랜드스케이프 아키텍처의 전문 영역은 1948년 국제 랜드스케이프 아키텍트 연맹International Federation of Landscape Architects(IFLA)의 설립을 통해 국제적으로 확고해졌다. 하지만 IFLA 초대 회장인 지오프리 젤리코 경Sir Geoffrey Jellicoe조차도 퇴임 직후 "랜드스케이프 아키텍트"라는 명칭에 대해 의혹을 제기했다.[15] 이 분야에 뚜렷하고 독자적인 국제적 정체성이 없다는 것을 한탄한 사람은 젤리코가 마지막이 아니었다. 많은 사람들이 오늘날까지도 랜드스케이프 아키텍처라는 "비극적 명명"에 대해 불만을 가지고 있다. 만일 젤리코가 희망했던 뚜렷한 단일 용어를 찾아야 한다면, 우리는 이 영어식 표현의 기원인 프랑스어에 다시 주목해 볼 필요가 있다. 오늘날 파리에서는 랜드스케이프 아키텍트에 해당하는 말로 페이자지스트paysagiste가 다시 쓰이고 있다. 이 단어는 본래 풍경화가를 지칭하는 말로 쓰였지만 오늘날에는 근대의 아르시텍트–페이자지스트의 축약어로 공식적으로, 직무적으로 통용되고 있다. 다행히도 이 "페이자시스트"라는 단어는 전문 직능을 나타내는 뚜렷한 독자적 용어를 원한 젤리코의 요구에 부합하며, 프랑스어, 스페인어, 이탈리아어, 포르투갈어와 언어학적 유사성을 공유한다. 이 단어를 영어로 단순하게 직역하면 "랜드스케이피스트landscapist"다. 시간이 흐르면 이러한 단일 정체성을 가진 명칭이 19세기 이래로 써온 랜드스케이프 아키텍트보다 더 지속적으로 사용될 수 있을지 알게 될 것이다. 랜드스케이프 아키텍처라는 명명을 둘러싸고 오랫동안 계속되어 온 논란에도 불구하고, 이 분야는 '건축으로서 경관'을 주장하는 것에 내재된 모순을 겪으며 성장하여 지금의 위치에 이르게 되었다.

• • • • •

건축으로서 경관의 기원과 그 열망은 서유럽과 북미의 산업화와 모더니티에 따른 매우 특정한 문화·경제·사회적 조건의 산물이었다. 랜드스케이프 아키텍처라는 "비극적 명명"은 동아시아의 도시화라는 맥락 속에서는 아주 최근에야 쓰이고 있다. 한국, 중국, 일본 등의 특별한 문화적 환경에도 랜드스케이프 가드닝과 관련된 동아시아의 전통이 많이 있었지만, 랜드스케이프 아키텍처에 정확하게 대응되는 것은 거의 없었다. 중국에서는 어바니즘과 설계에 대한 지식이 서구로부터 전해지면서 아주 최근에 "랜드스케이프 아키텍처"라는 영어식 용어가 채택되었다. 중국에서는 랜드스케이프 아키텍처와 관련된 최초의 전문적 실무가 생태학적 지식에 기반을 둔 도시계획 수요에 대한 대응으로 지난 10여 년간 전개되어 왔다.

콩지안 유Kongjian Yu는 서구의 설계 및 계획 관련 민간 컨설팅 실무 모델을 따라 중국에서 민간 사업체를 연 최초의 랜드스케이프 아키텍트다. 이처럼 역사적으로 독자성을 지닌 유는 오늘날 중국에서 활동하는 가장 중요한 랜드스케이프 아키텍트임에 틀림없을 것이다. 그는 지난 10년 간 영어권의 국제 무대를 이끄는 인물로 부상했다. 콩지안 유와 그의 회사인 튜렌스케이프Turenscape는 국가 차원의 영예로운 상을 여러 차례 수상했다. 중국인들은 수상의 명예를 매우 중요시 여기는 경향이 있는데, 특히 이러한 점에서 그는 정치권과 문화계의 인정을 받게 되었다.[16]

유/튜렌스케이프는 이러한 독특한 역사적 위상을 바탕으로 중국의 정치 엘리트, 저명한 국가 지도자, 시장들에게 영향력을 행사하여 서구식 생태적 계획을 대도시와 성 차원은 물론 국가적 차원에 적용할 수 있었다. 이러한 노력이 가장 완성도 높은 형태로 실천된 사례는 유/튜렌스케이프의 2007-8년 프로젝트인 중국 국가생태보안계획Chines National Ecological Security Plan이다. 10년에 걸친 중국 건설성 시장 연석회의(1997-2007)에서의 강연과 중국어로 쓴 그의 영향력 있는 논저 『도시 경관으로 향하는 길: 시장들과의 대화』(디후아 리Dihua Li 공저, 2003)에 힘입어, 유는 과학적 지식에 기반한 전 국가 규모의 생태적 계획 어젠다를 국내외에 효과적으로 알렸다(그림 9.15, 9.16).[17]

콩지안 유는 1963년 상하이 남서쪽 저장Zhejiang(浙江) 성의 농촌에서 소작농의 셋째 아이이자 차남으로 태어났다.[18] 같은 해에 이른바 중국 4대 근대화 정책이 공표되었다. 상하이에서 열린 과학기술대회에서 저우언라이Zhou Enlai(周恩來) 수상이 중국의 농업, 공업, 국방, 과학·기술의 근대화를 제창한 것이다. 경제 체제 전환을 위한 이 초기의 움직임은 마오쩌둥Mao Zedong(毛澤東)이 사망하고 뒤이어 저우언라이의 후계자인 덩샤오핑Deng Xiaoping(鄧小平)이 권력을 잡기 전 15년간은 실패했다. 그러나 덩샤오핑은 1978년 말 중국 공산당 최고 서기로 승격된 후 저우언라이의 "4대 근대화" 계획을 채택한다고 선언했는데, 이는 현대 중국 개혁기의 시작이라고 평가되고 있다.

대학 입시를 준비하던 1979-80년에 콩지안 유는 경제 개혁, 과학 근대화, 서구 개방의 혜택을 직접 받은 나이였다. 그는 소비에트식 국가 표준 시험 제도를 통해 베이징 임업대학교Beijing Forestry University에 배정되었다. 이 대학의 랜드스케이프 아키텍처 전공 학부 과정이 1979년에 베이

9.15 콩지안 유/튜렌스케이프, 춘리 우수 공원, 하얼빈, 중국, 항공 사진, 2011.

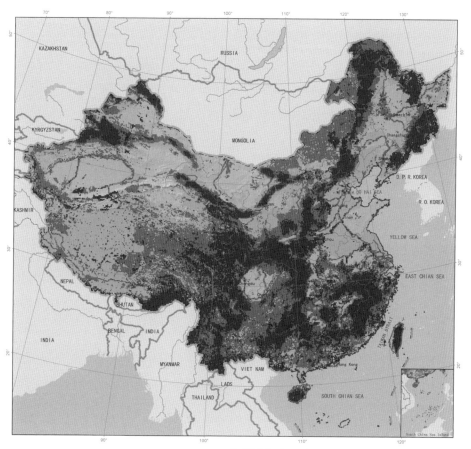

9.16 콩지안 유/튜렌스케이프, 중국 국가생태보안계획, 지도, 2007-8.

징에 다시 개설된 것은 "4대 근대화" 정책에 따른 결과였다. 본래 이 과정은 1960년대 "프롤레타리아 문화 대혁명"의 여파로 중국 남서부의 변방인 윈난Yunnan(雲南) 성으로 쫓겨났었다. 수도 베이징에 상경한 콩지안 유는 랜드스케이프 아키텍처 전공에 입학 허가를 받았다. 60명의 학부 신입생이 "랜드스케이프 가드닝"과 "랜드스케이프 디자인" 두 트랙으로 나뉘었다. 그는 드로잉 교육을 받은 적이 없어서 가드닝 트랙에 배정되었다.[19]

유는 베이징 임업대학교에서 랜드스케이프 아키텍처 학사를 마치고 곧바로 랜드스케이프 아키텍처 석사MLA 과정에 입학했다. 그는 당시의 대학원 동료 다섯 명 중 제일 먼저 중국에서 민간 컨설팅 회사를 열고 랜드스케이프 아키텍트로 활동하게 된다. 1984년부터 1987년까지의 석사 과정 중 유는 랜드스케이프 아키텍처와 도시계획에 관한 영어권 도서를 (중국 기준으로는) 예외적으로 갖춘 도서관을 정기적으로 이용하며 접했다. 베이징 임업대에서 그는 케빈 린치Kevin Lynch, 이안 맥하그Ian McHarg, 리처드 포먼Richard Forman 등이 쓴 유수의 랜드스케이프 아키텍처와 도시계획 저작을 읽었다.[20] 이러한 주요 텍스트를 독서했고 영어 능력을 갖추었을 뿐만 아니라 전공 내에서 가장 뛰어난 대학원생이었던 유에게, 1987년 베이징 임업대에 입수된 하버드 대학교 칼 스타이니츠Carl Steinitz 교수의 강의록 번역 요청이 들어왔다. 스타이니츠의 강의록 이전에 이미 콩지안 유는 스타이니츠의 스승인 케빈 린치에 영향을 받아 "경관 평가의 정량적 방법"이라는 주제의 석사 학위 논문을 작성한 상태였다. 석사 논문을 마치고 스타이니츠를 접했던 당시 이미 유는 미국에서 학업을 이어갈 계획을 세우고 있었다. 스타이니츠의 추천으로 유는 생태계획을 주제로 박사 학위를 받기 위해 당시 하버드에 막 개설된 디자인학 박사doctor of design 프로그램에 지원했다.[21]

하버드의 디자인학 박사는 최종적으로는 학위 논문을 작성해야 하는 연구 중심의 과정이지만, 칼 스타이니츠의 지도를 받는 학생들은 필수 과정의 하나로 그의 경관 계획 스튜디오를 들어야 했다. 콩지안 유는 스타이니츠의 지도를 받았을 뿐만 아니라 리처드 포먼의 수업에서 익힌 경관생태학landscape ecology의 원리를 박사 과정 연구에 통합했다. 그는 지리정보체계GIS를 통해 생태학적 정보의 대규모 데이터를 종합하는 컴퓨터 기술에도 몰입했다. 포먼과 함께 한 작업을 통해 유는 경관생태학의 전략 지점strategic points 개념을 알게 되었다. 이 시기에 그는 또한 게임 이론을 읽고 게임과 관련된 공간 상충 언어를 포먼의 경관 분석 언어와 연관시키게 되었다. 이러한 방법은 특히 경관에서 특정한 전략 지점 혹은 콩지안 유가 "보안 지점security points"이라고 지칭하게 되는 것의 식별 및 관리와 관련된다. 이와 같은 이해는 결국 생태적 "보안 패턴security patterns"이라는 그의 개념을 낳는다.[22]

콩지안 유는 하버드에서의 박사 과정 중에 스타이니츠의 엄격한 계획 방법, 포먼의 복합적 경관 매트릭스 분석 언어, 하버드 컴퓨터 그래픽 랩의 디지털 지리정보체계 도구와 테크닉, 게임 이론 개념 등을 통합해 다루었다. 이러한 종합 과정을 통해 유는 중국에 적용할 프로젝트의 하나로 국가 차원의 생태보안계획을 처음 구상했다. 그는 이 프로젝트의 개념, 방법론적 문제, 재현 수단, 분석적 접근을 박사 학위 청구 논문 "경관 계획에서 보안 패턴"—스타이니츠, 포먼, 스티븐 어빈Stephen Ervin이 지도—을 통해 발전시켰다. 이 논문은 중국 레드스톤 국립공원의 생태보안계획을 사례로 연구했지만, 이후에 지역, 성, 국가 규모의 생태적 보안 계획을 위한 방법론과 접근 방식을 정교화하는 계기가 되었다. 이 논문에서 콩지안 유는 맥하그의 중첩법, 린치의 시각적 분석법, 포먼의 생태적 분석, 어빈의 지리정보체계 방법론, 잭 데인저먼드Jack Dangermond의 연구를 통해 구체화된 GIS 등 베이징 임업대와 하버드에서 받은 다양한 영향을 방법론적으로 모두 통합했다. 하버드에서 공부하면서 유는 강사 자격으로 교육을 담당하기도 했고 GIS 연구원으로 일하기도 했다. 1994년 여름에는 캘리포니아 주 레들런즈Redlands에 소재한 데인저먼드의 환경시스템연구소ESRI에서 연구원으로 활동했다.

콩지안 유의 논문에서 가장 혁신적인 부분은 계단 함수 형태의 변화 한계치에 영향을 주는 생태적 기능을 분석함으로써 특정한 "보안 지점SPs"을 식별한 점이다. 유는 생태적 기능은 상당히 큰 영향을 비례적 변화 없이 견뎌낼 수 있지만 특정한 영향의 한계치에서 급격하게 변화한다는 점을 깨달았다. 그의 논문은 세 가지 독특한 보안 지점, 즉 생태석, 시각적, 농업적 SPs를 제시한다.[23] 이 세 범주를 생태, 관광, 식품 안전과 밀접하게 연관시켜 도면화함으로써 중국의 생태적 보안을 위한 국가 계획을 구체화한다. 물론 중국 국가생태보안계획이라는 그의 개념은 서구의 선례로부터 영향을 받은 것이다. 하버드에서 유학할 당시 그는 스타이니츠의 수업을 통해 워런 매닝Warren Manning의 1912년 미국 국가 계획 등 지역 규모와 전국 규모의 경관 계획에 대한 여러 다양한 선례를 접한 바 있다.[24]

콩지안 유는 박사 학위를 마친 후 캘리포니아 주 라구나 비치Laguna Beach의 SWA에서 2년간 랜드스케이프 아키텍트로 일했다. 이 시기에 그는 박사 논문에 바탕을 둔 일련의 논문을 학술지에 게재했다.[25] 1997년에 그는 베이징으로 돌아와 컨설팅 회사인 튜렌스케이프를 열었고 동시에 베이징 대학교의 교수가 되었다. 튜렌스케이프는 국가생태보안계획뿐만 아니라 일련의 대규모 생태 계획 프로젝트에 참여했다.[26] 국가생태보안계획을 비롯해 다양한 지역, 도시, 지자체를 대상으로 한 제안에 이르기까지 튜렌스케이프의 여러 계획 작업은 역사적 중요성을 지닌 과학적·문화적 지식의 전이를 보여준다. 이 계획들의 기술 효능, 예측 정확도, 실행 용이성은 물론 계획 그 자체가 콩지안 유의 개인적·전문가적 업적과 관련된 독특한 역사적 상황을 대변한다. 그의 계획은 서구에서 발생한 과학적 지식에 입각한 공간 계획이라는 개념을 세대와 문화를 가로질러 전달한 위대한 실험이다. 역설적이게도, 미국에서 경관생태학과 계획을 교육받은 중국 전문가 1세대가 이제는 미국에서 퇴색된 계획 전통의 가능성을 새롭게 입증하고 있다. 1978-79년 중국의 "4대 근대화" 선언 이후, 미국의 정치·경제·문화적 상황은 과학적 공간 계획 실천으로부터 점차 멀어졌고 그 대신 공간과 관련된 의사 결정에서 신자유주의, 탈중심화, 민간 경제가 주도권을 행사하게 되었다. 이채롭게도 이 기간 동안, 그리고 설계 및 계획 관련 고등 교육의 수입을 통해, 중국에서는 생태학 지식에 기반을 둔 공간 계획 작업이 대중 및 정치적 의견에 영향을 미치는 토양이 될 수 있었다. 하향식 정치 구조, 중앙집권적 의사 결정, 서구 과학·기술 개방, 급속한 도시화 진행 등이 결합된 현대 중국의 독특한 상황에 힘입어 콩지안 유의 생태적 계획 전략이 수용될 수 있었다. 과학적 엄정성이나 실행 가능성과 상관없이, 중국 전국 규모의 생태보안계획이라는 콩지안 유의 구상 그 자체는 경관 계획의 오랜 전통으로의 (역설적이지만 동시에 희망적인) 회귀를 여실히 보여준다.

중국에서 실천되고 있는 생태계획의 역설적 희망은 '어바니즘의 한 형태로서 경관'에 대한 논의가 떠오르고 있는 최근의 경향과 유사하다. 유럽과 미국 모두에서 랜드스케이프 어바니즘의 어젠다를 이어가는 동시에 비판하는 주제로 최근 "생태적 어바니즘ecological urbanism"이 제시되었다. 학제 프로그램, 출판물, 전문 실무 모두에 걸쳐 랜드스케이프 어바니즘과 랜드스케이프 아키텍처가 전 세계적으로 계속 성장하고 있는 반면, 생태적 어바니즘 담론도 빠른 속도로 재생산되고 있다. 이 책의 결론에서 다루게 되겠지만, 어바니즘에 대한 생태적 접근은 '설계의 모델이자 매체로서 생태'라는 보다 정확하고 제한적인 초첨을 제시해 준다. 이러한 접근은 정제된 용어를 제시할 뿐만 아니라 설계 분야 전반에서 사용할 수 있는 인식론적 틀로서 생태학에 초점을 둔 지적 참여를 제안한다. 이는 경관의 굴레를 벗어나게 해 준다는 점에서, 그리고 이제 20년이 넘은 랜드스케이프 어바니즘의 지적 어젠다를 재작동시켜 준다는 점에서 이중의 장점을 지닌다. 이러한 맥락에서 생태학은 '어바니즘으로서 경관'의 실천을 지원하는 작동 체계에 접근하게 해 주며, 보다 폭 넓은 대중이 담론에 참여할 수 있게 하는 동시에 실행의 정확성과 전문적 효과를 보장해 준다.

3500 m

결론

경관에서 생태로

> 탈영역이란 편안한 안도감에서 오는 고요함이 아니다.
> 탈영역은 오래된 영역들의 연대가 새로운 사물과
> 새로운 언어에 대한 관심으로 무너져 내릴 때
> ─어쩌면 유행의 충격을 통해 격렬하게 파열될 때─
> 실질적으로 시작된다.
>
> _ 롤랑 바르트

앞에서 논의한 바와 같이, 지난 20년간 랜드스케이프 어바니즘은 다시 전통으로 회귀하고 있는 도시설계의 학문적·전문적 경향에 대한 일종의 비판으로 부상했다. 이러한 비판은 빠른 속도로 변화하는 도시에 대응하지 못하고 북미와 서유럽에 만연한 자동차 중심 어바니즘의 수평적 특성을 수용하는 데 한계를 보인 도시설계의 무력함과 주로 관련된다. 랜드스케이프 어바니즘의 비판은 탈산업화가 남긴 환경 조선, 생태 기반 어바니즘에 대한 요청, 도시의 발전에 따라 우위를 점하게 된 설계 문화 등에 대처하는 데 무능력한 전통적 도시설계 전략에 대한 것이기도 하다. 랜드스케이프 어바니즘 담론은 이제 성숙기에 접어든 것으로 보인다. 건축 문화계의 아방가르드적 성향에 비해서는 더 이상 신선하지 않겠지만, 랜드스케이프 어바니즘의 주요 텍스트와 프로젝트는 여러 언어로 번역되고 있으며 전 세계로 확산되고 있다. 랜드스케이프 어바니즘 담론이 건축계에서는 별로 새롭지 않겠지만 도시설계와 계획에서는 도시에 대한 글로벌 담론으로 빠르게 흡수되고 있다는 점은, 랜드스케이프 어바니즘이 성숙한 상태로 접어들었음을 보여준다.

이 책에 담은 랜드스케이프 어바니즘의 확립된 담론은, 원래 도시설계를 조경학과에 소속시키려 했으나 결국은 폐기되었던 하버드 대학교의 구상을 되돌아보게 한다. 호셉 유이스 세르트 Josep Lluís Sert가 본래 하버드 설계대학원 내에 도시설계를 어떻게 편제시키려 했는가를 다룬 글에 따르면, 그는 도시설계를 초학제적trans-disciplinary 영역으로 개설하려고 했다. 세르트의 다중적 동기에 대한 최근의 해석은, 기념비적인 1956년 하버드 컨퍼런스에서 도시와 관련된 다양한 설계 분야 내부와 그 사이의 잠재적 관계에 대해 제기된 많은 질문을 다시 생각하게 한다. 당시의 질문 중 가장 논쟁적인 것은 도시설계 내에서 경관의 적절한 역할에 관한 질문이었다. 이 질문은 오늘날에도 중요하지만 도시설계의 기원과 관련해서도 중요한 핵심 주제다.[1]

1956년은 북미에서 가장 성공적인 모더니즘 도시계획 프로젝트 중 하나가 진행된 해이기도 하다. "디트로이트 계획"의 결과물인 디트로이트 라파예트 파크Lafayette Park 도시 재생 사업이 바로 그것이다. 이 프로젝트는 20세기 중반 도시 조성의 대안적 역사를 보여준다. 경관으로 도시 형태를 만드는 방식에 대한 이해가 생겨난 것이다. 라파예트 파크가 후에 도시설계로 알려지게 될 신생 분야의 덕을 본 것은 없다. 루트비히 힐버자이머Ludwig Hilberseimer의 디트로이트 프로젝트는 미국 도시의 탈중심화에 있어서 도시 질서의 매개체로서 경관에 대한 관심을 예비했다.

이 대조적인 1956년의 두 사건은 도시설계로 정착된 분야에 잠재된 대안적 역사를 보여준다. 이는 발터 그로피우스Walter Gropius가 학과장에 임명되기 전에 루트비히 미스 반 데어 로에 Ludwig Mies van der Rohe가 하버드 건축학과의 리더가 될 뻔했다는 점을 우리가 기억해내지 못하더라도 사실이다. 만일 미스와 힐버자이머가 시카고의 남쪽 지역 대신 하버드가 있는 케임브리지에서 미국 망명 생활을 하기로 선택했다면, 도시설계의 역사는 매우 달라졌을 것이다. 그러나 도시설계는 아주 다른 계보를 가지게 되었고, 도시 환경과 관련된 설계 분야의 교차점이라는 잠재력을 아직 성취하지 못했다. 실현되지 않은 이 잠재력에 기대 랜드스케이프 어바니즘은 모더니즘 도시계획과 그 중 가장 성공적인 모델의 환경적·사회적 열망에 대해 역사에 기반한 비판적 재해석을 제시했다. 이러한 재해석은 경관이 도시·경제·사회적 구조의 매개 역할을 했던 모더니즘 도시계획의 한 갈래에 담긴 가능성을 다시 보여준다.

· · · · ·

도시설계라는 학제가 지난 사반세기에 걸쳐 특별히 지속해 온 특징 중 하나는 굳건히 방어된 학문 분과라는 전통적 정의를 고수한 점이다. 이러한 측면은 북미의 설계 교육과 전문 실무에서 일어나고 있는 교차 학제 경향과 현저히 대조적이다. 여러 디자인 스쿨에서는 최근 건축학과와 조경학과의 구분이 없어지고 있고, 통합 학위나 복합 교과 과정을 개설한 경우도 적지 않다. 공유 지식과 협력적 교육 경험을 지향하는 이러한 변화는 점점 복합적으로 바뀌는 전문 실무의 다학제적 맥락에 대한 대응이라고 볼 수 있다. 그리고 다학제간 실무는 동시대 대도시의 상황이 던지는 도전과 기회에 대한 반응이다. 이러한 관점에서 볼 때, 도시설계의 역사와 미래를 둘러싼 최근의 담론들은 학제간 탈전문화 프로젝트에 대해 양면적 입장을 취하고 있다고 읽힌다. 이런 담론의 토대인 도시 관련 학문 주제에서는 전통적 학제의 경계가 거의 존중되지 않는다. 설계 분야만 예외이기를 기대해서는 안 된다. 최근 들어 많은 선도적 설계는 새로운 초학제성을 촉구하고 있다. 그러나 불행히도 도시설계의 상대적으로 소박한 자원과 관심의 상당 부분은 동시대 도시 문화의 지엽적 문제를 향하고 있다. 특히 다음과 같은 세 가지 측면에서 그렇다.

첫째, 최근 몇 년간 도시설계에서 가장 문제가 되는 점은 반동적 문화 정치와 노스탤지어 감성을 수용하는 "뉴 어바니즘"의 경향이다. 선도적 디자인 스쿨들은 최악의 19세기식 패턴 만들기와 거리를 두는 방향으로 노선을 변경한 반면, 거의 대부분의 도시설계 실무는 건축적 열망을 희생시켜 도시의 교리를 축복함으로써 그러한 방향에 대해 사죄한다. 이는 건축 형태의 상대적 자율성을 인정하면서도 도시 밀도의 환경·사회적 이점을 과장하는 형식을 띄는 경우가 많다. 둘째, 너무 많은 주류 도시설계 실무의 주체가 부유층의 목적 지향적 환경 소비를 위한 "보기와 느끼기" 장식에 관심을 집중해 왔다. 도시설계는 맨해튼주의를 선호하는 맹목적 편견을, 그리고 호화로운 라이프스타일을 위한 비품처럼 여겨지는 고밀도와 엘리트 거주지 지향을 넘어서야 한다는 경고의 목소리가 높다. 셋째, 설계와 계획 사이의 교섭자라는 도시설계의 전통적 역할이 공공 정책과 사회의 대리자로서의 과정에 너무 집중되어 왔다. 최근 디자인 스쿨에서 도시계획이 회복되고 있는 현상은 중요하면서도 한참 뒤늦은 조정임이 분명하지만, 과잉 보상의 잠재적 위험을 안고 있기도 하다. 여기서 위험은 설계가 도시에 관한 지식과 학문 주제로만 빠지게 된다는 점이 아니다. 도시계획 프로그램과 그 교수진이 설계와 동시대 문화를 배제한 채 공공 정책 및 도시 법제에만 치중하는 고립된 영역으로 재구성될 위험에 처한다는 점이 문제다.

실현되지 못한 도시설계의 잠재력 내에서 랜드스케이프 어바니즘이 지난 십여 년간 부상해 왔다. 그리고 랜드스케이프 어바니즘은 역사적으로 정의되어 온 도시설계의 광범위한 기반 안에서 대안적 실무를 대변하게 되었다. 생태에 기반한 계획의 지향점을 이어받은 랜드스케이프 어바니즘은 동시에 고급 설계 문화, 최근의 도시 개발 방식, 복합적 민관 파트너십 등의 영향도 받았다. 랜드스케이프 어바니즘에 의해 제안된 도시 형태가 아직 충분히 실현된 적이 없다는 최근의 지적이 사실일 수도 있겠지만, 랜드스케이프 어바니즘은 앞으로 다가올 수십 년간 도시설계에 가장 유효한 대안을 제시하고 있다고 보는 것이 공정할 것이다. 이 점을 간과할 수 없다. 랜드스케이프 어바니즘은 전통적 도시 형태의 노스탤지어에 집착하는 도시설계에 대한 반작용으로서 문화적으로 풍요롭고 생태학적 지식에 기반하며 경제적으로도 성공 가능한 동시대 도시화의 모델을 제시하기 때문이다.

· · · · ·

환경 이슈에 기반하고 경관 관련 감성이 스며든 도시 프로젝트의 지향점을 보다 더 적확하게 설명하기 위해 최근 "생태적 어바니즘ecological urbanism"이라는 신생 담론이 제안된 바 있다. 앞에 형용사를 붙여 수식하는 어바니즘 중 가장 최근의 것인 생태적 어바니즘은 동시대 도시의 환경·경제·사회적 조건을 해명하는 시도를 통해 도시설계를 재평가할 필요가 있음을 보여준다. 모흐센 모스타파비Mohsen Mostafavi는 2009년 하버드에서 열린 컨퍼런스 "생태적 어바니즘"을 소개하면서 이 주제는 랜드스케이프 어바니즘 담론을 다른 용어를 써서 비평하는 것이자 연속적으로 보완하는 것이라고 설명했다.[2] 생태적 어바니즘은 랜드스케이프 어바니즘이 이미 십년 전에 제안했던 바와 마찬가지로 동시대 도시에 유효한 사고를 증폭시켜 환경·생태적 개념을 포괄하고자 하며, 동시대 도시의 조건들을 해명하기 위해 전통적 학문 분과와 전문 직능의 틀을 확장하고자 한다. 랜드스케이프 어바니즘 담론에 대한 비평이기도 한 생태적 어바니즘은 이미 시간이 경과한 랜드스케이프 어바니즘이 동시대 도시의 생태·경제·사회적 조건에 대해 보다 구체성을 가질 수 있도록 해 준다.

모스타파비는 컨퍼런스 주제를 설명하면서 생태적 어바니즘이 "대안적 미래 시나리오를 그리는 설계 분야들의 투영적projective 잠재력을 시사한다"는 의견을 펼친다. 그는 한걸음 더 나아가 그러한 대안적 미래는 도시 연구를 구성하는 학문과 직능의 경계에 걸쳐 있는 "불일치의 공간"을 창출할 수 있을 것이라고 제시했다.[3] 학제의 틀에 대한 최근의 그 어떤 연구를 보더라도 동시대 도시의 도전은 전통적 학제의 경계와 거의 무관하다. 이 진기한 현상은 다학제간(탈영역적) 지식의 생산에 있어서 언어와 유행의 다양한 역할에 대한 롤랑 바르트Roland Barthes의 언명을 떠올리게 한다.[4]

생태적 어바니즘의 주도로 제안된 새로운 언어를 보면, 컨퍼런스의 부제 "미래의 대안적이고 지속 가능한 도시"도 똑같은 말을 하고 있다. 이 부제의 구성은 비판적 문화의 적실성과 환경적 생존 사이에서 잘못된 선택을 하며 구축된 동시대 어바니즘이 직면한 언어학적 막다른 길을 보여준다. 컨퍼런스의 제목과 부제는 '지속 가능성에 대한 잘 정립된 담론'과 '도시 문화의 동시대적 조건에 대한 설명으로 도시를 투영하는 오랜 전통' 사이의 학문간 단층선을 의미한다. 이러한 해석은 생태적 어바니즘이 지속 가능성에 대한 논의를 정치적, 사회적, 비판적 힘을 갖춘 것으로 다시 살려낼 수 있을 것임을 시사한다. 이러한 변화는 생태적 기능, 사회적 정의, 문화적 지식이 서로 배타적이라는 일반적 인식을 낳은, 건강한 환경과 설계 문화 사이의 뿌리 깊은 이분법을 바로잡는 데 특히 적절할 것이다. 설계 문화는 도시 생활의 경험적이고 객관적인 현실로부터 멀어지며 탈정치화되어 왔다. 이와 동시에 환경 복원, 생태적 건강, 생물 다양성에 대한 요구의 증가는 도시의 미래를 새롭게 재해석하는 작업이 필요함을 시사한다. 그러나 우리는 건강한 환경, 사회 정의, 문화적 적실성을 각각 배타적으로 지지하는 대체 도시 패러다임 중 하나만을 선택하도록 강요받고 있다.

호미 바바Homi Bhabha는 "생태적 어바니즘" 컨퍼런스의 기조 강연에서 임시 용어로 프로젝트의 틀을 잡으며 이렇게 주장했다. "도시의 미래에 대해 이야기하는 것은 언제나 너무 이르고 또 너무 늦다."[5] 바바는 생태적 어바니즘 프로젝트를 비정형의 생태계와 수그러들 줄 모르는 근대화의 위세 사이에 복잡하게 얽혀 있는 변증법적 관계에 위치시키고, 다음과 같이 강조했다. "사실상 우리는 항상 과거의 문제들을 다루지만, 새롭게 부상하는 현대적 상황에서는 그런 문제들이 다르게 보일 수 있다." 그의 주장에 따르면, 생태적 어바니즘이라는 프로젝트는 "투영적 상상projective imagination의 작업이다."[6]

형용사(랜드스케이프, 생태적, 또는 다른 것들)로 수식하는 형태의 어바니즘이 도시설계에 대한 가장 강력하고 완전한 형태의 비평으로 떠오른 것은 우연이 아니다. 환경으로 수식되는 어바니즘이 필요한 구조적 조건은 도시 밀도, 중심성, 도시 형태의 가독성이라는 유럽식 모델이 점점 더 요원해진 바로 그 시점에, 그리고 우리 대부분이 도시적이기보다는 전원적인 환경, 건축적이기보다는 수목이 많은 환경, 위요되기보다는 인프라스트럭처와 같은 환경에서 살며 일하는 시점에 등장했다. 나는 도시 프로젝트의 이러한 구조적 조건과 그에 따른 학제의 재편성이 지속될 것이라고 믿는다. 우리의 언어는 그러한 조건을 설명하는 데 궁극적으로는 불완전하지만 필수적인 시도 속에서 계속 바뀌고 또 변형될 것이기 때문이다.

· · · · ·

최근 생태적 어바니즘의 정교한 확장판이라 할 수 있는 "투영적 생태학projective ecologies"이 제안된 바 있다.[7] 이 야심찬 기획은 설계와 계획 분야 전반을 가로지르는 생태학의 동시대적 역할과 위상을 명확히 표명하고자 한다. 생태적 어바니즘 담론에 토대를 둔 『투영적 생태학』은 어바니즘을 형용사처럼 수식하는 생태학의 위상에 대해 시의적절한 질문을 던진다.[8] 이 질문은 도시를 다루는 다양한 학문 분과와 관련이 있지만, 특히 조경에 적합하다. 랜드스케이프 어바니즘과 생태적 어바니즘을 둘러싼 담론에서, 설계와 관련된 생태학의 위상과 역할에 대한 비판적 고려가 계속되고 있다. 그러한 담론 체계 속에서 어떤 생태학이 누구에 의해, 무슨 목적으로 적용되었는가? 『투영적 생태학』은 동시대 설계 문화를 위한 생물학적 모델의 다원적이고 복수적인 가능성을 명확하게 설명한다.

크리스토퍼 하이트Christopher Hight는 생태학이 우리 시대의 가장 중요한 인식론적 틀 중 하나라고 주장한다.[9] 하이트의 주장은 생태학이 하나의 자연과학을 초월해 이제는 자연과학과 사회과학, 역사학과 인문학, 디자인과 예술을 가로지르는 의미 영역을 포괄하게 되었다는 사실에 기반을 둔다. 19세기에 생물학의 한 분과로 시작된 생태학은 20세기에 현대 과학으로 발전했고, 21세기의 첫 10년 동안 점차 다학제간 지식의 틀로 성장했다. 이 학문적 난혼에 지적으로든 실천적으로든 문제가 없는 것은 아니다. 자연과학에서 시작해 문화적 관점에까지 이른 생태학의 의미 변화는 혼란의 원인을 제공하며, 조경, 도시설계, 도시계획 내부와 외부의 의사소통을 제한한다. 『투영적 생태학』은 다양한 학문 분과의 결합을 조명하면서 세 가지 방식으로 지식의 생산과 공간의 투영을 동원한다. 첫째, 책에 실린 글과 프로젝트는 생태학을 당당하게 다원적으로 정의하는 것에서 출발한다. 둘째, 이 책은 학문 분과 체계의 스펙트럼을 능숙하게 가로지름으로써 생태학적 틀의 투영적 잠재력을 지지한다. 셋째, 책에 담긴 프로젝트, 드로잉, 다이어그램은 동시대 설계 문화에서 생태적인 것에 대한 강력한 재현 패러다임을 보여준다.

앙리 르페브르Henri Lefebvre에 따르면, 도시화의 영향은 그 범위 면에서 사실상 전 지구적이다.[10] 만약 그렇다면, 생태학과 어바니즘의 관계에 대해 생각하는 것은 어떤 영향을 미치는가? 도시 예술urban arts의 이론적 틀, 분석 도구, 투영적 작업은 도시적인 것과 생태적인 것의 구별을 전제로 발전해 왔다. 도시와 생태는 서로를 막는다고 오랫동안 여겨져 왔다. 건축 문화에 뿌리를 둔 어바니즘, 그리고 건축적 형태의 도시에 대한 집착이 그러한 집단적 맹점을 낳았다. 마찬가지로, 인간의 개입을 배제하고 환경과의 관계만으로 생물 종을 설명하는 생태학의 전통적 정의도 똑같은 문제를 지닌다. 종합하자면, 생태는 도시 외부의 것이고 도시는 생태 바깥에 존재한다는 사고가 누적되어 도시 예술 전반에 관한 우리의 생각에 깊은 영향을 미쳤다. 『투영적 생태학』은 생태학을 모델model이자 은유metaphor이며 매체medium로 이해하는 다중적 해석을 통해 이 오래된 이분법에 의문을 제기한다.

책의 서론 격 에세이에서 크리스 리드Chris Reed와 니나–마리 리스터Nina-Marie Lister는 생태학은 자연계의 '모델'을 제공한다는 오래 지속되어 온 생각을 검토한다.[11] 이 가장 기본적인 정의는 리처드 포먼Richard Forman과 유진 오덤Eugene Odum 그리고 이 책에서 인용한 다른 학자들의 저작에서도 분명하게 나타난다. 생태학은 자연계를 예측하고 설명하는 모델을 제공하기 때문에 계속 적용되고 있다. 리스터와 리드는 실험과 변조를 통한 과학적 모델 생산과 이와 대칭적인 설계 행위, 즉 모델 제작과 매칭matching 사이에서 접점을 이끌어낸다. 마음의 습관과 과학 및 설계 방법 사이의 오래된 틈새가 지속되고 있지만, 『투영적 생태학』은 세계의 모델로서의 생태학과 그 세계를 만드는 설계 행위 사이의 그럴듯한 관계를 분명하게 보여준다. 생태학은 모델로서의 위상을 지닐 뿐만 아니라 다양한 지적·학문적 탐구에 효과적인 '은유'이기도 하다. 생태학은 사회과학, 인문학, 역사학, 철학, 예술 등에서 은유의 차원으로 작용하는 인식론적 틀로도 적절하다. 그레고리 베이트슨Gregory Bateson, 조르조 아감벤Giorgio Agamben, 펠릭스 가타리Félix Guattari 등의 저술은 다양한 분야에 걸친 생태학적 사고의 비옥함을 잘 보여준다. 이처럼 생태학을 은유로 이해하는 것은 생태학이 설계 관련 담론에 흡수되는 데 특히 중요하다. 조경과 도시계획은 전통적으로 생태학을 일종의 응용 자연과학으로 보는 편이지만, 건축과 예술은 생태학을 사회과학, 인문학, 철학으로부터 수입한 은유로 받아들였다. 『투영적 생태학』은 사고, 교환, 재현의 '매체'라는 생태학의 세 번째 의의를 부각시킴으로써 설계 담론 내에서 생태학의 다양한 학문적 선례를 통합적으로 다루고자 한다. "투영적" 생태학은 자율성autonomy 과 도구성instrumentality이라는 양극 사이에서 전개되고 있는 오늘날의 건축 논쟁에 절실한 제3의 용 어를 제시해 준다. 이 시의적절한 문제와 이를 뒷받침하는 리드와 리스터 책은, 자율적 실천의 비판 적 가능성을 점증하는 사회·정치·환경적 참여의 필요성과 조화시키는 것을 목표로 한다.

앞의 2장에서 논의한 바와 같이, 1970년대 중반 피터 아이젠만Peter Eisenman이 "탈기능주 의"를 주장한 이후, 건축은 유용성의 비판적 부정을 통해 건축의 문화적 가치를 보장받고자 했다.[12] 상품성과 사용 가치에 대한 억압은 또한 건축 문화의 "자율성"에 대한 주장으로 표현되었고, 건축 이 사회·정치·경제적 측면에 연관되는 것에 저항하는 형식으로 나타나기도 했다. 지난 10년간 환경 과 기후 문제에 대한 건축의 역할이 다시 전면에 등장했을 때, 많은 이들은 도구성과 완전히 대조되 는 자율성이라는 비판적 문화 프로젝트를 고수해야 한다고 주장했다. 이는 종종 건축이 에너지나 환 경과 같은 "외부"에 참여하는 것에 저항하는 프로젝트로 나타났다. 이러한 입장에서 보면, 기후 문제 는 건축의 문화적 가치로부터 동떨어진 외부로 간주되며 건축은 도구적 효과로부터 스스로 소외된 다.[13] 이 비판적 프로젝트는 또 다른 문제에 직면하고 있다. 이격된 저자distanced authorship를 극복하 고 분위기, 문화 상품성, "설계 지능design intelligence"을 지지하는, 이른바 탈비판적postcritical 입장이 등장한 것이다.[14] 『투영적 생태학』은 이 논쟁의 제3기를 열고 있으며, 무조건적 반대를 피하고 동시대 건축의 투영적 프로젝트를 지향한다. 이는 이격된 저자를 급진적으로 지향하는 건축의 잠재력이 고 도로 계산된 작동적performative 차원에 이르렀음을 뜻한다. 기능, 구조, 도시의 일관성, 인간과의 연 속성, 자본 축적 등을 중심에 놓는 대신, 『투영적 생태학』은 가장 도구적인 수단을 통해 예상치 못한 도시적 성과를 낳는다. 이러한 저자의 "소외"나 탈중심화는 동시대 건축 문화에서 선례가 없는 것은 아니지만 한층 복잡한 생태적 질서를 지지하고 단순한 가시성을 차단한다는 점에서 근본적으로 구 별된다.

이와 관련하여, 우리는 도시 형태의 역설적 자율성으로 조경에 활력을 불어넣는 작동적 측면을 랜드스케이프 어바니즘의 어젠다에서 발견할 수 있는데, 그러한 자율성은 생태적 논리와 창 발적 형태를 정교하게 측정한 메트릭스metrics에서 파생된다.[15] 대개 그러한 메트릭스는 시간이 지남 에 따라 종과 환경 사이에서 고도로 조율된 관계의 결과다. 이러한 맥락의 최근 작업은 컴퓨터 기반 제조 로직logics을 사용해 자연계로부터 이중의 거리를 두고 쌍을 이루는 작동적 모델의 가능성을 제시한다. 이 작업에서 가장 흥미로운 점은 에너지와 기후 문제에 대한 도구적 참여로부터의 비판적 거리가 인간과 환경 사이의 관계 모델링을 통해 발견될 수 있다는 점이다. 이러한 종류의 작업은 사회적 참여와 문화적 의미 간의 단순한 대립을 초월할 수 있는 가능성을 가지고 있다. 내부적 논쟁과 외부적 요구 둘 다에 타당하고 적합한 동시대 어바니즘을 제안하고 있는 것이다. 뿐만 아니라 그러한 작업은 경관이 도시를 수식하는 형용사로 여전히 적절함을 시사한다.

옮긴이 후기
랜드스케이프 어바니즘과 현대 조경

조경가는 우리 시대의 어바니스트다.

_ 찰스 왈드하임

어바니즘의 매체로서 경관

『경관이 만드는 도시: 랜드스케이프 어바니즘의 이론과 실천』은 랜드스케이프 어바니즘의 주창자인 찰스 왈드하임이 2016년 프린스턴 대학교 출판부를 통해 출간한 『*Landscape as Urbanism: A General Theory*』을 번역한 책이다. 왈드하임이 엮은 『랜드스케이프 어바니즘*The Landscape Urbanism Reader*』(도서출판 조경, 2007)이 랜드스케이프 어바니즘의 초창기 10년간의 양상을 여러 필자의 시각으로 정리하고 미래를 조망한 책이었다면, 『경관이 만드는 도시』는 그가 지난 20여 년간 랜드스케이프 어바니즘을 이끌며 전개해 온 고유한 주장과 이론을 종합한 책이다.

랜드스케이프 어바니즘은 녹색 장식술을 반복하거나 낭만적 복고주의로 회귀하던 세기 전환기의 도시설계와 조경에 새로운 담론과 실천적 변화의 가능성을 던지며 큰 주목을 받았지만, 모호함과 실체 없음이라는 비판이 공존했던 것도 사실이다. 『경관이 만드는 도시』는 랜드스케이프 어바니즘이 선택했던 이론적 지향과 그 분야사적 맥락을 일관성 있는 논리로 담고 있다는 점에서 랜드스케이프 어바니즘의 성과와 잠재력에 대한 면밀한 토론을 다시 초대하는 책이라고 볼 수 있다.

폭넓은 스펙트럼의 주제를 관통하며 책 전반의 중심을 이루는 왈드하임의 주장은 "경관이 동시대 어바니즘의 매체"라는 점이다. 즉 "어바니즘의 매체로서 경관"은 경제 체제의 재편에 따라 급변하고 있는 도시를 이해하는 렌즈이자, 건축, 도시설계, 조경 등 도시의 물리적 설계와 관련된 다양한 전문 직능 및 학문 분과의 영역을 재편성하게 하는 핵심 동인이라는 것이다. 그가 말하는 "어바니즘"은 "연구 대상으로서의 도시, 도시의 체험, 설계와 계획을 통한 도시의 변화 모두"를 뜻하며, "도시화의 과정과 산물에 대한 경험이자 연구이자 개입"(13쪽)이기도 하다. 이러한 맥락에서 "랜드스케이프 어바니즘은 경관이라는 렌즈를 통해 읽어낸 어바니즘에 대한 이해"(13쪽)를 의미하며, 랜드스케이프 어바니즘 담론은 "도시 형태의 기본적 블록 만들기라는 건축의 전통적 역할을 경관이 대체하는, 일종의 영역 재편성이라고 해석될 수 있다"(27쪽).

우리는 경관이 도시를 만드는 시대로 이미 진입해 있다. "어바니즘의 매체로서 경관"은 곧 번역서의 제목인 "경관이 만드는 도시"라고 달리 표현될 수 있을 것이다. 왈드하임에 따르면, "어바니즘의 매체로서 경관"은 경제 구조의 변화에 따라 발생한 수많은 브라운필드와 쇠퇴 도시에 대응할 수 있는 새로운 틀을 제시해 주며, 사회, 환경, 경제 위기가 낳은 다양한 영향을 흡수하거나 완화할 수 있다. 뿐만 아니라 "대규모의 복잡한 생태계화 인프라 시스템이 교차하는 부지를 다루는 경우에, … 비정형 도시의 그린 인프라스트럭처 문제에, 그리고 위험과 회복탄력성, 적응과 변화의 문제에 대응하는 데 적합"(14-15쪽)한 잠재력을 지니고 있다. 그가 조경가를 우리 시대의 어바니스트라고 주장하는 이유가 여기에 있다. "어바니스트의 역할을 하는 조경가는 도시 형상과 구축 형태를 담당하며, 건축적 구조에서 빗겨나 단순히 생태적인 면과 인프라만을 다루는 예외적 존재가 아니다." 조경가의 "경관적 사고는 사회·생태·경제적 작용과 관련되기 때문에 도시의 형상에 대한 한층 더 종합적인 이해를 가능하게"(15쪽) 한다.

"어바니즘의 매체로서 경관"에 기반한 랜드스케이프 어바니즘, 즉 경관으로 도시를 만드는 실천은 "도시계획이 지난 반세기 동안 물리적 설계에 거리를 두면서 사회과학 모델로 중심을 옮기고 또한 도시설계가 타운 계획이라는 전통적 모델에 다시 새롭게 전념하는 가운데 생겨난 공백의 영역을 차지하며 성장"(15쪽)해 왔다. 그러나 이 책은 랜드스케이프 어바니즘이 지난 20여 년간 선보인 행로와 그 성과만을 다룬 것이 아니다. 그 형성 배경으로 작용한 일련의 역사적, 이론적, 문화적 조건을 광범위하면서도 심도 있게 탐사했다는 점에 주목할 필요가 있다. 아마도 그러한 탐사가 『경관이 만드는 도시』를 여타의 동시대 조경 및 도시설계 이론서와 구별해 주는 의미 있는 지점일 것이다.

전작 『랜드스케이프 어바니즘』(도서출판 조경, 2007)의 2장 '어바니즘으로서 경관'을 개정한 이 책의 1장에서 왈드하임은 랜드스케이프 어바니즘의 주요 주장을 재검토하고 그 계보를 추적한다. 특히 랜드스케이프 어바니즘의 지적 토대가 된 1980-90년대의 비판적 텍스트와 프로젝트를 면밀히 조회한다. 2장에서는 포스트모던 시기의 건축 이론에 영향을 미친 문학 비평과 비판 이론의 주요 개념을 검토하고, 그러한 개념이 네오-아방가르드 건축 및 경관생태학과 관련을 맺는 점접에서 랜드스케이프 어바니즘 담론이 출현했다는 논의를 전개한다. 3장에서는 랜드스케이프 어바니즘의 실천 사례와 도시계획이 교차하는 지점을 탐색하고, 20세기 후반의 생태계획을 랜드스케이프 어바니즘의 선례로 재평가한다.

4장에서는 어바니즘의 매체로 경관이 부상하고 있는 최근의 상황을 포스트-포디즘 경제 체제로의 이행과 연관하여 해명한다. 탈산업 도시의 공간적·문화적 조건에 대한 반응으로 랜드스케이프 어바니즘이 등장한 맥락이 논의된다. 5장에서는 포스트-포디즘 경제에 따른 대표적인 쇠퇴 도시인 디트로이트의 사례를 재조명하며, 특히 버려진 "예전의 도시the formerly urban"의 고전 격인 "디스아비타토disabitato"가 경관 개념의 기원임을 밝히는 흥미로운 해석을 펼친다. 6장에서는 도시의 탈중심화와 쇠퇴 도시의 문제를 예견하고 대비한 루트비히 힐버자이머Ludwig Hilberseimer의 계획 이론과 프로젝트를 원형적 랜드스케이프 어바니즘으로 재발굴한다.

7장에서는 힐버자이머의 농경 어바니즘을 중심으로 20세기 도시계획에서 나타난 랜드스케이프 어바니즘의 선례를 재조명한다. 8장에서는 랜드스케이프 어바니즘 특유의 재현 방식을 설명하기 위해 조감의 주체와 재현 문제를 다루며, 공항 경관을 랜드스케이프 어바니즘 담론 및 실천과 관련시켜 검토한다. 9장에서는 19세기 산업 도시의 사회·환경적 문제를 설계라는 매체를 통해 해소하고자 창안된 새로운 전문 직능인 "조경landscape architecture"의 기원을 소환하여 재검토한다. 도시를 건축하고자 자임한 조경 본래의 사명과 고유의 열망이 랜드스케이프 어바니즘의 한 원형으로 재해석된다.

『경관이 만드는 도시』가 현대 조경 이론과 실천의 지형 속에 위치하는 좌표의 맥락을 검토하는 차원에서, 지난 20년간 전개되어 온 랜드스케이프 어바니즘의 가능성과 한계, 그리고 한국 조경과 랜드스케이프 어바니즘의 지향에 대한 논의를 아래에 덧붙인다.[1]

랜드스케이프 어바니즘의 성과와 한계

랜드스케이프 어바니즘이 공식적으로 처음 활자화된 계기는 1997년 찰스 왈드하임의 주도로 일리노이 대학교에서 개최된 심포지엄/전시회 "랜드스케이프 어바니즘"이었다. "랜드스케이프 어바니즘의 입장에서 경관을 도시의 인프라스트럭처로 이해"하고 "경관을 종래의 회화적·양식적 관점에서 벗어나 도시의 인프라스트럭처와 시스템으로 재발견"한다는 입장이 표명되는데, 이는 건축, 조경, 어바니즘 사이의 전통적 영역 구분이 무의미함을 전제로 한다.

이후 20여 년간, 랜드스케이프 어바니즘은 이론, 교육, 실천을 통해 확장되었다. 그간의 대표적인 이론적 성과물로는 『경관의 재발견Recovering Landscape』(1999), 『랜드스케이프 어바니즘: 기계적 경관의 매뉴얼Landscape Urbanism: A Manual for the Machinic Landscape』(2003), 『랜드스케이프 어바니즘The Landscape Urbanism Reader』(2006) 등을 들 수 있으며,[2] 같은 맥락에서 공원이라는 구체적인 대상에 접근한 경우로는 『라지 파크Large Parks』(2007)가 있다.[3] 2010년 여름에 출간된 유럽의 대표적 조경 전문지 『토포스Topos』 71권은 랜드스케이프 어바니즘을 특집으로 다루면서 그 성과와 한계를 동시에 다루었다. 이 특집이 랜드스케이프 어바니즘에 대한 조경계 내부 논쟁의 일면이라면, "뉴 어바니즘" 도시설계 진영은 『랜드스케이프 어바니즘에 대한 불만Landscape Urbanism and Its Discontents』(2013)을 통해 비판적 공세에 나서기도 했다.[4] 『생태적 어바니즘Ecological Urbanism』(2009)은 랜드스케이프 어바니즘의 연장선상에서 도시 담론과 실천의 방향을 생태적 지역계획과 재접속하고자 한 시도였다.[5] 뿐만 아니라 조경 교육 과정과 시스템에서도 랜드스케이프 어바니즘을 축으로 큰 변화가 일어났다.[6]

그러나 이론과 교육에서 랜드스케이프 어바니즘이 부상한 가장 큰 이유는 설계 실천의 영역과 그 대상의 변화 때문임을 기억할 필요가 있다. 각종 도시 재생, 포스트–인더스드리얼 부지, 브라운필드, 쓰레기 매립지 등 새로운 유형의 도시 프로젝트가 계속 발생하면서 종래와는 다른 방식의 접근 태도와 실천 방식이 필요하게 된 것이다. 세기의 전환기에 개최된 다운스뷰 공원 설계공모와 프레시 킬스 설계공모의 전략적 설계안들이 랜드스케이프 어바니즘의 좌표와 결합되면서 전 세계 조경계를 뜨겁게 달구기도 했다.

랜드스케이프 어바니즘은 현대 도시에서 계속 증가하고 있는 새로운 유형의 부지에 대한 대안적 시각과 설계 전략을 보여주고 있다는 점에서, 조경·건축·도시의 장르 경계를 폐기하고 통합적 실천을 지향하고 있다는 점에서, 그리고 조경의 대상과 목적과 접근 방식에 교정의 방향을 제시해 주고 있다는 점에서 동시대 조경의 지향 좌표 중 하나로 더 심도 있게 토론되어야 할 가치를 지닌다고 말할 수 있을 것이다.

이러한 성과와 가능성에도 불구하고 랜드스케이프 어바니즘에는 여전히 미완의 현재진행형이라는 꼬리표가 달려 있기도 하다. 대체로 크게 세 가지 측면에서 랜드스케이프 어바니즘에 대한 완벽한 동의가 이루어지고 있지 않다고 보인다. 다음의 세 가지 난맥은 랜드스케이프 어바니즘이 한국 조경에서 불안정하게 논의되고 적용되면서 노출된 여러 문제와도 교점을 지닌다.

첫째, 랜드스케이프 어바니즘은 20여 년이 지난 지금까지도 이론적으로는 명료한 체계를 갖추지 못했고 실천적으로는 가시적 결과를 내지 못했다는 우려가 적지 않다. 랜드스케이프 어바니즘의 주창자이자 대표 이론가인 찰스 왈드하임조차도 "동시대 도시의 시간에 따른 가변성과 수평적 확장성을 설명하는 데 경관 개념이 매우 적절"[7]하며 따라서 "랜드스케이프 어바니즘을 둘러싼 담론은 도시 형태의 기본적 블록 만들기라는 건축의 전통적 역할을 경관이 대체하는, 일종의 영역 재편성이라고 해석될 수 있다"[8]는 정도의 느슨한 정의와 역할을 제시하고 있는 것이다.

이러한 왈드하임의 주장처럼, 랜드스케이프 어바니즘은 변모하고 있는 현대 도시의 조건 속에서 경관이 기능할 수 있는 바를 새롭게 제시하고 여러 전문 직능과 학문 분과의 통합적 실천을 촉구한다는 의미를 지닌다. 그러나 만일 그것뿐이라면, 이론과 실천면에서 도시설계와 조경의 패러다임 변화를 포괄하는 개념이라고 평가하기에는 충분하지 않다. 물론 제임스 코너는 한층 구체적인 차원에서 "수평성, 인프라스트럭처, 프로세스, 테크닉, 생태"라는 다섯 가지 주제를 랜드스케이프 어바니즘의 초점으로 제시한 바 있으나,[9] 이러한 주제들 역시 (더욱 촘촘한 이론적 —또는 설계 방법론적— 틀을 기대하는 이들에게는) 반드시 랜드스케이프 어바니즘의 그물망이 아니더라도 논의되고 실행될 수 있는 것이 아닌가 하는 반문을 낳고 있다.

『랜드스케이프 어바니즘』(도서출판 조경, 2007)의 번역자인 김영민의 10년 전 진단처럼, "이안 맥하그라는 거대한 나무의 그늘에서 벗어나는 데는 성공했으나 그를 대체할 조경의 패러다임을 찾는 데 어려움을 겪고 있는 상황"이던 세기말의 조경 세대에게 "랜드스케이프 어바니즘은 새로운 구세주가 되기에 충분했다.""그러나 … 지금, 랜드스케이프 어바니즘은 그때처럼 조경이 처한 문제를 모두 해결해 줄 찬란한 청사진으로서 받아들여지고 있지만은 않다."[10] 랜드스케이프 어바니즘은 어떤 설계 철학이나 방법론이라기보다는 도시와 경관에 대한 "정신이자 태도이며, 동시에 사고와 행동의 방식"[11]일 뿐인가. 랜드스케이프 어바니즘의 실천적 성과와 가시적 결과에 대해서는 보다 정치한 점검이 요청된다.[12]

둘째, 랜드스케이프 어바니즘이 설계의 좌표로 강조하고 있는 프로세스, 작동, 실행 등은 랜드스케이프 어바니즘의 의의이자 동시에 한계이기도 하다. 요컨대 경관을 재발견하고자 하는 일련의 설계 경향과 랜드스케이프 어바니즘은 "경관이 어떻게 보이는가보다는 그것이 무엇을 하며 어떻게 작동되는가"에 전적으로 비중을 둔다. 이처럼 경관의 형태보다 경관의 프로세스와 작동에 주목하는 태도는 녹색의 화장술로 봉사해 온 조경과 의미의 차원을 소거시킨 형태 위주의 장식적 조경에 대한 비판적·대안적 입장이라는 점에서 그 의의를 보장받는다. 그러나 경관의 작동 기작이나 실행 프로세스에 대한 일방적 강조는 곧 랜드스케이프 어바니즘의 한계이기도 하다. 조경이라는 문화 행위의 산물로서 경관은 본질적으로 형태—또는 외피나 외관—를 통해 실체로 구현된다. 프로세스만으로 경관의 형태가 결정되는 것은 아니며, 작동 방식을 설계하는 것이 형태를 설계하는 필요충분조건은 아닌 것이다. 그동안 간과되어 온 비가시적 과정과 물질의 흐름을 강조하는 것에 대해서는 이론의 여지가 없지만, 그러한 이유로 감각적으로 지각되고 경험되는 경관의 미적 차원이 배제되는 것은 모순이라고 볼 수 있다.

이러한 측면에서 랜드스케이프 어바니즘을 비롯한 최근의 경향은 "자연 환경의 과학적 분석을 형태의 디자인으로 연결시키지 못한"[13] 맥하그식 생태계획의 이원론적 한계를 일면 연상시킨다. 맥하그의 치밀한 환경 분석이 구체적인 디자인으로 연결되지 못하고 부지의 특성과 생태적으로 양립 가능하기 힘든 픽처레스크 스타일로 귀결된 경우가 많았던 것과 마찬가지로, 작동하는 시스템으로 설계된 경관이 그것에 적합한 형태를 발견하지 못하고 일종의 녹색 장식으로 마무리되는 경우가 적지 않다는 것이다.

마이클 미하피는 "랜드스케이프 어바니즘의 설계안들의 특징은 길쭉한 손가락처럼 팬시한 추상적 형태를 지닌 무성한 녹색 공간"[14]이라고 비판하기도 한다. 엘리자베스 마이어는 이러한 난맥을 넘어설 수 있는 조경 설계의 새로운 과제를 제시한다. 경관 이면의 작동과 체계를 구체적 형태로 결합시킬 수 있어야 한다는 것이다.[15] 프로세스가 형태로 연결되고 작동하는 시스템이 형식으로 변환될 때 랜드스케이프 어바니즘의 전략적 설계는 "지속 가능한 미"를 구축할 수 있을 것이다.

셋째, 랜드스케이프 어바니즘은 새로운 것이 아니라 조경의 핵심 전통을 새롭게 번안한 브랜드-뉴에 불과할 수 있다는 회의론도 공존하고 있다. 역설적이기는 하지만 랜드스케이프 어바니즘의 선례로 옴스테드의 선구적 프로젝트들을 드는 경우를 흔히 볼 수 있다. 예컨대 수잔나 드레이크는 옴스테드와 그 이후의 조경은 단일한 공원에만 국한된 것이 아니라 도시 공원 시스템, 국립공원, 캠퍼스, 인프라스트럭처 등을 아우르고 있었다는 점에 주목한다.[16]

건축물이 아니라 오픈스페이스와 자연의 시스템으로부터 도시의 형태를 구조화하려는 랜드스케이프 어바니즘의 뿌리는 맥하그의 생태계획이라는 비판적 지적도 볼 수 있다. 대상지를 파악하는 철학과 태도의 측면뿐만 아니라 기법과 매체의 측면에서 맥하그와 랜드스케이프 어바니즘을 닮은꼴로 파악하는 분석도 볼 수 있는데, 예컨대 드레이크는 제임스 코너의 프레시 킬스 계획도가 맥하그의 스테이튼 아일랜드 분석도와 매우 유사함을 지적한다.[17]

그러나, "오늘날의 랜드스케이프 어바니즘이라는 돌파구가 프레더릭 로 옴스테드의 그린 어바니즘이나 이안 맥하그의 계획 방법과 유사한 것은 사실이지만 그 시대정신은 완전히 다르다"고 파악하는 토르비에른 안데르손의 해석이 더 설득력을 지닌다. 즉 "옴스테드의 그린 어버니즘은 인류의 생존을 위한 문제였다. 반면 맥하그의 『디자인 위드 네이처』는 자연의 생존을 위한 문제였다. … 랜드스케이프 어바니즘은 도시의 생존을 위한 문제"로 보아야 한다는 것이다.[18]

동시대 한국 조경과 랜드스케이프 어바니즘

양과 질 양면에서 빠른 속도로 성장한 2000년대 이후의 한국 조경 설계에서도, 적어도 표면적으로는, 랜드스케이프 어바니즘으로 포착할 수 있는 변화의 징후가 있었다. 각종 도심 재개발 사업, 청계천을 비롯한 도시 하천의 복원과 재생, 서울숲과 북서울 꿈의 숲을 필두로 한 대형 공원 프로젝트가 지난 10여 년간 활발히 진행되었으며, 포스트-인더스트리얼 부지, 쓰레기 매립지, 용산 미군기지를 비롯한 군부대 이전적지 등 새로운 유형의 부지들을 공원화하는 사업도 급증했다. 뿐만 아니라 각종 신도시 개발은 물론 행정도시와 기업도시 프로젝트들이 숨 가쁘게 조경의 손길을 거쳐 갔다.

이러한 새로운 프로젝트들은 공원과 도시의 관계를 종래와 다른 방식으로 설정하고자 경우가 적지 않다는 점에서 주목을 끈다. 반-도시의 피난처 공원이 아니라 도시의 공간과 일상적 삶에 역동적으로 침투하는 공원이 강조되는 경우가 다수 발견되는 것이다. 이러한 설계에서 경관은 목가적이고 정태적인 녹색의 경치를 넘어 자연과 문화의 변화와 형성 과정을 생산하고 소통하는 공간적 기지로 설정되기도 했다. 즉, 동시대 한국 조경 설계는 적어도 대상지의 성격과 규모 면에서, 그리고 도시와 공원의 관계 측면에서 서구의 랜드스케이프 어바니즘과 교차한다. 그러나 한국 조경에 수용된 랜드스케이프 어바니즘은 몇 가지 문제를 노출하고 있다.

랜드스케이프 어바니즘은 거의 실시간으로 수입되고 급속도로 유통되었다.[19] 예컨대 서울숲 설계 공모(2003)의 당선작과 출품작 다수는 생성, 진화, 네트워크 등의 설계 전략을 채택했는데, 이는 다운스뷰 공원 설계공모의 단적인 영향이라고 해석될 수 있다. 서울숲의 경우가 매우 표피적이고 수사학적인 수준에서 랜드스케이프 어바니즘을 복제한 것에 가까웠다면, 본격적으로 그것을 표방한 설계 지침이 마련되고 이에 따른 작품이 생산된 경우는 행정중심복합도시 중앙녹지공간 국제설계공모(2007)였다. 이 공모전의 다음과 같은 지향점에 다시 주목할 필요가 있다. "중앙녹지공간은 … 도시 경관과 환경의 중추가 될 녹색 심장이며 … 도시의 미래 성장과 바탕이다. 중앙녹지공간은 자연 생성소이자 문화 발전소이다. … 도시와 격리된 종래의 소극적 공원 개념을 넘어서 소통과 생성의 작용을 통해 도시와 대화하는 역동적이고 시민친화적인 장소로 성장해갈 것이다. … 중앙녹지공간은 열린 접근과 과정 중심적 설계를 통해 도시의 장기적 성장과 함께 지속적으로 발전해가는 유연하고 다기능적인 공간이 될 것이다."[20]

$7km^2$(약 200만평)에 달하는 대형 부지를 대상으로 한 이 공모전은 가히 랜드스케이프 어바니즘의 경연장이었다고 해도 과언이 아니다. 수상작의 다수를 관통하는 설계 개념들은 생산과 프로세스로 요약된다.[21] 하지만 이러한 개념의 잔치는 현재 부지 위에 어떻게 투영되어 있는가. 랜드스케이프 어바니즘이 또 하나의 선언으로, 구호로, 브랜드로 소비되거나 증발되있다는 의구심을 떨치기 어렵다. 그밖에 마곡 워터프론트 국제설계공모, 광교 호수공원 국제설계공모, 동탄2 신도시 워터프론트 설계공모, 판교 신도시 공원 설계공모 이후 붐을 이룬 신도시와 택지개발지구의 도시기반시설 조경설계 공모 등에서도 그러한 사정은 크게 다르지 않다.

2000년대 중후반의 대한민국 환경조경대전은 한국 조경의 과제와 랜드스케이프 어바니즘의 접점을 전면에 내세운 대표적 사례다. 일례로, 다소 길지만, 제3회 환경조경대전의 취지문을 다시 살펴보자. "20세기를 겪으며 도시는 급격한 변화를 경험했다. 동력을 잃은 현대 도시는 대수술을 요청하고 있다. 발전과 진보를 상징하던 많은 건물과 시설이 애물단지로 전락해가고 있다. 변모된 경제 시스템은 종래와 같은 토지이용을 허용하지 않고 있다. 정보 산업과 디지털 테크놀로지의 발전은 보다 유연하고 탄력적인 도시 구조와 공간을 요구하고 있다. 21세기의 도시 재생은 더 이상 오브제 건축으로도, 규제 위주의 도시계획으로도, 녹색 장식의 조경으로도 가능하지 않을 전망이다. 도시의 문화적 재생과 경제적 활성화는 관련 전문분야의 긴밀한 협력과 새로운 설계 지식을 필요로 한다. 이러한 과정에서 조경은 도시의 다양성과 복잡성을 조절하고 도시 재생에 역동적 에너지를 공급할 수 있는 기회를 얻고 있다. 세계의 여러 대도시들이 다시금 공원의 효능에 주목하는 이유가 여기에 있다. 랜드스케이프 어바니즘이라는 대안적 설계 태도가 급물살을 타고 있다. '조경이 만드는 도시'가 필요한 시대다. 각종 재개발지, 공장 이적지, 쓰레기매립지, 방치된 오염지, 폐기된 대형 토목 구조물, 버려진 도시 공간 등 예전의 도시에서는 볼 수 없었던 땅과 시설이 조경가의 지혜로운 수술과 처방을 고대하고 있다."[22]

위의 취지문에서 단적으로 볼 수 있는 랜드스케이프 어바니즘의 태도는 지난 10여 년간 한국 조경의 영향력 있는 설계 담론으로 자리 잡았고, 적어도 화장술적 형태와 수사학적 개념 속을 표류하던 한국 조경 설계에 교정의 계기를 마련해 주었다고 평가할 수 있을 것이다.

그럼에도 불구하고 한국 조경에 랜드스케이프 어바니즘이 안착했다고 보기에는 무리가 따른다. 무엇보다도 앞에서 논의한 바와 같은 랜드스케이프 어바니즘 자체의 한계 내지 모순이 우리의 토양을 비껴갈 수 없기 때문이다. 더구나 유럽과 미국의 도시적 상황과 문화적 조건 속에서 태동한 랜드스케이프 어바니즘을 적절한 여과와 재해석의 과정 없이 매력적이고 장식적인 설계 언어로만 적용한 경우가 많았다는 점에서, 우리는 한국 조경의 랜드스케이프 어바니즘에서 패션이라는 불명예를 떼는 데 주저하게 된다.[23]

이처럼 2000년대 이후 한국 조경의 지형은 랜드스케이프 어바니즘과 넓은 접면을 갖는다. 미국과 유럽에서 가장 영향력 있는 조경 담론으로 급부상한 랜드스케이프 어바니즘은 실시간으로 수입되어 때로는 우리의 도시적 상황에 자연스럽게 겹쳐지기도 했고, 또 때로는 몸에 맞지 않는 어색한 옷처럼 우리의 설계 환경에 덧입혀지기도 했다. 한국의 동시대 조경에서 랜드스케이프 어바니즘은 수사나 구호의 수준을 넘어 이론적·실천적 의미를 획득하지 못한 채 여전히 새로운 가능성이라는 라벨을 달고 있다.

최근의 한국 조경은 건축과 도시설계를 비롯한 여러 사촌 분야와의 경계가 흐릿해지면서 영역을 빼앗기면 안 된다는 불안감과 영토를 넓혀야 한다는 피로감으로 이중의 우울증을 겪고 있다. 이른바 위기론의 틈바구니에서 가드닝으로 회귀하는 현상마저 감지된다. 이러한 시대착오적 상황에서 랜드스케이프 어바니즘에 대한 토론은 다시 새롭고, 또 중요하다. 한국 조경이 장식적인 화장술 조경을 극복하고 개발의 녹색 면죄부 조경을 넘어서고자 한다면, 그리고 건축·도시·조경의 통합적 실천을 이끌 수 있는 지식 지형을 생산하고자 한다면, 랜드스케이프 어바니즘에 다시 주목하고 그 가능성을 재검토할 필요가 있다. "어바니즘의 매체로서 경관"을 주장하는 『경관이 만드는 도시』를 두고 열띤 토론과 논쟁이 이어지길 기대한다.

· · · · ·

대중성 없는 학술서의 출판을 기꺼이 맡아 준 도서출판 한숲의 박명권 대표에게 깊이 감사드린다. 출판의 긴 과정을 진행해 준 남기준 편집장과 박상백 부장에게도 감사의 마음을 전한다. 특히 촉박한 마무리 일정을 감내하며 책을 완성시켜 준 윤주열 디자이너에게 감사의 인사를 빼놓을 수 없다. 번역서 출간을 기뻐하며 한국어판 서문을 보내 온 저자 찰스 왈드하임 교수에게도 감사드린다.

2018년 가을을 통과하며
배정한

서론 _ 형에서 장으로

표제문: Ludwig Mies van der Rohe, transcript of interview with John Peter, 1955, Library Congress, 14-15.

1. 어바니즘으로서 경관

이 장의 내용 중 일부는 필자의 다음 글들에서 전개된 바 있다. Charles Waldheim, "Landscape as Urbanism," in *The Landscape Urbanism Reader*, ed. Charles Waldheim(New York: Princeton Architectural Press, 2006), 35-53; Charles Waldheim, "Hybrid, Invasive, Indeterminate: Reading the Work of Chris Reed/Stoss Landscape Urbanism," in *Stoss LU*(Seoul: C3 Publishing, 2007), 18-26.

표제문: Stan Allen, "Mat Urbanism: The Thick 2-D," in *CASE: Le Corbusier's Venice Hospital*, ed. Hashim Sarkis(Munich: Prester, 2001), 124.

1 Stan Allen, "Mat Urbanism: The Thick 2-D," in *CASE: Le Corbusier's Venice Hospital*, ed. Hashim Sarkis(Munich: Prestel, 2001), 124.

2 참조. James Corner, "Terra Fluxus," in *The Landscape Urbanism Reader*, ed. Charles Waldheim(New York: Princeton Architectural Press, 2006), 23-33. 다음 글도 참조. James Corner, ed., *Recovering Landscape*(New York: Princeton Architectural Press, 1999).

3 참조. Corner, "Introduction," in *Recovering Landscape*.

4 최근 자연계를 복합적으로 문화적 측면에서 이해하고자 하는 흐름이 일어나고 있는데, 이를 옹호하는 입장과 도구적으로 받아들이는 입장은 세대 간의 차이를 보여주는 하나의 척도다. 이러한 예는 회화적인pictorial 것에서 작동적인operational 것으로 이행하는 조경 담론의 흐름에서 목격할 수 있다. 이러한 이행은 최근 여러 조경 작품의 주제로 다뤄지고 있다. 예컨대 다음을 참조. James Corner, "Eidetic Operations and New Landscapes," in *Recovering Landscape*, 153-69. 이 주제에 대해서는 다음 문헌도 유용하다. Julia Czerniak, "Challenging the Pictorial: Recent Landscape Practice," *Assemblage*, no.34(December 1997): 110-20.

5 Ian McHarg, *Design with Nature*(Garden City, NY: Natural History Press, 1969). 멈포드의 작업에 대한 개괄적 이해를 위해서는 다음을 참조. Mark Luccarelli, *Lewis Mumford and the Ecological Region: The Politics of Planning*(New York: Guilford Press, 1997).

6 참조. Corner, "Terra Fluxus."

7 모더니즘 건축과 도시계획에 대한 초창기 비평가에는 대중적인 제인 제이콥스부터 전문적인 로버트 벤츄리까지 넓은 범위의 사람들이 포함된다. 참조. Jane Jacobs, *Death and Life of Great American Cities*(New York: Vintage Books, 1961); Robert Venturi, *Complexity and Contradiction in Architecture*(New York: Museum of Modern Art, 1966).

8 Kevin Lynch, *A Theory of Good City Form*(Cambridge, MA: MIT Press, 1981). 다음 책에서 전개된 린치의 초창기 실증적 연구도 참조. *Image of the City*(Cambridge, MA: MIT Press, 1960).
이 주제와 관련해 가장 중요한 비평가는 알도 로시였다. Aldo Rossi, *The Architecture of the City*(Cambridge, MA: MIT Press, 1982).
로버트 벤츄리와 데니스 스콧-브라운의 작업도 이에 대한 관심을 잘 보여준다. Robert Venturi, Denise Scott-Brown, and Steven Izenour, *Learning from Las Vegas: The Forgotten Symbolism of Architectural Form*(Cambridge, MA: MIT Press, 1977).

9 Charles Jencks, *The Language of Post-Modern Architecture*(New York: Rizzoli, 1977). 포디즘과 포스트모던 건축의 관계에 대해서는 다음을 참조. Patrik Schumacher and Christian Rogner, "After Ford," in *Stalking Detroit*, eds. Georgia Daskalakis, Charles Waldheim, and Jason Young(Barcelona: ACTAR, 2001), 48-56.

10 1960년에 하버드 대학교에서 도시설계 전공이 개설되었다. 이 전공에 점점 많은 학생이 등록하고 많은 수의 학위가 수여되면서 도시설계 분야가 성장했으며, 1970년대와 80년대에는 새로운 도시설계 학위 과정들이 속속 신설되었다.

11 Allen, "Mat Urbanism: The Thick 2-D," 125.

12 라빌레트에 대한 당시의 비평을 보고자 한다면 다음을 참조할 것. Anthony Vidler, "Trick-Trick," in *La Case Vide: La Villette*, by Bernard Tschumi(London: Architectural Association, 1985). Jacques Derrida, "Point de folie-Maintenant l'architecture," *AA Files*, no.12(Summer 1986): 65-75.

13 Bernard Tschumi, La Villette Competition Entry, "The La Villette Competition," *Princeton Journal*, vol.2, "On Landscape"(1985): 200-210.

14 Rem Koolhaas, *Delirious New York: A Retroactive Manifesto for New York*(New York: Oxford University Press, 1978).

15 Rem Koolhaas, "Congestion without Matter," *S, M, L, XL*(New York: Monacelli, 1999), 921.

16 Kenneth Frampton, "Toward a Critical Regionalism: Six Points for an Architecture of Resistance," in *The Anti-Aesthetic*, ed. Hal Foster(Seattle: Bay Press, 1983), 17.

17 Kenneth Frampton, "Toward an Urban Landscape," *Columbia Documents*(New York: Columbia University, 1995), 89, 92.

18 Rem Koolhaas, "IIT Student Center Competition Address," Illinois Institute of Technology, College of Architecture, Chicago, March 5, 1998.

19 Peter Rowe, *Making a Middle Landscape*(Cambridge, MA: MIT Press, 1991).

20 Frampton, "Toward an Urban Landscape," 83-93.

21 참조. Lars Lerup, "Stim and Dross: Rethinking the Metropolis," in *After the City*(Cambridge, MA: MIT Press, 2000), 47-61.

22 Rem Koolhaas, "Atlanta," *S, M, L, XL*(New York: Monacelli, 1999), 835.

23 이에 관한 여러 자료 중 건축가와 조경가의 관심이 집중된 것은 생태학자 리차드 포만의 저작이다. 다음을 참조. Wenche E. Dramstad, James D. Olson, and Richard T. T. Forman, *Landscape Ecology Principles in Landscape Architecture and Land-Use Planning*(Cambridge, MA: Harvard University Graduate School of Design; Washington, DC: Island Press, 1996).

24 Richard Weller, "Toward an Art of Infrastructure in the Theory and Practice of Contemporary Landscape Architecture," keynote address, "MESH" conference, Royal Melbourne Institute of Technology, Melbourne, Australia, July 9, 2001. 다음의 문헌들도 참조. Richard Weller, "Between Hermeneutics and Datascapes: A Critical Appreciation of Emergent Landscape Design Theory and Praxis through the Writings of James Corner, 1990–2000," *Landscape Review* 7, no.1(2001):3–44;Richard Weller, "An Art of Instrumentality: Thinking through Landscape Urbanism," in *The Landscape Urbanism Reader, ed. Charles Waldheim*(New York: Princeton Architectural Press, 2006), 69–85.

25 아드리안 구즈와 웨스트 8의 작업에 대해서는 다음을 참조. "West 8 Landscape Architects," in *Het Landschap/The Landscape: Four International Landscape Designers*(Antwerpen: deSingel, 1995), 215–53; Luca Molinari, ed., *West 8*(Milan: Skira, 2000).

26 다운스뷰와 프레시 킬스는 *Praxis*, no.4, Landscapes(2002)에 실린 여러 에세이들을 비롯해 매우 다양하고 심도 있는 글들의 주제가 되었다. 보다 상세한 정보는 다음의 자료들에서 구할 수 있다. Julia Czerniak, ed., *CASE: Downsview Park Toronto*(Munich: Prestel; Cambridge, MA: Harvard Graduate School of Design, 2001). Charles Waldheim, "Park=City? The Downsview Park Competition," *Landscape Architecture Magazine* 91, no.3(2001): 80–85, 98–99.

27 크리스 리드와 스토스 랜드스케이프 어바니즘의 작업에 대해서는 다음을 참조. *Stoss LU*(Seoul: C3 Publishers, 2007); *Topos: The International Review of Landscape Architecture and Urban Design*, no.71, "Landscape Urbanism"(June 2010); Jason Kentner, ed., *Stoss Landscape Urbanism*, Sourcebooks in Landscape Architecture(Columbus: Ohio State University, 2013).

28 1997년 4월, 시카고에서 그레이엄 재단의 후원으로 랜드스케이프 어바니즘에 대한 최초의 학술 컨퍼런스가 개최되었다. 랜드스케이프 어바니즘 전공 과정은 1997–98년에 일리노이 대학교 시카고 캠퍼스에서, 1999–2000년에 런던 AA 스쿨에서 시작되었다.

29 참조. Mohsen Mostafavi and Ciro Najle, eds., *Landscape Urbanism: A Manual for the Machinic Landscape*(London: AA School of Architecture, 2004); Charles Waldheim, ed., *The Landscape Urbanism Reader*(New York: Princeton Architectural Press, 2006).

2. 자율성, 불확실성, 자기조직화

이 장의 내용 중 일부는 필자의 다음 글에서 전개된 바 있나. Charles Waldheim, "Indeterminate Emergence: Problematized Authorship in Contemporary Landscape Practice," *Topos: The International Review of Landscape Architecture and Urban Design*, no.57(October 2006): 82–88

표제문: Rem Koolhaas, "Whatever Happened to Urbanism," *S, M, L, XL*(New York: Monacelli, 1999), 959, 971.

1 Rem Koolhaas, "Congestion without Matter: Parc de la Villette," *S, M, L, XL*(New York: Monacelli, 1999), 894–935와 Bernard Tschumi, *Cinegram folie: Le Parc de la Villette*(New York: Princeton Architectural Press, 1988)를 참조. 추미의 이벤트와 열린 작업으로서 도시 개념의 이론적 기반을 이해하려면, 다음 책을 참조. Bernard Tschumi, *Architecture and Disjunction*(Cambridge, MA: MIT Press, 1996).

2 Rem Koolhaas, "Project for a 'Ville Nouvelle,' Melun-Sénart, 1987," *Rem Koolhass, Projectes urbans (1985–1990)=Rem Koolhass, Urban Projects (1985–1990)*(Barcelona: Gustavo Gili, 1991), 44–47; Rem Koolhaas, "Surrender: Ville Nouvelle

Melun-Sénart," *S, M, L, XL*(New York: Monacelli, 1999), 972–89.

3 Alex Wall, "Programming the Urban Surface," in *Recovering Landscape*, ed. James Corner(New York: Princeton Architectural Press, 1999), 233–49; Stan Allen, "Infrastructural Urbanism," and "Field Conditions," in *Points and Lines: Diagrams and Projects for the City*(New York: Princeton Architectural Press, 1999), 46–89, 90–137.

4 Michael Speaks, "Design Intelligence: Or Thinking after the End of Metaphysics," *Architectural Design* 72, no.5(2002): 4–6; "Design Intelligence: Part 1, Introduction," *A+U*(December 2002): 10–18; James Corner, "Not Unlike Life Itself: Landscape Strategy Now," *Harvard Design Magazine*, no.21(Fall 2004/Winter 2005): 32–34.

5 Detlef Mertins, "Mies, Organic Architecture, and the Art of City Building," in *Mies in America*, ed. Phyllis Lambert(New York: Harry Abrams, 2001), 591–641; Sanford Kwinter, "Soft Systems," in *Culture Lab*, ed. Brian Boigon(New York: Princeton Architectural Press, 1996), 207–28; Sanford Kwinter and Umberto Boccioni, "Landscapes of Change: Boccioni's 'Stati d'animo' as a General Theory of Models," *Assemblage*, no.19(December 1992): 50–65.

6 Michel Foucault, *Death and the Labyrinth*(Berkeley: University of California Press, 1986), 177.

7 Raymond Roussel, *Comment j'ai écrit certains de mes livres*(Paris: Gallimand, 1935, reprinted 1995).

8 Gloria Moure, *Marcel Duchamp*, trans. Robert Marrast(Paris: Editions Albin Michel, 1988).

9 Peter Eisenman, "Post-Functionalism," *Oppositions*, no.6(Fall 1976): i–iii.

10 Stan Allen, "Infrastructural Urbanism," in *Points and Lines: Projects and Diagrams for the City*(New York: Princeton Architectural Press, 1999), 46–89; Stan Allen, "From Object to Field," *Architectural Design*, Profile no.127, Architecture after Geometry(1997): 24–31.

11 참조. Anatxu Zabalbeascoa, *Igualada Cemetery: Enric Miralles and Carme Pinós*, Architecture in Detail(London: Phaidon, 1996); Enrix Miralles/Carme Pinós, "Obra construita/Built works, 1983–1994," *El Croquis* 30, no.49–50(1994).

12 Alejandro Zeara-Polo and Farshid Moussavi, *The Yokohama Project*(Barcelona: Actar, 2002); Alejandro Zeara-Polo and Farshid Moussavi, *Phylogenesis: FOA's Ark*(Barcelona: Actar, 2003).

13 Rosalind Krauss, "Sculpture in the Expanded Field," *October* 8 (Spring 1979): 30–44; reprinted in *The Originality of the Avant-Garde and Other Modernist Myths*(Cambridge, MA: MIT Press, 1986), 276–90.

14 참조. James Corner, Introduction to *Recovering Landscape*(New York: Princeton Architectural Press, 1999), 17.

15 네덜란드 설계 문화의 맥락에서 넓게 보자면 회저는 콜하스에게 빚을 지고 있다고 볼 수 있다. 회저는 그 어떤 직접적 영향도 없다고 말하지만, 그의 설계 사무소인 웨스트 8의 작업과 OMA의 작업에서 많은 공통점을 찾을 수 있다.

16 Adriaan Geuze, "Second Nature," *Topos*, no.71, Landscape Urbanism(June 2010): 40–42; Luca Molinari, ed., *West 8 Landscape Architects*(Milan: Skira, 2000).

17 Patrik Schumacher, *The Autopoiesis of Architecture: A New Framework for Architecture*, vol.1(London: Wiley, 2011); Patrik Schumacher, *The Autopoiesis of Architecture: A New Framework for Architecture*, vol.2(London: Wiley, 2012); Mohsen Mostafavi and Ciro Najle, eds., *Landscape Urbanism: A Manual for the Machinic Landscape*(London: AA School of Architecture, 2004).

18 *Groundswell: Constructing the Contemporary Landscape*, Museum of Modern Art, February 25–May 16, 2005; Peter Reed, ed., *Groundswell: Constructing the Contemporary Landscape*(New York: Museum of Modern Art, 2005).

19 Peter Reed, "Beyond Before and After: Designing Contemporary Landscape," in *Groundswell: Constructing the Contemporary Landscape*, 14–32.

20 William Howard Adams and Stuart Wrede, eds., *Denatured Visions: Landscape and Culture in the Twentieth Century*(New York: Museum of Modern Art, 1991).

21 David Harvey, "Where is the Outrage?," keynote lecture, *Groundswell: Constructing the Contemporary Landscape*, Museum of Modern Art, April, 15, 2005.

22 Reed, "Beyond Before and After," 16–17.

23 David Harvey, *The Condition of Postmodernity: An Enquiry into the Origins of Cultural Change*(Oxford: Blackwell, 1990). 사회적 조건과 설계의 한계에 대해서는 다음을 참조. David Harvey, "The New Urbanism and the Communitarian Trap," *Harvard Design Magazine*, no.1(Winer/Spring 1997): 68–69.

3. 계획, 생태, 그리고 경관의 부상

이 장의 내용 중 일부는 필자의 다음 글에서 전개된 바 있다. Charles Waldheim, "Design, Agency, Territory: Provisional Notes on Planning and the Emergence of Landscape" *New Geographies*, no.0(Fall 2008): 6–15.

표제문: Julia Czerniak, "Introduction, Appearance, Performance: Landscape at Dowsview," in *CASE: Downsview Park Toronto*, ed. Julia Czerniak(New York: Prestel, 2001), 16.

1 계획 분야의 최근 패러다임에 대한 이러한 해석은 다음에 잘 요약되어 있다. *Harvard Design Magazine*, no.22, "Urban Planning Now: What Works, What Doesn't?"(Spring/Summer 2005). 그리고 후속편에 해당하는 다음 문헌. *Harvard Design Magazine Reader*, no.3, Urban Planning Today, ed. William S. Saunders(Minneapolis: University of Minnesota Press, 2006).

2 도시계획에 대한 세르트의 무인의 비판과 그의 도시설계 개념은 다음 문헌에 잘 기록되어 있다. *Harvard Design Magazine*, no.24, "The Origins and Evolution of Urban Design, 1956–2006"(Spring/Summer 2006). 이 간행물의 같은 호에서는 도시설계를 조경학과 내에 설치하고자 했던, 일면 모순적인 단명한 구상을 발견할 수 있다. 다음을 참조. Richard Marshall, "The Elusiveness of Urban Design: The Perpetual Problems of Definition and Role," *Harvard Design Magazine*, no.24(Spring/Summer 2006): 21–32.

3 도시설계가 위기 상태에 처해 있다는 것은 자주 반복되는 주장인데, 가장 최근의 주장을 다음 문헌에서 볼 수 있다. *Harvard Design Magazine*, no.25, "Urban Design Now" (Fall 2006/Winter 2007). 이러한 주장의 가장 구체적인 예는 이 간행물의 전체 기조를 보여주는 서론격 에세이인 마이클 소킨의 글에서 읽을 수 있다. Michael Sorkin, "The End(s) of Urban Design," *Harvard Design Magazine*, no.25(Fall 2006/Winter 2007): 5–18. 더 진전된 논의는 윌리엄 손더스가 사회를 본 라운드테이블 토론에서 볼 수 있다. William Saunders, "Urban Design Now: A Discussion," *Harvard Design Magazine*, no.25(Fall 2006/Winter 2007): 19–42.

4 실패했다고 여겨져 온 모더니즘 도시계획을 재평가하고자 한 최근의 시도로는 다음의 저작들을 들 수 있다. Hashim Sarkis, ed., *CASE: Le Corbusier's Venice Hospital and the Mat Building Revival*(Munich: Prestel; Cambridge, MA: Harvard University Graduate School of Design, 2001). Farès el-Dahdah, ed., *CASE: Lucio Costa: Brasilia's Superquadra*(Munich: Prestel; Cambridge, MA: Harvard University Graduate School of Design, 2005). Sarah Whiting, "Sperblockism: Chicago's Elastic Grid," in *Shaping the City: Studies in History, Theory, and Urban Design*, eds. Rodolphe el-Khoury and Edward Tobbins(New York: Routledge, 2004), 57-76. Richard Sommer, "The Urban Design of Philadelphia: Taking the Town for the City," in *Shaping the City: Studies in History, Theory, and Urban Design*, eds. Rodolphe el-Khoury and Edward Tobbins(New York: Routledge, 2004), 135-76. Keller Easterling, *Organization Space: Landscapes, Highways, and Houses in America*(Cambridge, MA: MIT Press, 1999). Hilary Ballon, *Robert Moses and the Modern City: The Transformation of New York*(New York: Norton, 2007).

5 이러한 비판은 오늘날 조경 담론에서 잔잔하게 전개되고 있지만, 조경 분야 안팎의 중차대한 토론 거리이기도 하다. 보다 심도 있는 역사적 연구가 필요한 주제다. 맥하그에 대한 사료의 대부분은 무비판적인 경우가 많고 때로는 추상적 수준에 묶인 경우도 있기 때문에, 맥하그의 업적에 대한 비판적 평가와 역사적 맥락화는 아직 완성되지 않았다고 할 수 있다. 그런 만큼 맥하그에 대한 논의는 중요한 가치를 지닌다고 할 수 있다.

6 참조. Corner, "Introduction," in Recovering Landscape. Weller; "An Art of Instrumentality," in *Landscape Urbanism Reader*.

7 앞의 2장에서 살펴본 바와 같이, 제임스 코너는 펜실베이니아 대학교에서 생태계획을 공부했고, 아드리안 회저는 네덜란드의 바헤닝언 대학교에서 생태계획을 공부했다. 이 두 사람은 그 후 설계의 모델로서 생태학, 그리고 포스트모던 이론과 연관된 동시대 설계 문화의 관계를 탐구했다.

8 이러한 문제와 맥하그의 생태계획 이론에 대한 역사적 수용에 대해서는 다음을 참조. Frederick Steiner, "The Ghost of Ian McHarg," *Log*, no.13-14(Fall 2008): 147-51.

9 북미의 주요 도시 프로젝트에서 나타나는 계획의 위상을 전반적으로 살펴보기 위해서는 다음을 참조할 수 있다. Alexander Garvin, "Introduction: Planning Now for the Twenty-First Century," in *Urban Planning Today*, ed. William Saunders(Minneapolis: University of Minnesota Press, 2006), xi-xx; *Harvard Design Magazine*, no.22, "Urban Planning Now: What Works, What Doesn't?"(Spring/Summer 2005). 커뮤니티 자문, 기부 문화, 설계공모 등에 대한 구체적인 사례 연구로는 다음을 참조. Joshua David and Robert Hammond, *High Line: The Inside Story of New York City's Park in the Sky*(New York: Farrar, Straus, and Giroux, 2011); Timothy J. Gilfoyle, *Millenium Park: Creating a Chicago Landmark*(Chicago: University of Chicago Press, 2006); John Kaliski, "Democracy Takes Command: New Community Planning and the Challenge to Urban Design," in *Urban Planning Today*, ed. William Saunders(Minneapolis: University of Minnesota Press, 2006), 24-37.

10 2장에서 검토한 바와 같이, 영어권 언어학 이론의 불확정성indeterminacy과 개방성open-endedness에 초점을 둔 최근 작업들은 포스트인더스트리얼 공원, 공공 에메니티, 신도시 등 프랑스의 '그랑 프로제'를 통해 구체화되었다.

11 랜드스케이프 어바니즘의 시각에서 최근 서구의 공공 공간과 인프라스트럭처 프로젝트를 전반적으로 이해하고자 한다면, 다음을 참조. Kelly Shannon and Marcel Smets, *The Landscape of Contemporary Infrastructure*(Amsterdam: NAi Publishers, 2010).

12 참조. David and Hammond, *High Line*; Gilfoyle, *Millenium Park*; Gene Desfor and Jennifer Laidley, *Reshaping Toronto's Waterfront*(Toronto: University of Toronto Press, 2011).

13 참조. http://www.nycgovparks.org/park-feature/fresh-kills-park(2013년 12월 31일 접속)

14 참조. David and Hammond, *High Line*.

15 참조. http://shoparc.com/project/East-River-Waterfront(2014년 12월 21일 접속); http://www.mvvainc.com/project.php?id=7&c=parks(2014년 12월 21일 접속); http://west8.nl/projects/all/governors_island/(2014년 12월 21일 접속)

16 Gilfoyle, *Millenium Park*.

17 참조. http://www.west8.nl/projects/toronto_central_waterfront/(2013년 12월 31일 접속); http://www.waterfrontoronto.ca/explore_projects2/central_waterfront/planning_the_community/central_waterfront_design_competition(2013년 12월 31일 접속)

18 참조. http://www.waterfrontoronto.ca/lowerdonlands(2013년 12월 31일 접속); http://www.waterfrontoronto.ca/lower_don_lands/lower_don_lands_design_competition(2013년 12월 31일 접속).

19 참조. Alex Wall, "Green Metropolis," *New Geographies* 0, ed. Neyran Turan(September 2009): 87-97; Christopher Hight, "Re-Born on the Bayou: Envisioning the Hydrauli[CITY]," *Praxis*, no.10, Urban Matters(October 2008); Christopher Hight, Natalia Beard, and Michael Robinson, "Hydrauli[CITY]: Urban Design, Infrastructure, Ecology," *ACADIA*, Proceedings of the Association for Computer Aided Design in Architecture(October 2008): 158-65; http://hydraulicity.org/(2013년 12월 31일 접속).

20 참조. http://landscapeurbanism.aaschool.ac.uk/programme/people/contacts/groundlab/ (2013년 12월 31일 접속); http://groundlab.org/portfolio/groundlab-project-deep-ground-longgang-china/ (2013년 12월 31일 접속).

4. 포스트-포디즘 경제와 물류 경관

이 장의 내용 중 일부는 필자의 다음 글에서 전개된 바 있다. Charles Waldheim and Alan Berger, "Logistics Landscape," *Landscape Journal* 27, no.2(2008): 219-46.

표제문: Kenneth Frampton, "Toward an Urban Landscape," *Columbia Documents*(New York: Columbia University, 1995), 89.

1 다른 여러 문헌보다 우선 다음을 참조할 만하다. Jane Jacobs, *The Economy of Cities*(New York: Vintage, 1970).

2 George Simmel, "The Metropolis and Mental Life," in *On Individuality and Social Forms*, ed. D. Levine(Chicago: University of Chicago Press, 1903), 324-39.

3 David Harvey, *The Condition of Postmodernity: An Enquiry into the Origins of Cultural Change*(Cambridge: Blackwell Publishers), 1990; Edward Soja, *Postmodern Geographies*(New York: Verso), 1989.

4 Harvey, *The Condition of Postmodernity*; David Harvey, "Flexible Accumulation through Urbanization: Reflections on 'Post-Modernism' in the American City," in *Post-Fordism: A Reader*, ed. Ash Amin(Cambridge: Blackwell, 1994), 361-86; Soja, *Postmodern Geographies*; Edwards Soja, *Postmetropolis: Critical Studies of Cities and Regions*(Cambridge: Blackwell, 2000).

5 James Corner, "Terra Fluxus," in *The Landscape Urbanism Reader*, ed. Charles Waldheim (New York: Princeton Architectural Press, 2006), 22–23; Richard Weller, "An Art of Instrumentality: Thinking through Landscape Urbanism," in *The Landscape Urbanism Reader*, ed. Charles Waldheim (New York: Princeton Architectural Press, 2006), 71.

6 참조. Corner, "Terra Fluxus,"; Weller, "An Art of Instrumentality."

7 Neil Brenner and Roger Keil, "Introduction: Global City Theory in Retrospect and Prospect," in *The Global Cities Reader*, ed. N. Brenner and R. Keil (London: Routledge, 2005), 1–16; Robert Bruegmann, *Sprawl: A Compact History*(Chicago: University of Chicago Press, 2005); Patrik Schumacher and Christian Rogner, "After Ford," in *Stalking Detroit*, ed. G. Daskalakis, C. Waldheim, and J. Young(Barcelona: Actar, 2001), 48–56.

8 참조. Brenner and Keil, "Introduction: Global City Theory in Retrospect and Prospect"; Schumacher and Rogner, "After Ford".

9 참조. Harvey, *The Condition of Postmodernity*.

10 위의 책, 147.

11 참조. Corner, "Terra Fluxus"; Peter Reed, *Groundswell: Construction the Contemporary Landscape*(New York: Museum of Modern Art, 2005).

12 참조. David Harvey, "Where is the Outrage?" keynote lecture, *Groundswell: Construction the Contemporary Landscape*, Museum of Modern Art, April 15, 2005; Peter Reed, "Beyond Before and After," *Groundswell*.

13 Harvey, *The Condition of Postmodernity*; Harvey, "Flexible Accumulation through Urbanization."

14 Mark Levinson, *The Box: How the Shipping Container Made the World Smaller and the World Economy Bigger*(Princeton, NJ: Princeton University Press, 2006); Brain J. Cudahy, *Box Boats: How Container Ships Changed the World*(New York: Fordham University Press, 2006).

15 Alejandro Zaera-Polo, "Order out of Chaos: The Material Organization of Advanced Capitalism," *Architectural Design Profile*, no.108(1994): 24–29.

16 Susan Nigra Snyder and Alex Wall, "Emerging Landscapes of Movement and Logistics," *Architectural Design Profile*, no.134(1998): 16–21.

17 Alex Wall, "Programming the Urban Surface," in *Recovering Landscape*, ed. James Corner(New York: Princeton Architectural Press, 1999), 233–49.

18 물류와 어바니즘에 대한 최근 연구는 다음을 참조, Neil Brenner, ed., *Implosions/Explosions: Towards a Study of Planetary Urbanization*(Berlin: Jovis, 2014); Keller Eastering, *Extrastatecraft: The Power of Infrastructure Space*(Brooklyn: Verso, 2014); Clare Lyster, "The Logistical Figure," *Cabinet* 47(Fall 2012): 55–62.

19 참조. Levinson, *The Box*; Cudahy, *Box Boats*.

20 참조. Levinson, *The Box*; Cudahy, *Box Boats*.

21 참조. Levinson, *The Box*; Cudahy, *Box Boats*.

22 참조. Adriaan Geuze, "Borneo/Sporenburg, Amsterdam," in *Adriaan Geuze/West 8 Landscape Architecture*(Rotterdam: 010 Publishers, 1995), 68-73; Adriaan Geuze, "Borneo Sporenburg, 2500 Voids," *West 8*(Milan: Skira, 2000), 24-33.

23 참조. Zaera-Polo, "Order out of Chaos"; Synder and Wall, "Emerging Landscapes of Movement and Logistics"; Wall, "Programming the Urban Surface."

24 Manuel Castells, *The Informational City*(Oxford: Blackwell, 1999); Manuel Castells, *The Information Age: Economy, Society, and Culture*, vol.1, The Rise of the Network Society(Oxford: Blackwell, 1999).

25 Adriaan Geuze, "Schouwburgplein, Rotterdam," in *Adriaan Geuze/West 8 Landscape Architecture*(Rotterdam: 010 Publishers, 1995), 50-53; Stan Allen, "Infrastructural Urbanism," in *Points and Lines: Diagrams and Projects for the City*(New York: Princeton Architectural Press, 1999), 46; Andrea Branzi, D. Donegani, A. Petrillo, and C. Raimondo, "Symbiotic Metropolis: Agronica," in *The Solid Side: The Search for Consistency in a Changing World*, ed. Ezio Manzini and Marco Susani (Netherlands: V+K Publishing/Philips, 1995), 105-20.

26 Richard Hanley, *Moving People, Goods, and information in the 21ˢᵗ Century: The Cutting-Edge Infrastructures of Networked Cities* (London: Routledge, 2003); Stephen Graham and Simon Marvin, "More Than Ducts and Wires: Post-Fordism, Cities, and Utility Networks," in *Managing Cities: The New Urban Context*, ed. P. Healy et al.(New York: John Wiley and Sons, 1995), 169-90; Stephen Graham and Simon Marvin, *Telecommunications and the City*(London: Routledge, 1996); Stephen Graham and Simon Marvin, *Splintering Urbanism: Networked Infrastructure, Technological Mobilities, and the Urban Condition*(London: Routledge, 2001).

27 "Finance and Economics: Sizzling, the Big Mac Index," *Economist*(July 7, 2007): 82.

28 Michael Pollan, *The Omnivore's Dilemma: A Natural History of Four Meals*(New York: Penguin, 2006).

5. 도시의 위기와 경관의 기원

이 장의 내용 중 일부는 필자의 다음 글들에서 전개된 바 있다. Charles Waldheim, "Detroit, *Disabitato*, and the Origins of Landscape," in *Formerly Urban: Projecting Rustbelt Future*, ed. Julia Czerniak(New York: Princeton Architectural Press, 2013), 166-83; Charles Waldheim, "Motor CIty," in *Shaping the City: Case Studies in Urban History, Theory, and Design*, ed. Rodophe el-Khoury and Edward Robbins(London: Routledge, 2003), 77-97.

표제문: Christopher Wood, *Albrecht Altdorfer and the Origins of Landscape*(Chicago: University of Chicago Press, 1993), 25

1 "Formerly Urban: Projecting Rust Belt Futures" conference, Syracuse University School of Architecture, October 13-14, 2010.

2 Michel de Certeau, *The Practice of Everyday Life*, trans. Steven Rendall(Berkeley: University of California Press, 1984), 190.

3 "수축shrinkage"이라는 연구 주제는 1990년대에 도시의 구조 조정을 다룬 몇몇 미국 학자들과 이론가들의 연구에서 등장했다. 2002년 독일 연방 문화부는 필리프 오스발트가 주도한, 영어로 "쇠퇴 도시Shrinking Cities"라는 제목을 단 다층적 연구에

연구비를 지원했고, 이를 통해 이 주제에 대한 연구가 한층 더 가시화되었다. 참조. Philip Oswalt et al., *Shrinking Cities: The Complete Works*, vols.1-2(Berlin: Hatje Cantz, 2006); Oswalt et al., Atlas of Shrinking Cities(Berlin: Hatje Cantz, 2006).

4 디트로이트와 미국 탈산업 도시에 대해서는 다음을 참조. Thomas Surgrue, "Crisis: Detroit and the Fate of Postindustrial America," in *The Origins of the Urban Crisis* (Princeton, NJ: Princeton University Press, 1996), 259-71.

5 *Detroit Vacant Land Survey*, City of Detroit City Planning Commission, August 24, 1990.

6 "Day of the Bulldozer," *Economist*(May 8, 1993), 33-34.

7 Paul Virilio, "The Overexposed City," *Zone*, no.1-2, trans. Astrid Hustvedt(New York: Urzone, 1986). 1998년 디트로이트 시장 데니스 아처Dennis Archer는 도시 내의 버려진 건물을 철거하는 비용으로 미국 주택도시개발부로부터 6천만 불의 지원금을 받았다.

8 Dan Hoffman, "Erasing Detroit," in *Stalking Detroit*, ed. G. Daskalakis, C. Waldheim, and J. Young(Barcelona: ACTAR, 2001), 100-103.

9 문화지리학자 데니스 코스그로브는 경관이 "15세기 유럽에서 경제적으로 가장 발전하고 밀집된 정주 환경을 가지고 있었으며 고도로 도시화된 지역, 즉 플랑드르Flanders와 북이탈리아에서 하나의 장르로 처음 등장했다"고 주장한다. 다음을 참조. Denis Cosgrove, *Social Formation and Symbolic Landscape*(Madison: University of Wisconsin Press, 1984), 20.

10 E. H. Gombrich, "The Renaissance Theory of Art and the Rise of Landscape," in *Gombrich on the Renaissance*, vol.1, *Norm and Form*(New York and London: Phaidon Press, 1985), 107-21.

11 Denis Cosgrove, *Social Formation and Symbolic Landscape*(Madison: University of Wisconsin Press, 1984), 87-88.

12 J. B. Jackson, "The Word Itself," in *Discovering the Vernacular Landscape*(New Haven, CT: Yale University Press, 1984), 1-8.

13 "Landscape," *Oxford English Dictionary*, 2nd ed., vol.8(1989), 628-29.

14 Howard Hibbard, *Carlo Maderno and Roman Architecture, 1580-1630*(London: A. Zwimmer, 1971). 고대 후기 로마의 쇠락에서 나타나는 특징에 대해서는 다음을 참조. Bertrand Lançon, *Rome in Late Antiquity: Everyday Life and Urban Change, 312-609*, trans. Antonia Nevill(Edinburgh: Edinburgh University Press, 2000).

15 『이탈리아어 어원 사전*Dizionario Etimologico Italiano*』에는 "디스아비타토disabitato"가 거주하다 또는 살다를 뜻하는 동사 "아비타레abitare"의 반대 의미를 지닌 타동사라고 설명되어 있다(p.1321). 통상적인 단어 "디스아비타토"가 특정 지명으로 사용된 과정과 시기에 관해서는 다음을 참조. Richard Krautheimer, *Rome: Profile of a City, 312-1308*(Princeton, NJ: Princeton University Press, 1980); Gerhart B. Ladner's book review of R. Krautheimer, *Rome: Profile of a City, 312-1308,* in the *Art Bulletin* 65, no.2(1983): 336-39.

16 Krautheimer, *Rome: Profile of a City, 312-1308*, 256.

17 Charles L. Stinger, *The Renaissance in Rome*(Bloomington: Indiana University Press, 1985).

18 Marten von Heemskerck, *Sketchbook*, 1534-36; Hieronymus Cock, *Sketchbook*, 1558; Du Pérac-Lafréry, *View of Rome*, 1575; Du Pérac-Lafréry, *Map of Rome*, 1577; Cartaro, *Map of Rome*, 1576; Brambilla, *Map of Rome*, 1590; Tempesta, *Map of Rome*, 1593.

19 John Dixon Hunt, *Garden and Grove: The Italian Renaissance Garden in the English Imagination, 1600–1750*(Philadelphia: University of Pennsylvania Press, 1996), 32, 21.

20 G. B. Falda, *Map of Rome*, 1676; G. B. Falda, *Li Giardini di Roma*, 1683.

21 G. B. Nolli, *La Nuova Topografia di Roma*, 1748.

22 Richard Deakin, *Flora of the Colosseum of Rome; or, Illustrations and Descriptions of Four Hundred and Twenty Plants Growing Spontaneously upon the Ruins of the Colosseum of Rome*(London: Groombridge and Sons, 1855). 디킨의 폐허 속 자생 식물 묘사와 관련된 보다 광범위한 맥락은 다음을 참조. Christopher Woodward, *In Ruins*(London: Vintage, 2001), 23–24.

23 Denis Cosgrove, *Social Formation and Symbolic Landscape*(Madison: University of Wisconsin Press, 1984), 158.

24 Richard Rand, *Claude Lorrain: The Painter as Draftsman, Drawings from the British Museum*(New Haven, CT: Yale University Press, 2006). Michael Kitson, Claude Lorrain, *Liber Veritatis*(London: British Museum, facsimile edition reprinted 1978). 다음 또한 참조. Marcel Rothlisberger, *Claude Lorrain: The Paintings*, vols.1–2(New Heaven, CT: Yale University Press, 1961); Marcel Rothlisberger, *Claude Lorrain: The Drawings*, vols.1–2(Berkeley: University of California Press, 1968).

25 Rand, *Claude Lorrain: The Painter as Draftsman*, 52–53.

26 위의 책, 58.

27 위의 책, 23.

28 Jeremy Black, *Italy and the Grand Tour*(New Heaven, CT: Yale University Press, 2003), 51.

29 위의 책, 205.

30 John Dixon Hunt, *The Figure in the Landscape: Poetry, Painting, and Gardening during the Eighteenth Century*(Baltimore: Johns Hopkins University Press, 1989), 39–43.

31 John Dixon Hunt, *The Picturesque Garden in Europe*(London: Thames and Hudson, 2002), 34.

32 예컨대 헌트가 *The Picturesque Garden in Europe*, 337–38쪽과 351쪽에서 인용한 다음 문헌을 참조. William Gilpin's *Remarks on Forest Scenery*(1791); Uvedale Price's *An Essay on the Picturesque*(1794).

33 E. H. Gombrich, "Form Light into Paint," and "The Image in the Clouds," in *Art and Illusion: A Study in the Psychology of Pictorial Representation*, 6th ed.(NewYork and London: Phaidon Press, 2002), 29–54,154–69.

34 Rand, *Claude Lorrain: The Painter as Draftsman*, 22.

6. 도시의 질서와 구조적 변화

이 장의 내용 중 일부는 필자의 다음 글에서 전개된 바 있다. Charles Waldheim, "Introduction: Landscape, Urban Order, and Structural Change," in *CASE: Lafayette Park Detroit, ed. Charles Waldheim*(Munich: Prestel; Cambridge, MA: Harvard Graduate School of Design, 2004), 19–27.

표제문: Epigraph: Ludwig Hilberseimer, *The New Regional Pattern: Industries and Gardens, Workshops and Farms*(Chicago: Paul Theobald, 1949), 171, 174. 힐버자이머는 이와 같은 주장을 그래티엇(라파예트) 부지에 대한 사전 프로젝트 노트에서 펼쳤다. "기존의 가로 시스템은 고대로 회귀하고 있다. 그러나 자동차는 한때는 완벽했던 시스템을 구식으로 만들고 있다. 그래서 우리는 고속도로를 건설하지만, 각 가로의 코너에서 죽음의 덫에 직면한 보행자를 잊고 있다. 이러한 위험을 피하려면 주거 지역에 통과 교통이 없어야 한다. 하지만 동시에 각 주택이나 건물에 차로 접근할 수도 있어야 한다." Ludwig Hilberseimer, unpublished notes on Gratiot Redevelopment Project, July 1955(two pages), Hilberseimer Papers, Series VI (Projects), Ryerson and Burnham Libraries, Art Institute of Chicago.

1 부동산 개발업자 그린월드Greenwald와 케이친Katzin이 배포한 보도 자료는에 따르면, 그래티엇(라파예트) 재개발은 "50에이커의 슬럼 지역을…도시의 중심지를 회복시킬 풍요로운 주거 커뮤니티로 변모시킬 것"을 약속한다. Press release from Oscar Katov and Company, Public Relations, February 1, 1956(five pages), Hilberseimer Papers, Series VI(Projects), Ryerson and Burnham Libraries, Art Institute of Chicago.

2 라파예트 파크에 대한 다음과 같은 최근의 연구를 참조. Detlef Mertins, "Collaboration in Order," in *CASE: Lafayette Park Detroit*, ed. Charles Waldheim(Munich: Prestel; Cambridge, MA: Harvard Graduate School of Design, 2004), 11–17; Caroline Constant, "Hilberseimer and Caldwell: Merging Ideologies in the Lafayette Park Landscape," in *CASE: Lafayette Park Detroit*, 95–111; Danielle Aubert, Lana Cavar, and Natasha Chandani, *Thanks for the View, Mr. Mies: Lafayette Park Detroit*(New York: Metropolis Books, 2012).

3 2차 대전 이후 디트로이트의 인종 관계에 관해서는 다음을 참조. Thomas Sugrue, *The Origins of the Urban Crisis*(Princeton, NJ: Princeton University Press, 1996). 특히 인종과 주거의 관계에 대한 논의는 이 책의 "디트로이트의 시한폭탄: 1940년대의 인종과 주거" 장 내의 "도시 재개발" 항목(47–51쪽)을 참조. 디트로이트의 도시 재생 전반에 관한 설명은 다음을 참조. Roger Montgomery, "Improving the Design Process in Urban Renewal," *Journal of the American Institute of Planners* 31, no.1(1965): 7–20.

4 참조. Constant, "Hilberseimer and Caldwell." 힐버자이머는 그가 라파예트 파크에서 실현하려 한 것이 레빗타운Levittown의 대안이었다고 설명하곤 했다. 이에 대해서는 다음을 참조. Oral History of Peter Carter (Chicago: Art Institute of Chicago, 1996).

5 이 주제에 대한 상세한 분석은 다음을 참조. Janine Debanne, "Claiming Lafayette Park as Public Housing," in *CASE: Lafayette Detroit*, 67–69; Aubert, Cavar, and Chandani, *Thanks for the View, Mr. Mies: Lafayette Park Detroit*. 미국 인구조사국은 2000년에 디트로이트 인구에서 아프리카계가 거의 80%를 차지하고 주변 교외 지역의 인구 80%는 백인일 것이라고 예측했다. 라파예트 파크에 대한 전문 기사는 대체로 그린월드의 진보적 정치 성향을 인정하며 라파예트 파크를 긍정적으로 평가하지만, 일군의 비평가들은 이 프로젝트가 부르주아에게는 최선이었지만 인종적으로는 최악이었다고 비판하기도 한다.

6 George Danforth, "Pavilion Apartments and Town Houses, 1955-1963" and "Lafayette Towers, 1960," in *Mies van der Rohe Archive*, ed. Arthur Drexler, vol.16(New York: Museum of Modern Art, 1992), 412–99, 612–22. "정주 단위"에 대한 상세한 설명은 다음을 참조. Caroline Constant, "Hilberseimer and Caldwell: Merging Ideologies in the Lafayette Park Landscape," in *CASE: Lafayette Park Detroit*, 95–111. 라파예트 파크 정주 단위의 기원과 발전에 대해서는 다음을 참조. David Spaeth, "Ludwig Hilberseimer's Settlement Unit: Origins and Applications," in *In the Shadow of Mies: Ludwig Hilberseimer, Architect, Educator, and Urban Planner*, eds. Richard Pommer, David Spaeth, and Kevin Harrington(New York: Rizzoli; Chicago: Art Institute of Chicago, 1988), 54–68.

7 시카고 도시 재생의 맥락에서 IIT 캠퍼스의 계획과 공간 개발을 살펴보기 위해서는 다음을 참조. Sarah Whiting, "Bas-Relief

Urbanism: Chicago's Figured Field," in *Mies in America*, ed. Phyllis Lambert(New York: Harry Abrams, 2001), 642–91.

8 Oral History of Joseph Fujikawa, Chicago, Art institute of Chicago, 1996, 133.

9 참조. Constant, "Hlberseimer and Caldwell"; Oral history of Alfred Caldwell, Art Institute of Chicago, 1987.

10 Richard Pommer, "'More a Necropolis than a Metropolis,' Ludwig Hilberseimer's Highrise City and Modern City Planning," in *In the Shadow of Mies: Ludwig Hilberseimer. Architecture, Educator, and Urban Planner*, 16–53.

11 참조. Spaeth, "Ludwig Hilberseimer's Settlement Unit," 54–68.

12 참조. 위의 글.

13 Ludwig Hilberseimer, *The New Regional Pattern: Industries and Gardens, Workshops and Farms*(Chicago: Paul Theobald, 1949), 171, 174. 다음 문헌들도 참조. Detlef Mertins, "Mies, Organic Architecture, and the Art of City Building," in *Mies in America, ed. Phyllis Lambert*(New York: Harry Abrams, 2001), 591–641; Detlef Mertins, "Collaboration in Order," in *CASE: Lafayette Park Detroit*, 11–17.

14 Phyllis Lambert, "In the Shadow of Mies," symposium, Art Institute of Chicago, September 14–17, 1988.

15 경작지의 평등한 분배와 일조권의 공평성이라는 측면에서 힐버자이머는 생태적 어바니즘의 초기 원형을 제안했다고 볼 수 있다.

16 Lambert, "In the Shadow of Mies."

17 힐버자이머와 콜드웰은 히로시마 원폭 이후 도시 민방위 전략으로서 탈중심화를 지지했다. 다음을 참조. Caldwell, "Atomic Bombs and City Planning," *Journal of the American Institute of Architects* 4(1945): 289–99; Hilberseimer, "Cities and Defense"(ca. 1945) reprinted in *In The Shadow of Mies: Ludwig Hilberseimer, Architect, Educator, and Urban Planner*, 89–63.

18 Hilberseimer, "Cities and Defense."

19 Ludwig Mies van der Rohe, Introduction to *The New City*, by L. Hilberseimer (Chicago: Paul Theobald, 1944), xv.

20 Ludwig Hilberseimer, unpublished notes on Gratiot Redevelopment Project, July 1955, Hilberseimer Papers, Series VI(Projects), Ryerson and Burnham Libraries, Art Institute of Chicago.

21 Press release from Oscar Katov and Company, Public Relations, February 1, 1956, Hilberseimer Papers, Series VI(Projects), Ryerson and Burnham Libraries, Art Institute of Chicago.

22 힐버자이머는 1956년 미스의 작업에 대한 책에서 자신의 역할을 그래티엇 재개발 프로젝트의 계획가라고 표기했다. Ludwig Hilberseimer, *Mies van der Rohe*(Chicago: Paul Theobald, 1956), 104–8.

23 코스타Costa의 이와 같은 브라질리아 랜드스케이프 어바니즘에 대해서는 다음을 참조. Farès el-Dahdah, ed., *CASE: Lucio Costa: Brasilia's Superquadra*(Munich: Prestel; Cambridge, MA: Harvard University Graduate School of Design, 2005).

24 Oral history of Peter Carter, interviewed by Betty Blum, Chicago, Art Institute of Chicago, 1996, 346.

25 George Danforth, "Hilberseimer Remembered," in *In the Shadow of Mies: Ludwig Hilberseimer. Architect, Educator, and Urban Planner*, 13.

26 "A Tower Plus Row Houses in Detroit," *Architectural Forum* 112, no.5(1960): 104–13, 222.

27 Alison Smithson and Peter Smithson, *Without Rhetoric: An Architectural Aesthetic, 1955-1972*(Cambridge, MA: MIT Press, 1974); reviewed by Kenneth Frampton, *Journal of the Society of Architectural Historians* 35, no.3(1976): 228.

28 Sybil Moholy-Nagy, "Villas in the Slums," *Canadian Architect*(September 1960): 39-46.

29 Mafredo Tafuri and Francesco Dal Co, *Modern Architecture*, vol.2(Milan: Electra, 1980), 312.

30 Charles Jencks, "The Problem of Mies," *Architectural Association Journal*, no.81(May 1966): 301-4.

31 Charles Jencks, *The Language of Post-Modern Architecture*(New York: Rizzoli, 1977). 1972년 4월 22일에 텔레비전에 방송된 장면은 사실 같은 해 3월에 시작해서 6월에 끝난 일련의 철거 작업 중 두 번째 철거였다. 젠크스에 대한 반박은 다음을 참조. Katharine G. Bristol, "The Pruitt-Igoe Myth," *Journal of Architectural Education* 44, no.3(1991): 163-71.

32 George Baird, "Les extremes qui se touchant?" *Architectural Design* 47, no.5(1977): 326-27.

33 Joseph Rykwert, "Die Stadt unter dem Stricht: Ein bilzanz," Berlin, 1984.

34 Peter Blundell Jones, "City Father, book review of *In the Shadow of Mies: Ludwig Hilberseimer, Architect, Educator, and Urban Planner* by Richard Pommer, David Spaeth, and Kevin Harrington," *Architect's Journal* 190, no.7(1989): 75.

35 K. Micahael Hays, *Modernism and the Posthumanist Subject: The Architecture of Hannes Meyer and Ludwig Hilberseimer*(Cambridge, MA: MIT Press, 1992).

7. 농경 어바니즘과 조감의 주체

이 장의 내용 중 일부는 필자의 다음 글들에서 전개된 바 있다. Charles Waldheim, "Notes Toward a History of Agrarian Urbanism," in *Bracket*, vol.1, On Farming(2010): 18-24; Charles Waldheim, "Agrarian Urbanism and the Aerial Subject," *Making the Metropolitan Landscape*(London: Routledge, 2009): 29-46; Charles Waldheim, "Urbanism, Landscape, and the Emergent Aerial Subject," in *Landscape Architecture in Mutation*, eds. Institute for Landscape Architecture(Zurich: ETH Zurich, gta Verlag, 2005), 117-35.

표제문: 포드가 직접 남긴 정확한 문장은 다음과 같다. "산업은 탈중심화될 것이다. 파괴된다면 그대로 재건될 도시는 없다. 이런 사실은 그 자체로 우리 도시의 현실에 대한 고백이다." Henry Ford and Samuel Crowther, *My Life and Work*(New York: Doubleday, 1992), 192. 포드는 약간 수정한 버전을 "Cities and Defense"(1945)에 담았고, 이 글은 다음 책에 재수록되었다. *In the Shadow of Mies: Ludwig Hilberseimer, Architect, Educator, and Urban Planner*, eds. Richard Plommer, David Spaeth, and Kevin Harrington(New York: Rizzoli; Chicago: Art Institute of Chicago, 1988), 89-93.

1 힐버자이머의 책 『새로운 지역적 패턴: 공업과 정원, 워크숍과 농장*The New Regional Pattern: Industries and Gardens, Workshops and Farms*』의 부제는 표트르 크로포트킨의 반도시 선언인 『농지, 공장, 워크숍*Fields, Factories, and Workshops*』을 참고한 것이 분명하다.

2 Ford and Crowther, *My Life and Work*.

3 참조. Frank Lloyd Wright, *The Living City*(New York: Horizon Press, 1958); Ludwig Hilberseimer, *The New Regional Pattern: Industries and Gardens, Workshops and Farms*(Chicago: Paul Theobald, 1949; Andrea Branzi, D. Donegani,

A. Petrillo, and C. Raimondo, "Symbiotic Metropolis: Agronica," in *The Solid Side*, eds. Ezio Manzini and Marco Susani(Netherlands: V+K Publishing/Philips, 1995), 101-20; Andrea Branzi, "Preliminary Notes for a Master Plan," and "Master Plan Strijp Philips, Eindhoven 1999," *Lotus*, no.107(2000): 110-23.

4 라이트의 브로드에이커 프로젝트 기저에 깔린 원칙은 1932년에 출판된 다음 책에 담겼다. Frank Lloyd Wright, *Disappearing City*(New York: W. F. Payson, 1932). 그리고 다음 책에서 수정 보완되었다. *When Democracy Builds*(Chicago: University of Chicago Press, 1945). 그 후 다음의 저서에서 다시 인용되었다. *The Living City*(New York: Horizon Press, 1958). 브로드에이커 시티의 영향과 오늘날의 평판에 대해서는 다음을 참조. Peter Hall, *Cities of Tomorrow: An Intellectual History of Urban Planning and Design in the Twentieth Century*(Oxford: Blackwell, 1996): 285-90.

5 TVA에 대한 개괄적 이해는 다음을 참조. Walter Creese, *TVA's Planning*(Knoxville: University of Tennessee Press, 1990); Timothy Culvahouse, ed., *The Tennessee Valley Authority: Design and Persuasion*(New York: Princeton Architectural Press, 2007); Hall, *Cities of Tomorrow*, 161-63.

6 라이트의 반전주의 및 고립주의 정치 사상과 이와 관련된 FBI 파일에 대해서는 다음을 참조. Meryle Secrest, *Frank Lloyd Wright: A Biography*(Chicago: University of Chicago Press, 1998), 264; Robert McCarter, *Frank Lloyd Wright*(New York: Phaidon, 1999), 100-101.

7 벨 게데스의 작품과 생애에 대해서는 다음을 참조. Bel Geddes, *Miracle in the Evening: An Autobiography*, ed. William Kelley(New York: Doubleday, 1960).

8 푸투라마에서 조감 주체의 역할에 대해서는 다음을 참조. Adnan Morshed, "The Aesthetics of Ascension in Norman Bel Geddes's Futurama," *Journal of the Society of Architectural Historians* 63, no.1(2004):74-99.

9 Norman Bel Geddes, *Magic Motorways*(New York: Stratford Press, 1940).

10 어바니즘에 있어서 조감도에 대한 논의는 이 책의 8장과 9장을 참조.

11 David Spaeth, "Ludwig Hiberseimer's Settlement Unit: Origins and Applications," in *In the Shadow of Miles: Ludwig Hilberseimer, Architect, Educator, and Urban Planner*, ed. Richard Pommer, David Spaeth, and Kevin Harrington(New York: Rizzoli; Chicago: Art Institute of Chicago, 1988), 54-68.

12 콜드웰이 작업에 대한 상세한 해설은 다음을 참조. Dennis Domer, *Alfred Caldwell: The Life and Work of a Prairie School Landscape Architect*(Baltimore: Johns Hopkins University Press, 1997).

13 George Baird, "Organicist Yearnings and Their Consequences," in *The Space of Appearance*(Cambridge, MA: MIT Press, 1995), 193-238.

14 참조. Pier Vittorio, *The Project of Autonomy: Politics and Architecture within and against Architecture*(New York: Princeton Architectural Press, 2008).

15 Archizoom Associates, "No-Stop City. Residential Parkings. Climate Universal System," *Domus* 496(March 1971): 49-55. 이 프로젝트에 대한 브란치의 회고는 다음을 참조. Andrea Branzi, "Notes on No-Stop City: Archizoom Associates, 1969-1972," in *Exit Utopia: Architectural Provocations*, 1956-1976, eds. Martin van Schaik and Otakar Macel(Munich: Prestel, 2005), 177-82. 이 프로젝트와 오늘날 건축 문화 및 도시 이론의 관계에 대한 보다 학술적인 최근 논의는 다음을 참조. Kazys Varnelis, "Programming after Program: Archizoom's No-Stop City," *Praxis*, no.8(May 2006): 82-91.

16 장field의 조건과 동시대 어바니즘에 대해서는 다음을 참조. James Corner, "The Agency of Mapping: Speculation, Critique and Innovation," in *Mappings*, ed. Denis Cosgrove(London: Reaktion Books, 1999); 213-300; Stan Allen, "Mat Urbanism: The Thick 2-D," in *Case: Le Corbusier's Venice Hospital and the Mat Building Revival*, ed. Hashim Sarkis(Munich: Restel, 2001), 118-26. 물류와 동시대 어바니즘에 대해서는 다음을 참조. Susan Nigra Snyder and Alex Wall, "Emerging Landscape of Movement and Logistics," *Architectural Design Profile*, no.134(1998): 16-21; Alejandro Zaera-Polo, "Order out of Chaos: The Material Organization of Advanced Capitalism," *Architectural Design Profile*, no.108(1994): 24-29.

17 Andrea Branzi, D. Donegani, A. Petrillo, and C. Raimondo, "Symbiotic Metropolis: Agronica," in *The Solid Side*, eds. Ezio Manzini and Marco Susani(Netherlands: V+K Publishing/Philips, 1995), 101-20.

18 Andrea Branzi, "Preliminary Notes for a Master Plan," and "Master Plan Strijp Philips, Eindhoven 1999," *Lotus*, no.107(2000):110-23.

19 Andrea Branzi, "The Weak Metropolis," "Ecological Urbanism" conference, Harvard Graduate School of Design, April 4, 2009; Andrea Branzi, "For a Post-Environmentalism: Seven Suggestions for a New Athens Charter and the Weak Metropolis," in *Ecological Urbanism*, ed. Mohsen Mostafavi with Gareth Doherty(Zurich: Lars Müller; Cambridge, MA: Harvard Graduate School of Design, 2009), 110-13.

20 참조. Pier Vittorio Aureli and Martino Tattara, "Architecture as Framework: The Project of the City and the Crisis of Neoliberalism," *New Geographies*, no.1(September 2008): 38-51.

21 참조. Paola Viganò, *La città elementare*(Milan: Skira, 1999); Paola Viganò, ed. *Territori della nouva modernita/ Territories of a New Modernity*(Napoli: Electa, 2001).

8. 조감 재현과 공항 경관

"공항 경관airport landscape"이라는 단어는 지리학자 데니스 코스그로브가 쓴 같은 제목의 에세이의 주제이기도 하다. 참조. Cosgrove, with paintings by Adrian Hemmings, "Airport/Landscape," in *Recovering Landscape*, ed. James Corner(New York: Princeton Architectural Press, 1999), 221-32. 최근 이 주제에 관한 국제 컨퍼런스와 전시회가 개최되기도 했다. 참조. "Airport Landscape: Urban Ecologies in the Aerial Age," curated and convened by Charles Waldheim and Sonja Duempelmann, Harvard University Graduate School of Design, conference, November 14-15, 2013, and exhibition, October 30-December 19, 2013.

이 장의 내용 중 일부는 필자의 다음 글들에서 전개된 바 있다. Charles Waldheim, "Aerial Representation and the Recovery of Landscape," in *Recovering Landscape: Essays in Contemporary Landscape Architecture*, ed. James Corner(New York: Princeton Architectural Press, 1999), 120-39; Charles Waldheim, "Airport Landscape," *Log*, no.8(September 2006): 120-30.

표제문: Denis Cosgrove, "Airport/Landscape," 227.

1 풍경 사진의 발전에 대해서는 다음을 참조. Joel Snyder, "Territorial Photography," in *Landscape and Power*, ed. W. J. T.

Mitchell(Chicago: University of Chicago Press, 1994), 175-201.

2 Naomi Rosenblum, "Photography from the Air," in *A World History of Photography*(New York: Abbeville Press, 1984), 245-47.

3 Roland Barthes, "Authentication," in *Camera Lucida*(New York: Hill and Wang, 1981), 85-89.

4 Shalley Rice, "Souvenirs: Nadar's Photographs of Paris Document the Haussmannization of the City," *Art in America* 76(September 1988): 156-71.

5 참조, Simon Baker, "San Francisco in Ruins: The 1906 Aerial Photographs of George R. Lawrence," *Landscape* 30, no.2(1989): 9-14. 다음도 참조. Alan Fielding, "A Kodak in the Clouds," *History of Photography* 14, no.3(1990): 217-30.

6 Le Corbusier, Aircraft: *The New Vision*(London: The Studio, 1935), 5.

7 르 코르뷔지에와 픽처레스크의 관계에 대해서는 다음을 참조. Sylvia Lavin, "Sacrifice and the Garden: Watelet's Essai sur les jardins and the Space of the Picturesque," *Assemblage*, no.28(1996): 16-33.

8 Karen Frome, "A Forced Perspective: Aerial Photography and Fascist Propaganda," *Aperture*, no.132(Summer 1993): 76-77.

9 Roy Behrens, Art and Camouflage: Concealment and Deception in *Nature, Art, and War*(Cedar Falls, IA: North American Review, 1981).

10 Jefferey Richelson, *America's Secret Eyes in Space*(New York: Harper and Row, 1990).

11 Nick Chrisman, *Charting the Unknown: How Computer Mapping at Harvard Became GIS*(Redlands, CA: ESRI Press, 2006).

12 참조. 위의 책.

13 Carl Steinitz, *A Framework for Geodesign: Changing Geography by Design*(Redlands, CA: ESRI Press, 2012).

14 Ian McHarg, *Design with Nature*(Garden City, NJ: Natural History Press, 1969).

15 참조. Chrisman, *Charting the Unknown*.

16 Priscilla Strain and Frederick Engle, *Looking at Earth*(Atlanta: Tuner Publishing, 1992).

17 재현이 이미 혁신을 내포한다는 점은 푸코가 분석한 사회과학의 역사에서 입증된 바 있다. 참조. Michael Foucault, "The Human Sciences," in *The Order of Things*, ed. R. D. Laing(New York: Vintage Books, 1970), 344-87. 이러한 효과에 대한 보다 직접적인 정치적 비평은 다음에서 볼 수 있다. Jamaes Scott, "State Projects of Legibility and Simplification," in *Seeing Like a State*(New Heaven, CT: Yale University Press, 1996).

18 James Corner and Alex MacLean, *Taking Measures Across the American Landscape*(New Heaven, CT: Yale University Press, 1996).

19 James Corner, "The Agency of Mapping: Speculation, Critique, and Invention," in *Mappings*, ed. Denis Cosgrove(London: Reaktion, 1999), 213-52.

20 참조. Rosalind Krauss, "Sculpture in the Expanded Field," in *The Anti-Aesthetic: Essays on Postmodern Culture*, ed. Hal Foster(Seattle: Bay Press, 1983), 31–42.

21 Leo Steinberg, "Other Criteria," in *Other Criteria: Confrontations with Twentieth-Century Art*(New York: Oxford University Press, 1972), 55–91.

22 Douglas Crimp, "On the Museum's Ruins," in *The Anti Aesthetic*, ed. Hal Foster(Seattle: Bay Press, 1983), 43–56.

23 Walter Benjamin, "The Work of Art in the Age of Mechanical Reproduction," in *Illuminations*, trans. Harry Zohn(New York: Schocken Books, 1969), 217–51.

24 Richelson, *America's Secret Eyes in Space*.

25 참조. Cosgrove, "Airport/Landscape."

26 Robert Smithson, "Towards the Development of an Air Terminal Site," *Artforum*, no.6(June 1967): 36–40; Robert Smithson, "Aerial Art," *Studio International*, no.177(April 1969): 180–81. 조감 재현에 대한 스미드슨의 관심은 마크 린더의 연구에 의해 잘 조명되었다. 참조. Mark Linder, "Sitely Windows: Robert Smithson and Architectural Criticism," *Assemblage*, no.39(1999): 6–35. 이 논문은 스미드슨이 "예술가 겸 컨설턴트"로서 댈러스/포트워스 국제 공항에서 작업한 것과 뒤이은 그의 "비장소" 개념의 발전 사이의 관계를 명확하게 밝힌다.

27 Dan Kiley and Jane Amidon, *Dan Kiley: The Complete Works of America's Master Landscape Architect*(Boston: Little, Brown, 1999); Sonja Dümpelmann, *Flights of Imagination: Aviation, Landscape, Design*(Charlottesville: University of Virginia Press, 2014).

28 Kiley and Amidon, *Dan Kiley*.

29 참조. http://o-l-m.net/zoom-project.php?id=40 (2014년 12월 21일 접속).

30 Julia Czeniak, ed., *CASE: Downsview Park Toronto*(Cambridge, MA: Harvard University Graduate School of Design; Munich: Prestel, 2001).

31 Bernard Tschumi, "Downsview Park: The Digital and the Coyote," in Czerniak, *CASE: Downsview Park Toronto*, 82–89.

32 참조. Adriaan Geuze/West 8, "West 8 Landscape Architects," in *Het Landschap/The Landscape: Four International Landscape Designers*(Antwerpen: deSingel, 1995), 215–53; Luca Molinari, ed., *West 8*(Milan: Skira, 2000).

33 Luis Callejas, *Pamphlet Architecture*, no.33(2013).

34 Florian Hertweck and Sebastien Marot, eds., *The City in the City/Berlin: A Green Archipelago*(Zurich: Lars Müller, 2013).

9. 건축으로서 경관

이 장의 내용 중 일부는 필자의 다음 글들에서 전개된 바 있다. Charles Waldheim, "Landscape as Architecture," *Harvard Design Magazine*, no.36(Spring 20113): 17–20, 177–78; Charles Waldheim, "Afterword: The Persistent

Promise of Ecological Planning," in *Designed Ecologies: The Landscape Architecture of Kongjian Yu*, ed. William S. Saunders(Basel: Birkhauser, 2012), 250–53.

표제문: 젤리코 경이 1960년 국제 랜드스케이프 아키텍트 연맹IFLA 총회에서 연설한 원고에서 인용. 이 연설에서 그는 우리 전문 직능은 여전히 정체성을 찾는 중이며, 그 정체성은 "그 어떤 분야나 문화와도 뚜렷이 구별되는 단일하고 독자적인 단어"로 표현되어야 한다고 주장했다. Geoffrey Jellicoe, "A Table for Eight," in *Space for Living: Landscape Architecture and the Allied Arts and Professions*, ed. Sylvia Crowe(Amsterdam: Djambatan, 1961), 18. 이 문헌에 주목하도록 조언해 준 개러스 도허티Gareth Doherty에게 감사드린다.

1 이 주제와 관련하여, 조셉 디스폰지오의 일련의 연구 성과는 전문 직능으로서 랜드스케이프 아키텍처의 기원을 추적해 온 예외적인 경우다. 그는 박사 학위 논문과 후속 저작들을 통해 전문 직능으로서 랜드스케이프 아키텍처의 기원을 프랑스어 표현인 "아르시텍트-페이자지스트architecte-paysagiste"의 출현과 관련하여 설명한다. 참조. Joseph Disponzio, "The Garden Theory and Landscape Practice of Jean-Marie Morel"(Ph.D dissertation, Columbia University, 2000). 다음의 문헌들도 참조. Disponzio, "Jean-Marie Morel and the Invention of Landscape Architecture," in *Tradition and Innovation in French Garden Art: Chapters of a New History*, eds. John Dixon Hunt and Michel Conan(Philadelphia: University of Pennsylvania Press, 2002), 135–159; Disponzio, "History of the Profession," *Landscape Architectural Graphic Standards*, ed. Leonard J. Hopper(Hoboken, NJ: Wiley and Sons, 2007), 5–9.

2 Disponzio, "Jean-Marie Morel and the Invention of Landscape Architecture," 151–52.

3 위의 글, 153.

4 Disponzio, "History of the Profession," 6–7.

5 위의 글, 5.

6 Charles E. Beveridge and David Schuyler, eds., *The Papers of Frederick Law Olmsted, Vol.3, Creating Central Park, 1857–1861*(Baltimore: Johns Hopkins University Press, 1983), 26–28, 45, n73.

7 위의 책, 241, n11. 다음의 문헌들도 참조. Frederick Law Olmsted, Sr., *Forty Years of Landscape Architecture: Central Park*, vol.2, edited by Frederick Law Olmsted, Jr. and Theodora Kimball(Cambridge, MA: MIT Press, 1973), 31; Board of Commissioners of the Central Park, Minutes, 21 October 1858, 140; 16 November 1858, 148.

8 Beveridge and Schuyler, *Olmsted Papers*, vol.3, *Creating Central Park*, 234–35.

9 위의 책, 256–57; 257, n4; 267, n1.

10 Olmsted, *Forty Years of Landscape Architecture*, 11, biographical notes; David Schuyler and Jane Turner Censer, eds., *The Papers of Frederick Law Olmsted*, vol.6, *The Years of Olmsted, Vaux & Co., 1865–1874*(Baltimore: Johns Hopkins University Press, 1992), 5; 46, n8.

11 Victoria Post Ranney, ed., *The Papers of Frederick Law Olmsted*, vol.5, *The California Frontier, 1863–1865*(Baltimore: Johns Hopkins University Press, 1990), 422.

12 Charles E. Beveridge, Carolyn F. Hoffman, and Kenneth Hawkins, eds., *The Papers of Frederick Law Olmsted*, vol.7, *Parks, Politics, and Patronage, 1874–1882*(Baltimore: Johns Hopkins University Press, 2007), 225–26.

13 미국 랜드스케이프 아키텍트 협회 정관Constitution of the American Society of Landscape Architects, 1899년 3월 6일 제정. 다음의 책 또한 참조. Melanie Simo, *100 Years of Landscape Architecture: Some Patterns of a Century*(Washington, DC: ASLA Press, 1999).

14 참조. Disponzio, "History of the Profession," 6; Melanie L. Simo, *The Coalescing of Different Forces and Ideas: A History of Landscape Architecture at Harvard, 1900–1999*(Cambridge, MA: Harvard University Graduate School of Design, 2000).

15 참조. Jellicoe, "A Table for Eight," 21.

16 콩지안 유는 해외에서의 활약을 인정받아 중국 정부가 수여한 다음과 같은 국가 차원의 상을 다수 수상했다. Overseas Chinese Pioneer Achievement Medal(2003), Overseas Chinese Professional Excellence Top Award(2004), National Gold Medal of Fine Arts(2004) 등.

17 참조. Kongjian Yu, "Lectures to the Mayors Forum," Chinese Ministry of Construction, Ministry of Central Communist Party Organization, two to three lectures annually, 1997–2007; Kongjian Yu and Dihua Li, *The Road to Landscape: A Dialogue with Mayors*(Beijing: China Architecture and Building Press, 2003).

18 1963년의 중국 인구 중 거의 80퍼센트가 농촌에 거주했다. 그러므로 콩지안 유가 농촌 출신이라는 점은 전혀 놀라운 사실이 아니다. 참조. Peter Rowe, "China's Water Resources and Houtan Park," in *Designed Ecologies: The Landscape Architecture of Kongjian Yu*, ed., William Saunders(Basel: Birkhauser, 2012), 184–90.

19 콩지안 유와의 인터뷰, 2011년 1월 20일.

20 당시 베이징 임업대학교 랜드스케이프 아키텍처 및 도시계획 도서관은 다음과 같은 책의 영어 초판본을 소장하고 있었다. Kevin Lynch, *The Image of the City*(1960), Ian McHarg, *Design with Nature*(1969), Richard Forman, *Landscape Ecology*(with Michel Gordon, 1986).

21 칼 스타이니츠와의 인터뷰, 2011년 1월 20일. 다음 또한 참조. Anthony Alofsin, *The Struggle for Modernism: Architecture, Landscape Architecture, and City Planning at Harvard*(New York: Norton, 2002), 299, n60.

22 콩지안 유와의 인터뷰, 2011년 1월 20일.

23 Kongjian Yu, "Security Patterns in Landscape Planning: With a Case in South China" (doctoral thesis, Harvard University Graduate School of Design, May 1995). 콩지안 유는 이 박사 학위 청구 논문의 제목과 다음과 같은 박사 학위 논문doctoral dissertation의 제목을 구별한다. "Security Patterns and Surface Model in Landscape Planning," advised by Professors Carl Steinitz, Richard Forman, and Stephen Ervin, and dated June 1, 1995.

24 칼 스타이니츠와의 인터뷰, 2011년 1월 20일. 스타이니츠를 통해 콩지안 유가 받아들인 루덴Loudon과 레네Lenné로부터 옴스테드와 엘리엇Eliot에 이르는 서구 경관 계획 개념의 계보에 대해서는 다음을 참조. Carl Steinitz, "Landscape Planning: A Brief History of Influential Ideas," *Journal of Landscape Architecture*(Spring 2008): 68–74.

25 Kongjian Yu, "Security Patterns and Surface Model in Landscape Planning," *Landscape and Urban Planning* 36, no.5(1996): 1–17; Kongjian Yu, "Ecological Security Patterns in Landscape and GIS Application," *Geographic Information Sciences* 1, no.2(1996): 88–102.

26 유/튜렌스케이프의 지역계획 프로젝트에 대해서는 다음을 참조. Kelly Shannon, "(R)evolutionary Ecological

Infrastructures," in Saunders, *Designed Ecologies: The Landscape Architecture of Kongjian Yu*, 200–210.

결론 _ 경관에서 생태로

이 장의 내용 중 일부는 필자의 다음 글들에서 전개된 바 있다. Charles Waldheim, "Weak Work: Andrea Branzi's 'Weak Metropolis' and the Projective Potential of an 'Ecological Urbanism,'" in *Ecological Urbanism*, ed. Mohsen Mostafavi with Gareth Doherty(Zurich: Lars Müller; Cambridge, MA: Harvard Graduate School of Design, 2010), 114–21; Charles Waldheim, "Landscape, Ecology, and Other Modifiers to Urbanism," *Topos: The International Review of Landscape Architecture and Urban Design*, no.71(June 2010): 21–24; Charles Waldheim, "The Other '56," in *Urban Design*, ed. Alex Krieger and William Saunders(Minneapolis: University of Minnesota Press, 2009), 227–36.

표제문: Roland Barthes, "From Work to Text," in *Image Music Text*, trans. Stephen Heath(New York: Hill and Wang, 1977), 155.

1 하버드의 도시설계의 기원에 대해서는 다음을 참조. Eric Mumford, "The Emergence of Urban Design in the Breakup of CIAM," in *Urban Design*, ed. Alex Kreiger and William Saunders(Minneapolis: University of Minnesota Press, 2009).

2 Mohsen Mostafavi, "Introduction," "Ecological Urbanism" conference, Harvard University Graduate School of Design, April 3, 2009.

3 위의 연설.

4 Barthes, "From Work to Text," 155.

5 Homi Bhabha, "Keynote Lecture," "Ecological Urbanism" conference, Harvard University Graduate School of Design, April 3, 2009.

6 위의 강연.

7 Chris Reed and Nina-Marie Lister, eds., *Projective Ecologies*(Barcelona: Actar;Cambridge, MA: Harvard University Graduate School of Design, 2014).

8 참조. Mostafavi and Doherty, *Ecological Urbanism*.

9 Christopher Hight, "Designing Ecologies," in Reed and Lister, *Projective Ecologies*, 84–105.

10 Henri Lefebvre, *The Urban Revolution*, trans. Robert Bononno(Minneapolis: University of Minnesota Press, 2003).

11 Reed and Lister, "Parallel Genealogies," in Reed and Lister, *Projective Ecologies*, 22–39.

12 Peter Eisenman, "Post-Functionalism," *Oppositions* 6(Fall 1976): 236–39.

13 이와 같은 입장을 표명한 최근의 대표적 인물로 스콧 코헨을 들 수 있다. 예를 들어 스콧 코헨의 최근 작업인 '자연의 귀환'을 참조. Preston Scott Cohen and Erika Naginski, eds., *The Return of Nature: Sustaining Architecture in the Face of Sustainability*(New York: Routledge, 2014).

14 "비판성"과 "탈비판"을 둘러싼 논쟁은 다음의 여러 문헌에 잘 정리되어 있다. 참조. Michael Speaks, "Design Intelligence

Part 1: Introduction," *A+U Architecture and Urbanism*(December 2002): 10–18; Robert Somol and Sarah Whiting, "Notes around the Doppler Effect and Other Moods of Modernism," *Perspecta*, no.33(2002): 72–77; George Baird, "Criticality and Its Discontents," *Harvard Design Magazine*, no.21(Fall 2014): 16–21.

15 "외관appearance에서 작동performance"으로 이행하고 있는 조경의 양상을 다룬 첫 논의는 다음 글에서 볼 수 있다. Julia Czerniak, "Challenging the Pictorial: Recent Landscape Practice," *Assemblage*, no.34(December 1997): 110–20.

옮긴이 후기 _ 랜드스케이프 어바니즘과 현대 조경

1 이하 논의의 여러 부분은 다음의 졸고에서 전개된 바 있다. 배정한, "랜드스케이프 어바니즘과 동시대 한국 조경의 신경관주의," 신경관주의 국제심포지엄, 2010년 5월 20일; 배정한, "랜드스케이프 어바니즘과 한국 조경," 『환경과조경』 285, 2012년 1월호, 100–107; 배정한, "현대 조경의 경관," 한국조경학회-대한지리학회 공동 심포지엄, 2013년 6월 21일.

2 James Corner, ed., *Recovering Landscape: Essays in Contemporary Landscape Architecture*(New York: Princeton Architectural Press, 1999); Mohsen Mostafavi and Ciro Najle, eds., *Landscape Urbanism: A Manual for the Machinic Landscape*(London: AA Publication, 2003); Charles Waldheim, ed., *The Landscape Urbanism Reader*(New York: Princeton Architectural Press, 2006). 이 책은 출간 다음 해에 한국어로 번역되었다. 찰스 왈드하임 엮음, 김영민 옮김, 『랜드스케이프 어바니즘』(파주: 도서출판 조경, 2007).

3 Julia Czerniak and George Hargreaves, eds., Large Parks(New York: Princeton Architectural Press, 2007); 배정한+idla 옮김, 『라지 파크』(파주: 도서출판 조경, 2010).

4 참조. Andrés Duany and Emily Talen, eds., *Landscape Urbanism and Its Discontents: Dissimulating the Sustainable City*(Gabriola Island, BC: New Society Publishers, 2009).

5 Mohsen Mostafavi with Gareth Doherty, ed., *Ecological Urbanism*(Zurich: Lars Müller, 2009).

6 예컨대 일리노이 대학교 건축대학원에 랜드스케이프 어바니즘 전공이 개설된 바 있고, 진보적 건축 교육의 대명사격인 영국의 AA 스쿨도 랜드스케이프 어바니즘 프로그램을 운영했다. 펜실베이니아 대학교 조경학과는 전통적인 학과명을 유지하면서도 제임스 코너의 주도로 교육 과정과 교수진을 랜드스케이프 어바니즘 위주로 재편했다. 2008년, 하버드 대학교 설계대학원이 학장으로 모흐센 모스타파비를 영입하고, 2009년에는 조경학과 학과장으로 찰스 왈드하임을 영입한 것은 랜드스케이프 어바니즘과 동시대 조경의 관계 설정에 있어서 매우 상징적인 사건이라 할 만하다. 이러한 상황은 유럽을 비켜가지 않았다. 프랑스, 스웨덴, 덴마크, 오스트리아 등의 유서 깊은 여러 교육 기관에서도 조경, 건축, 도시설계를 넘나드는 랜드스케이프 어바니즘 교육이 실험되고 있다. 국내에서도 한양대학교 도시대학원에 '랜드스케이프 어바니즘 전공'이 개설된 바 있다.

7 『경관이 만드는 도시: 랜드스케이프 어바니즘의 이론과 실천』, 27.

8 위의 책, 같은 쪽.

9 James Corner, "Landscape Urbanism," in *Landscape Urbanism: A Manual for the Machinic Landscape*, 58–63. 제임스 코너는 다른 글에서 이 주제들을 다음과 같이 일부 조정하여 제시한다: processes over time, staging of surfaces, operational or working method, imaginary. James Corner, "Terra Fluxus," in *The Landscape Urbanism Reader*, 28–33.

10 김영민, "옮긴이의 말," 『랜드스케이프 어바니즘』, 331.

11 James Corner, "Landscape Urbanism," in *Landscape Urbanism: A Manual for the Machinic Landscape*, 58.

12 이러한 맥락에서 다음 논문은 랜드스케이프 어바니즘의 실천적 발전 과정을 원형적 사례, 선행적 사례, 예시적 사례, 발전적 사례로 구분하여 정교하게 분석한 의의를 지닌다. 김영민·정욱주, "랜드스케이프 어바니즘의 실천적 전개 양상," 『한국조경학회지』 42, no.1(2014): 1-17.

13 Elizabeth K. Meyer, "The Post-Earth Day Conundrum: Translating Environmental Values into Landscape Design," in *Environmentalism in Landscape Architecture*, ed. Michel Conan(Washington, DC: Dumbarton Oaks Library and Collection, 2001), 189-192.

14 Michael Mehaffy, "The Landscape Urbanism: Sprawl in a Pretty Green Dress?" *Planetizen*, October 4, 2010.

15 Elizabeth K. Meyer, "Sustaining Beauty. The Performance of Appearance: A Manifesto in Three Part," *Journal of Landscape Architecture* 3, no.1(2008): 6-23.

16 Susannah C. Drake, "Term, Definition, Identity: Regenerating Landscape Architecture in the Era of Landscape Urbanism," *Topos* 71(2010), p.52. 이와 유사한 맥락에서 아드리안 회저는 불로뉴 숲과 같은 19세기 후반 파리의 대형 공원과 옴스테드의 공원들을 경관이 도시 개발을 주도한 전형적 모델이라고 평가한다. Adriaan Geuze, "Second Nature," *Topos* 71(2010), 40.

17 Susannah C. Drake, "Term, Definition, Identity," 52.

18 Thorbjörn Andersson, "Landscape Urbanism versus Landscape Design," *Topos* 71(2010): 83.

19 국내에서 랜드스케이프 어바니즘이 처음 활자화된 글은 2001년에 발표된 다음의 졸고다. 배정한, "동시대 조경 이론과 설계의 지형(8): 조경+도시: 생성과 진화의 장," 『환경과조경』 164(2001): 90-95. 이 글은 수정·보완되어 다음 논문으로 출판된 바 있다. "Landscape Urbanism의 이론적 지형과 설계 전략," 『한국조경학회지』 32, no.1(2004): 69-79.

20 참조. 행정중심복합도시 건설청·한국토지공사, 『행정중심복합도시 중앙녹지공간 국제 설계공모 설계지침서』(2007).

21 보다 상세한 논의는 다음의 졸고에서 볼 수 있다. 배정한, "대형 공원, 생산, 프로세스: 행정중심복합도시 중앙녹지공간 국제 설계공모," 『봄, 디자인 경쟁시대의 조경』, 조경비평 봄 편(파주: 도서출판 조경, 2008), 26-45.

22 "도시+재생Regeneration and Revitalization of Urban Spaces"이라는 주제를 내건 제3회 대한민국 환경조경대전(2006)은 "다이나믹 랜드스케이프: 역동하는 경관, 생산하는 경관"이라는 제2회 환경조경대전(2005)의 주제를 이어받은 것이었다. 이 주제는 다시 "도시 인프라: 조경을 만나다Industrial Site Design with Eco+Culture"라는 주제의 제4회 내전(2007)과 "작동하는 조경 Operational Landscapes"이라는 주제의 제5회 대전(2008)으로 연결되었다.

23 랜드스케이프 어바니즘은 설계 현장뿐만 아니라 학술 연구에서도 국내에 적지 않은 영향을 미쳤다. 최근의 한 조사에 따르면, 2004년 이후 국내에서는 랜드스케이프 어바니즘을 다룬 학위 논문 19편과 학술 논문 20편이 생산되었다(이중현, "랜드스케이프 어바니즘에 대한 학술 연구의 동향과 함의," '현대조경이론' 기말 과제, 서울대학교 대학원, 2018). 그러나 이러한 성과 중 상당수에서 랜드스케이프 어바니즘을 표면적으로 차용해 한국의 설계 환경을 분석하는 틀로 적용한 문제를 발견할 수 있다. 이 문제에 관한 진단은 보다 심도 있는 메타 연구를 필요로 한다. 서울시립대학교 조경학과 김영민 교수가 발표한 최근의 논문들은 랜드스케이프 어바니즘 연구의 대안적 좌표를 제시하고 있기도 하다. 참조. 김영민·정욱주, "랜드스케이프 어바니즘의 실천적 전개 양상," 『한국조경학회지』 42, no.1(2014): 1-17; 김영민, "랜드스케이프 어바니즘의 도시설계안에서 나타나는 개념과 전략," 『도시설계』 15, no.4(2014): 203-221; 김영민, "랜드스케이프 어바니즘의 비판적 견해에 대한 고찰," 『한국조경학회지』 43, no.2(2015): 87-104.

그림 크레디트

0.1 Canadian Centre for Architecture, Montreal, gift of Alfred Caldwell

1.1 Office for Metropolitan Architecture

1.2 Office for Metropolitan Architecture

1.3 Office for Metropolitan Architecture

1.4 West 8

1.5 West 8

1.6 West 8

1.7 West 8

1.8 West 8

1.9 West 8

1.10 West 8

1.11 James Corner Field Operations

1.12 James Corner Field Operations

1.13 James Corner Field Operations

1.14 James Corner Field Operations

1.15 James Corner Field Operations

1.16 Stoss Landscape Urbanism

1.17 Stoss Landscape Urbanism

1.18 Stoss Landscape Urbanism

2.1 Office for Metropolitan Architecture

2.2 The Museum of Modern Art / Licensed by SCALA / Art Resource, New York / Association Marcel Duchamp / ADAGP, Paris / Artists Rights Society (ARS), New York 2018

2.3 Stan Allen Architect

2.4 Fundació Enric Miralles, Barcelona

2.5 Fundació Enric Miralles, Barcelona

2.6 Fundació Enric Miralles, Barcelona

2.7 Foreign Office Architects

2.8 Foreign Office Architects

2.9 Foreign Office Architects

2.10 Foreign Office Architects

2.11 Foreign Office Architects

2.12 Foreign Office Architects

2.13 James Corner Field Operations

2.14 James Corner Field Operations

2.15 West 8

2.16 West 8

3.1 James Corner Field Operations

3.2 James Corner Field Operations

3.3 James Corner Field Operations

3.4 Michael Van Valkenburgh Associates

3.5 Michael Van Valkenburgh Associates

3.6 Michael Van Valkenburgh Associates

3.7 Gustafson Guthrie Nichol

3.8 Gustafson Guthrie Nichol

3.9 Waterfront Toronto

3.10 West 8

3.11 West 8

3.12 West 8

3.13 Michael Van Valkenburgh Associates

3.14 Michael Van Valkenburgh Associates

3.15 Michael Van Valkenburgh Associates

3.16 Groundlab

3.17 Groundlab

3.18 Groundlab

4.1 Alex Wall

4.2 Alan Berger

4.3 Alan Berger

4.4 James Corner Field Operations

4.5 James Corner Field Operations

4.6 Palmbout Urban Landscape

4.7 Palmbout Urban Landscape

4.8 West 8

4.9 West 8

4.10 West 8

4.11 West 8

4.12 Stan Allen Architect

4.13 James Corner Field Operations

4.14 Andrea Branzi

4.15 Andrea Branzi

4.16 Andrea Branzi

5.1 Gregory Crewdson. Courtesy Gagosian

5.2 Richard Plunz

5.3 Detroit City Planning Commission

5.4 Dan Hoffman

5.5 American Academy in Rome

5.6 American Academy in Rome

5.7 American Academy in Rome

5.8 American Academy in Rome

5.9 Ashmolean Museum, University of Oxford

5.10 Claude Lorrain / Wikimedia Commons / Public Domain

5.11 British Museum, London

5.12 Claude Lorrain / Wikimedia Commons / Public Domain

5.13 British Museum, London

6.1 Art Institute of Chicago, Ryerson and Burnham Archives

6.2 Chicago History Museum, Hedrich Blessing Archive

6.3 Chicago History Museum, Hedrich Blessing Archive

6.4 Chicago History Museum, Hedrich Blessing Archive

6.5 Chicago History Museum, Hedrich Blessing Archive

6.6 Chicago History Museum, Hedrich Blessing Archive

6.7 Art Institute of Chicago, Ryerson and Burnham Archives

6.8 Chicago History Museum, Hedrich Blessing Archive

6.9 Chicago History Museum, Hedrich Blessing Archive

6.10 Janine Debanne

6.11 Chicago History Museum, Hedrich Blessing Archive

6.12 Chicago History Museum, Hedrich Blessing Archive

6.13 Art Institute of Chicago, Ryerson and Burnham Archives

6.14 Art Institute of Chicago, Ryerson and Burnham Archives

6.15 Art Institute of Chicago, Ryerson and Burnham Archives

7.1 Art Institute of Chicago, Ryerson and Burnham Archives

7.2 Frank Lloyd Wright Archives, Scottsdale, Arizona

7.3 Frank Lloyd Wright Archives, Scottsdale, Arizona

7.4 Frank Lloyd Wright Archives, Scottsdale, Arizona

7.5 Frank Lloyd Wright Archives, Scottsdale, Arizona

7.6 Canadian Centre for Architecture, Montreal, gift of Alfred Caldwell

7.7 Art Institute of Chicago, Ryerson and Burnham Archives

7.8 Art Institute of Chicago, Ryerson and Burnham Archives

7.9 Andrea Branzi

7.10 Andrea Branzi

7.11 Andrea Branzi

7.12 Andrea Branzi

7.13 Andrea Branzi

7.14 Andrea Branzi

7.15 Dogma

7.16 Andrea Branzi

8.1 Artists Rights Society, New York

8.2 Bibliothèque Nationale, Paris

8.3 Foundation Le Corbusier, Paris / ADAGP, Paris

8.4 NASA